중국어 번역 급소 찌르기

저자 백수진

다락원

중국어 번역 급소 찌르기

지은이 백수진
펴낸이 정규도
펴낸곳 (주)다락원

초판 1쇄 발행 2002년 8월 26일
초판 8쇄 발행 2016년 2월 24일

책임편집 최준희, 이상윤, 홍현정
디자인 정현석, 김금주

다락원 경기도 파주시 문발로 211
내용문의: (02)736-2031 내선 430~439
구입문의: (02)736-2031 내선 250~252
Fax: (02)732-2037
출판등록 1977년 9월 16일 제300-1977-23호

Copyright © 2002, 백수진

저자 및 출판사의 허락 없이 이 책의 일부 또는
전부를 무단 복제·전재·발췌할 수 없습니다.
구입 후 철회는 회사 내규에 부합하는 경우에 가능
하므로 구입문의처에 문의하시기 바랍니다. 분실·
파손 등에 따른 소비자 피해에 대해서는 공정거래
위원회에서 고시한 소비자 분쟁 해결 기준에 따라
보상 가능합니다. 잘못된 책은 바꿔 드립니다.

값 9,000원
ISBN 978-89-7255-278-9 13720

http://www.darakwon.co.kr
• 다락원 홈페이지를 방문하시면 상세한 출판정보와 함께
  동영상강좌, MP3자료 등 다양한 어학 정보를 얻으실 수
  있습니다.

머리말

　번역은 한 언어를 다른 언어로 옮기는 행위일 뿐만 아니라 타국의 문화를 자국의 문화로 옮기는 행위이기도 하다. 그래서 번역은 대단히 어렵고도 중요한 작업이다. 그렇지만 아직까지도 국내에서는 외국어 번역에 대한 중요성이 부각되지 않고 있다. 중국어의 경우 비교적 역사가 오랜 고전번역은 그래도 상황이 다소 나은 편이지만, 현대문학을 비롯한 현대중국어 번역은 매우 소홀히 다루어져 왔다는 느낌이 든다. 심지어 중국어를 할 줄 아는 사람이라면 누구든지 번역을 할 수 있는 것으로 인식되어 왔던 것으로 보인다. 결국 중국어 번역의 역사가 짧지 않음에도 불구하고 잘못된 번역이 서적을 통해, 혹은 영화와 매스컴을 통해 우리 사회에 유통되어 왔던 것이다.

　이제 중국어 번역에도 인식의 전환이 필요하다. 무엇보다도 번역자가 번역의 대상에 대해 두려움을 갖는 풍토가 조성되어야 한다. 최소한 문화적 차이에 대한 고민과 그 해결을 위한 노력이 필요하다는 공감대 정도는 확보되어야 할 것이다. 이와 관련하여 최근 중국어 번역 이론에 관한 논문과 저서가 잇달아 발표되거나 출간되고 있다. 번역자와 독자들로 하여금 번역에 대한 인식의 변화를 요구하고 있다는 점에서 참 다행한 일이다. 이 책 또한 중국어 번역의 이론과 실제를 밝히고, 나아가 번역에 대한 교육에 일정한 기준이 필요하다는 점에 중점을 두고 집필·출간되는 것이다.

　이 책은 영남대학교 중국문학연구실에서 펴내고 있는 『中國語文學譯叢』에 연재된 「중국어—한국어 번역의 이론과 실제(1)~(7)」를 토대로 엮은 것이다. 필자의 이 글들은 번역 과정에서 나타나는 두 언어의 차이점에 대해 언어학적 이론을 동원하여 설명해 보자는 데 목적을 두고 집필된 것들이다. 원래는 한두 편 정도로 구상된 글이었는데 뜻밖에 7회까지 이어지는 긴 글이 되고 말았다. 그만큼 번역의 이론과 실제에 관해 언급할 내용이 많았던 것이다. 필자는 이 글들을 집필하는 과정에서 좋은 번역이 되기 위한 여러 가지 방법을 시도해 보면서 많은 것을 배울 수 있었다. 결국 이 책이 세상에 얼굴을 내밀게 된 것은 『中國語文學譯叢』덕분이다.

　이번에 이 글들을 책으로 편집하면서 지나치게 이론적인 부분을 빼는 대신 실제 번역 작업에 나타나는 문제점들과 해결방법들을 많이 보완하였다. 번역은 이론이 아닌 실천의 문제이기 때문이다. 또한 가능하면 쉽게 엮으려고 노력했다. 본문의 첨삭지도란에는 기존의 번역문과 그것을 수정한 필자의 번역을 실었다. 물론 필자의 번역문이 최선의 것이 될 수는 없다. 독자들은 적극적으로 번역문을 첨삭해 볼 수도 있을 것이고, 또 그것을 필자의 번역과 대조하면서 독자 자신의 번역 수준을 가늠해 볼 수도 있을 것이다. 번역 실전란에서는 해석(혹은 초역)과 번역의 차이점을 확인해 볼 수 있을 것이고, 또 출판된 서적의 번역문과 필자의 번역문을 대조해 보면서 그 차이점을 느낄 수도 있을 것이다. 다시 말하지만 필자의 번역은 좋은 번역을 위한 하나의 방법일 뿐이지 결코 모범답안일 수는 없다. 독자 여러분들이 더 좋은 번역문을 만들 수도 있다고 본다.

   번역에서는 외국어 못지않게 우리말 실력이 중요하다. 그래서 부록에서 우리 문장 표현법을 다루었다.

   이 책은 전문번역가의 길을 꿈꾸는 예비번역자와 번역사 자격증 시험을 준비하는 사람, 그리고 HSK 독해부분의 실력 향상을 위해 학습하고 있는 학생들에게 도움이 될 수 있을 것이다. 아울러 언어학의 한 하위분야인 번역학 연구의 자료로도 사용될 수 있을 것이라 기대한다.

   이 책을 집필하면서 이론적 설명을 위한 예시문을 다수 제시하였는데, 그 중 일부는 현재까지 출판된 책이나 논문에서 따온 것이다. 인용자료를 제공해 준 많은 분들께 감사드리며, 참고문헌에 그것을 밝히는 것으로 인사를 대신한다. 또한 이 책이 나오기까지 많은 분들의 도움을 받았다. 東北師範大學의 田以麟 교수와 영진전문대학의 柳景垠 교수는 원고를 꼼꼼하게 읽어보고 교정해 주셨다. 특히 田 교수는 노래가사 번역에 많은 도움을 주셨다. 延邊大學의 韓東吾 교수 또한 노래가사 번역 방법에 대해 조언을 해 주셨다. 그리고 중국역사 전공의 강판권 박사는 자칫 딱딱하기 쉬운 번역 관련 저서의 내용 전개를 재미있게 풀어나가는 데 많은 도움을 주셨다.

   마지막으로 이 책의 출판을 위해 노고를 아끼지 않은 다락원 중국어출판부 편집자들께도 감사를 드린다.

2002년 8월. 천을산 자락에서 백수진

차례

제1장 번역의 기초 마스터하기 ⋯ 9
– 10가지 번역규칙, 이것만은 알아 두자

1. 모든 언어에는 나름대로의 문화가 있다 ⋯ 10
   · 한국어는 낯선 대상에 대해 일정한 거리를 둔다
   · '这≠이', '那≠그, 저'
   · 특정지역에 대한 고사(故事)를 알면 제대로 된 번역이 나온다
   · 중국어 표현에는 숫자가 많이 보인다
2. 우리는 긴 관형어형을 좋아한다 ⋯ 15
3. '不'와 '没有' ⋯ 19
4. 연동문의 번역 ⋯ 22
5. 관계 파악하기 ⋯ 25
6. 약방의 감초 '搞' ⋯ 30
7. '使'의 번역 ⋯ 32
8. '由'의 번역 ⋯ 34
9. 정도보어 '得'의 번역 ⋯ 36
10. 무생물 주어의 번역 ⋯ 39
* 번역이야기 1   번역을 잘 하려면 ⋯ 41

제2장 맛깔스러운 번역을 위한 테크닉 ⋯ 45

1. 위치를 바꾼다 ⋯ 46
   · 주어의 자리 이동
   · 시간어의 자리 이동
   · '冠'형어의 자리 이동
2. 문장 성분을 바꾼다 ⋯ 54
   · 토지개혁과 반혁명을 진압 ⇒ 토지개혁과 반혁명진압
   · 경제건설운동의 전개 ⇒ 경제건설운동을 전개하다
   · 그의 시간은 ⇒ 그는 시간을

차례

  - 철수의 등장 ⇒ 철수가 등장하자
  - 외국어를 배우다 ⇒ 외국어 학습
  - 수확하다 ⇒ 수확
  - 항상 ⇒ 잦다
  - 충분한 ⇒ 충분히
  - 깊게 ⇒ 깊은
  - 많은 어려움 ⇒ 어려움이 많다

3. 과감히 생략한다 ⋯ 65
4. 제한적 구조로 바꾸어 번역한다 ⋯ 69
5. 양보 ⋯ 71
    - 역할을 바꾸어 번역한다
    - '사흘 밤낮'과 '사흘 낮밤'
    - 삽입어로 번역한다
    - 목적을 나타내는 종속절의 번역 위치
    - '하다'와 '되다'
    - 어순은 사고의 흐름을 반영한다
6. 나누어 번역한다 ⋯ 80
7. '认为'의 관할 영역 판단 ⋯ 84
8. 명사문의 남용 ⋯ 87
9. 문맥에 따른 단어나 구의 활용 ⋯ 89
    - 첨가하기
    - 생략하기
    - 대체하기
    - 짝찾기
10. 문장부호에 대한 정확한 이해는 필수! ⋯ 102
    - 중국어의 문장부호
    - 번역 실전
* 번역이야기 2 좋은 번역문을 위하여 ⋯ 112

제3장   **색깔 다른 번역장르** ⋯→ 119

    1. 표제어 ⋯→ 120
    2. 광고문 ⋯→ 123
    3. 동화 ⋯→ 129
    4. 노래가사 ⋯→ 134
    5. 영화 ⋯→ 139
        · 문법상의 문제
        · 대사 길이 맞추기
        · 자막 처리하기
        · 영화 및 드라마 제목의 번역
        · 대본 번역과 자막 번역의 비교
    6. 인터넷 채팅용어 ⋯→ 158
    ＊ 번역이야기 3   영상 번역 ⋯→ 164

제4장   **나도 프로번역가처럼** ⋯→ 167

부 록
    1. 한국어 문장 바로 쓰기 ⋯→ 184
    2. 번역능력인정시험에 대하여 ⋯→ 214
    3. 모범답안 ⋯→ 221
    4. 참고문헌 ⋯→ 231

번역의 기초 마스터하기

10가지 번역규칙, 이것만은 알아 두자

모든 언어에는 나름대로의 문화가 있다 01

- 시장에서 한족들은 누가 사건 말건 '卖梨了'하고 외치면서 자기가 무엇을 팔고 있다는 사실을 알려 준다. 그러나 한국인은 '배 사세요'하고 외치면서 손님에게 권한다.

- 중국어에서는 '我的爸爸', '我的家', '我的太太'처럼 기준을 개인에게 두고 가족관계를 표현한다. 그러나 한국어에서는 '우리 아버지', '우리 집', '우리 마누라' 등 공동체임에 중점을 두고 가족관계를 표현한다.

위의 두 예는 중국어와 한국어의 언어문화에서 오는 차이를 쉽게 느낄 수 있게 해 주는 단적인 예이다. 이처럼 모든 언어에는 나름대로의 문화가 있고, 이러한 문화를 잘 이해해야만 번역을 할 때 원문의 문화색을 잘 살릴 수 있다.

이 외에 번역에 필요한 언어문화상식으로 어떤 것들이 있을까?

한국어는 낯선 대상에 대해 일정한 거리를 둔다

한국에서 장기 체류하는 외국인들의 공통된 이야기가 있다. 한국사람들은 처음 사람을 대할 때는 무뚝뚝하고 불친절한데, 일단 사귀고 나면 그렇게 정이 많고 친절할 수가 없다는 것이다. 이러한 민족성은 언어에도 나타난다. 아래 甲과 乙의 대화를 보자.

ex 1. 甲: 통역할 사람이 한 사람 필요한데.
　　　乙: 마침 내가 아는 사람이 있어.
　　　甲: 그래, 그럼 그 사람 좀 소개해 줄래?
　　　甲: 김철수라고, 중국에 유학 갔다가 온 사람이야.
　　　乙: 그 김철수라는 사람 통역 경험이 있니?

새로 도입된 인물에 대해 甲은 '김철수'라는 고유명사로 불렀으나 乙은 고유명사로 부르지 않고 '김철수라는 사람', '그 사람', '그 김철수라는 사람' 등으로 부른다. '김철수'라는 사람을 처음 들어 봤기 때문에 대화 도중에도 항상 일정한 거리를 유지하는 것이다. 그럼 중국어에서는 비슷한 상황이 어떻게 표현되는지 살펴보자.

ex **2.** 甲:我在找懂汉语的人。
乙:我们班有一个汉语很好的。下一次我给你介绍一下。
甲:他当过翻译没有？

중국어에서는 새로 도입된 인물(통역할 줄 아는 사람)을 '那个人'으로 지칭하지 않고 곧바로 3인칭대명사 '他'로 지칭하였다. 그 이전부터 잘 알고 있는 사람인양 표현한 것이다. 여기서 '他当过翻译没有?'를 '그는 통역을 해 본 적이 있니?'로 번역하면 이는 한국어 표현으로는 부적절하다. 앞에서 언급한 한국어의 특성을 고려해 '그'를 '그 사람'으로 바꾸어 '그 사람은 통역을 해 본 적이 있니?'로 번역하는 것이 좋다.

'这 ≠ 이', '那 ≠ 그, 저'

이번에는 지시어의 번역에 대해 학습해 보자. 시중에 나와 있는 중한사전을 보면 한결같이 '这=이', '那=그/저'로 번역하고 있다. 일반적으로 실제의 시공(時空) 거리를 지칭하는 지시어의 경우는 두 언어가 일치한다.

ex **3.** 这本书多少钱?(이 책은 얼마입니까?) → 책이 화자 가까이에 있을 경우

4. 那本书多少钱?(그 책은 얼마입니까?) → 책이 청자 가까이에 있을 경우

5. 请把那双皮鞋拿给我看看。(저 구두 좀 보여 주세요.)
→ 신발이 화자와 청자로부터 거리상 떨어져 진열되어 있는 경우

그러나 실제의 시공 거리가 아닌 심리적 거리를 나타낼 경우, 두 언어간 지시어의 대응관계가 반드시 일치하지는 않는다. 상황에 따라서는 중국어의 '这'가 한국어의 '그'로 번역되기도 한다.

아래 원문은 중국 현대문학작품 『子夜』에서 따온 것이다. 예문(6)은 중국 학자가 번역한 것이고 예문(7)은 국내 학자가 번역한 것이다.

6. "四点到五点, 我一定在。万一我不在益中, 你问明了是姓王的—— 王和甫, 和——甫, 你也可以告诉他。这位是北方人, 嗓子很响, 你大概不会弄错的。"
   "네 시, 다섯 시 어간엔 내가 꼭 있지, 만일 내가 익중에 없을 때는 왕씨를 찾아 묻게나 — 왕화보, 화 — 보, 그 사람한텐 알려도 괜찮네, 그 사람은 북방 사람인데 목소리가 크니까, 임자도 잘못 알아듣진 않을 걸세."(연변대학통신학부, 『밤중』)

7. "同时那办公室的门已经飞开, 闯进一个人来, ……, 这人一边走, 一边就喊道: ……。
   동시에 사무실 문이 거세게 열리면서 한 남자가 뒤에 들어왔다. ……, 그 사람은 발로 문을 차 닫고는 뛰어 들어오면서 외쳤다. (김하림 譯, 『새벽이 오는 깊은 밤』)

한국어에서는 방금 소개한 사람이나 사물에 대해서 잘 알지 못할 경우 거리감을 두기 위해 '그'를 사용하였다. 반면에 중국어에서는 새로운 대상에 대해 거리감을 두지 않기 때문에 '这'를 사용하였다. 하지만 이 지시어의 영역 설정에 절대적인 기준이 있는 것은 아니다. 실제 거리의 원근이 아니라 화자 혹은 필자의 주관적인 의식 즉, 심리적 거리 구분에 의해 결정되기 때문이다. 따라서 중국어나 한국어 모두 경우에 따라서는 '这'와 '那', '이'와 '그'의 상호 전환이 가능하다.

참고로 연구에 의하면 중국어에서는 '这'를 많이 사용하고 한국어에서는 '그'를 많이 사용한다고 한다. 다음의 경우를 보자.

8. A: 你这么办, 老赵马上会晓得我和你有来往, 老赵就要防你。
   B: 这个我也明白。(『子夜』)
   A: 그런다면 조가가 우리 둘이 내왕하는 걸 알고서 임자를 경계할 거요.
   B: 그건 저도 알아요. (연변대학통신학부, 『밤중』)

중국어에서 토론 중인 내용은 쌍방이 공동으로 관심을 가지고 있는 문제이기 때문에, 자신이 말한 것이든 상대방이 말한 것이든 모두 자신과 관계 있는 것, 자신과 가까운 것으로 여긴다. 그래서 지시어 '这'가 많이 사용되는 것이다. 그러나 한국어에서는 대화 중 화자가 말한 내용을 청자가 언급할 경우 '그'가 쓰인다. 자신이 상대방보다 지시대상을 더 잘 알고 있다 할지라도 상대방의 영역에 철저히 귀속시키는 것이다.

 특정지역에 대한 고사(故事)를 알면 제대로 된 번역이 나온다

중국어에는 어느 한 시기 그 지방에 널리 알려진 역사이야기를 재료로 하여 만든 말들이 많다. 귀한 인물이나 귀중한 물건을 묘사할 때는 '昆山片玉'라 하고, 자식을 잃은 비통함을 묘사할 때는 '抱痛西河'라 한다. 식견이 좁아 대수롭지 않은 일을 보고도 신기하게 여기는 것을 '蜀犬吠日', 또는 '粤犬吠雪'라고 표현한다. '蜀犬吠日'는 쓰촨성은 산이 높고 안개가 짙어서 해를 보는 날이 드물기 때문에 해가 어쩌다 뜨면 개가 이상하게 여기고 짖는다는 뜻에서 기원한 것이다. '粤犬吠雪'란 말은 광둥성은 날씨가 무더워 눈이 내리지 않기에 그 지역 사람들이 눈 내리는 것을 신기한 현상으로 보는 데서 기원한 것이다. 한국어에서 지명을 딴 '안성맞춤'은 '恰如其分'으로, 중국어의 '黄鹤楼上看翻船'은 '강 건너 불 보듯'으로 번역할 수 있다. '강 건너 불 보듯'을 그대로 직역해 '隔岸观火'로 번역할 경우 원문의 의미를 그대로 전달할 수 없다.

 중국어 표현에는 숫자가 많이 보인다

중국어에서는 자연현상이나 사회현상을 주관적인 숫자형식으로 가공하여 귀납하는 경우도 있다.

ex **9.** 千山鸟飞绝, 万径人踪灭。(柳宗元『江雪』)

이 시에서 '千'과 '万'은 숫자 개념의 '천'과 '만'이 아닌 많음을 뜻한다. 즉, 시인의 시야 안에 있는 모든 산과 길을 의미하는 것이다. 그래서 번역에서는 '이 산 저 산 새들도 깃을 거두고 들길 산길 사람들 그림자 없네'로 번역해야 한다.

번역 연습

(1) A：张哥，怎么办？
　　B：这好办，我从外边爬上去拿出钥匙就行了。
(2) 你不知道老马这个人的脾气多怪。
(3) A：一比零，你看怎么样，我说黄队准赢吧！
　　B：那可不一定，还有下半场呢。
(4) 这都几点了，你还不休息。
(5) A：我要看看那个小星星。他在哪边？
　　B：在那边。
(6) 당신이 그렇게 말하니까 나도 가기 싫어졌어.
(7) 그들은 고층건물을 지었는데 그 면적이 2만 평방미터나 된다고 한다.
　　[盖, 听说, 平方米]

우리는 긴 관형어형을 좋아한다

02

📖 최근 법률 자문을 의뢰하는 서민들을 변호하는 일로 바쁜 나날을 보내고 있는 ○○○ 변호사는 논리정연한 명변호로 많은 사람들의 법률 조언자로 사랑을 받고 있다.

위의 문장과 같이 한국어에서는 인칭대명사나 고유명사 앞에 이를 수식하는 긴 관형어형을 사용할 수 있다는 언어적 특징을 가지고 있다. 그러나 중국어에서는 사람을 지칭하는 고유명사 앞에 긴 관형어형을 잘 쓰지 않는다.[*1]

그렇기 때문에 주어를 설명해 주는 부분이 길게 들어갈 경우, 이를 술어의 형태로 바꾸어 표현할 수밖에 없다. 예를 들면, '강을 헤엄쳐 건넌 도영은 강기슭으로 올라서더니 금방 숲속으로 사라졌다.'를 중국어로 번역하면 다음과 같다.

ex **1.** 道英游过江去, 爬上了岸, 很快地在森林中消失了。

한국어의 관형어부분 '강을 헤엄쳐 건넌'이 번역문에서는 술어의 자리에 위치하고 있음을 알 수 있다. 반대로 한국어 표현에서 관형어형을 술어의 형태로 풀어서 '도영은 강을 헤엄쳐 건너 강기슭으로 올라서더니 금방 숲속으로 사라졌다.'로 표현한다면 그 표현이 느슨하고 평범하여 함축성이 없고, 독자에게 주는 긴장감이 떨어진다.

그러나 관형어형 표현이 반드시 좋은 것만은 아니다. 예를 들면, 라디오 방송대본과

주1 중국어는 전통적인 통사구조상 중심어(주어) 앞에 부가되는 관형어가 그다지 길지 않다. 중국인이 자연스럽게 사용하는 관형어의 길이는 15字 이내이다. 그러나 번역 문학 작품의 영향으로, 또 여러 문체의 발전으로 관형어가 점점 길어지는 경향(예를 들면, 영어의 'who', 'that' 이하 종속절을 처리할 때)이 있다.

  a. 从前有一个种田的人, 老实得很, 身体又很强健……
  b. 从前有一个老实得很、身体又很强健的种田的人……

(a)는 전통적인 통사구조에 맞는 표현법이고 (b)는 긴 관형어가 부가된 확대된 주어부분을 가진 표현법이다.

같은 문체에서는 주술적 표현이 아주 이상적이다. 단순문으로 풀어서 표현할 경우, 청취자는 동작 하나하나를 화면을 통해 보는 듯한 느낌을 받는다.

독자의 이해를 좀더 돕기 위해 또 다른 예를 들어 보겠다. 아래 예문은 조선일보의 〈韩中对译〉과 중국 화보에 실린 사진을 설명하는 글에서 발췌한 것이다.

> ex 2. 니가타 현에서 가난한 소장수의 장남으로 태어난 다나카는 …….
> 田中是新潟县穷苦牛贩子的大儿子, ……。
>
> 3. 农业科学工作者研究农作物的生物现象和特徵。
> 농작물의 생물적 현상과 그 특징을 연구하는 농업과학자들.

두 예는 등장인물에 대한 출신 배경이나 직업을 소개하는 내용이다. 예문(2)의 한국어에서는 등장인물을 나중에 언급함으로써 다나카의 출신배경을 더욱 명확하게 독자에게 전달할 수 있다. 그리고 예문(3)의 번역에서도 주체(행동주)를 맨 마지막에 언급함으로써 화보에 실린 사진을 설명하는 표현 효과를 훨씬 높일 수 있다. 다음 예를 보자.

> ex 4. 金先生原来是一家国营商店的售货员。他年轻力壮, 又聪明能干。
> 김선생은 원래는 국영상점의 판매원이었다. 그는 젊고 기운이 넘치는 데다 총명하고 재간까지 있었다.
> ⇒ 김선생은 원래는 국영상점의 판매원으로, 젊고 기운이 넘치는 데다 총명하고 재간까지 있었다.
> ⇒ 원래 국영상점 판매원이었던 김선생은 젊고 기운이 넘치는 데다 총명하고 재간까지 있었다.
>
> 5. 他忙着都收拾好了, 握着手周围看了看, ……。(『超人』)
> 서둘러 짐을 정리하고 난 하빈은 손을 맞잡은 채 주위를 살펴보았다. …….

예문(4)에서는 번역 방법이 세 가지나 되지만 세 번째 번역 방법이 가장 좋다. 예문(5)에서는 일반대명사 '그'보다 고유명사 '하빈'을 사용하는 것이 더 좋다.

지금까지 든 예는 첫 번째 단일문의 술어 부분을 관형어형으로 바꾸어 번역한 것이다. 경우에 따라서는 예문(6), (7)과 같이 하나의 단일문뿐만 아니라 두 개, 세 개의 단일문까지도 선행문 주어를 수식하는 관형어형으로 만들 수 있다.

> ex 6. 其实我那已二十岁, 北京已来往过两三次, 是没有什么要紧的了。(『背影』)

사실 그때 벌써 낫살도 스물이나 먹었고 베이징에도 두세 번이나 다녀온 나인지라 아무 일도 없으련만…….

7. 他少年出外谋生，独立支持，做了许多大事。哪知老境却如此颓唐！
(『背影』)
어려서부터 생계를 위해 집을 떠나 홀로 생활을 지탱해 가면서 마른 일 궂은 일 가리지 않고 해 온 아버지였건만 늘그막에 이토록 볼품 없이 될 줄이야!

다음 예를 보자.

ex 8. 他又有一样坏脾气，便是好喝懒做。
그는 고약한 버릇을 가지고 있는데, 그것은 술만 좋아하고 일하기는 싫어하는 것이다.
⇒ 그는 술만 좋아하고 일하기는 싫어하는 고약한 버릇이 있었다.

앞의 예와는 달리 예문(8)에서는 뒷절의 주어가 '他'가 아닌 '坏脾气'이다. 이 경우에도 뒷절의 술어부분은 '坏脾气'를 수식하는 관형어형으로 바꾸어 번역할 수 있다.

번역 연습

(1) 父亲就是为了我这个哥哥，伤头了脑筋，可是既然是在这种时候，看来父亲也只能随他去了。
(2) 本宪法以法律形式确认了中国各族人民奋斗的成果，规定了国家的根本制度和根本任务，是国家的基本法，具有最高的法律效力。
(3) 今天，我国人民迎接了中国人民的友好使者，他们沉浸在无比激动和喜悦中。
(4) 『中国妇女报』是一张面向妇女及社会广大群众的全国性报纸, 1984年创刊以来受到读者的欢迎。
(5) 朝鲜的玻璃工艺品闻名四海。
(6) 战友重逢
(7) 安在旭出生于1971年9月。他是韩国最受欢迎的男演员，出演过3部电影和十多部电视剧，从1995年到1997年，他每年都捧得韩国MBC电视大奖。

첨삭 지도

1. NRG是韩国最成功的偶像组合之一，在1998年来华参加中韩友好演出后，受到了中国青少年的喜爱，他们的专辑在中国发行后，因为太受欢迎以至出现多次断货。

    NRG는 한국에서 가장 성공한 우상그룹의 하나로 1998년 중국에서 한중친선공연에 출연한 이후로 중국 청소년들의 사랑을 받았다. 이들의 앨범은 중국에서 발매된 후 크게 히트하여 여러 차례 품절이 되기도 했다.

    한국에서 가장 성공한 우상그룹의 하나인 NRG는 1998년 중국에서 한중친선공연에 출연한 이후로 중국 청소년들의 사랑을 받고 있다. 이들의 앨범은 중국에서 발매된 후 크게 히트하여 여러 차례 품절이 되기도 했다.

2. 另一种是学生，有刚毕业的，有在校的，都是20岁左右的样子。她们有好奇，有对自己的自信。她们相信网络能给自己另一种生活。

    다른 한 부류는 학생들로, 막 졸업한 사람도 있고 재학 중인 사람도 있는데 모두 20세 전후이다. 그들은 호기심이 많고 스스로에 대해 자신감이 있다. 그들은 인터넷이 그들에게 또 다른 생활을 가져다 준다고 믿는다.

    다른 한 부류는 20세 전후의 사람들로, 갓 졸업한 사람도 있고 재학 중인 학생도 있다. 호기심이 많은데다 자신감을 가진 이들은 인터넷이 자신들에게 또 다른 생활을 가져다 줄 수 있다고 믿고 있다.

'不'와 '没有'

03

한국 학생들이 중국어학습에서 많이 틀리는 것 중 하나가 부정사 '不', '没有'의 사용이다. 이 부정사의 오류는 중국어 초급과정에서만 많이 나타나는 것이 아니다. 중국에서 공부한 대학원생들의 박사학위 논문에서도 많이 나타난다. 그만큼 쉬운 것 같으면서도 어려운 것이 부정사의 용법이다.

중국 한족 학생들(한국어과 2학년)이 필자의 학교에 와서 한국어연수를 받은 적이 있다. 그때 필자는 중국 학생들에게 작문(중한번역) 테스트를 했었는데 부정사에 관한 문항을 많이 넣었다. 재미있는 사실은 중국 학생들도 한국 학생들과 마찬가지로 한국어 부정사의 사용에 많은 혼란을 느끼고 있다는 점이었다. 그들의 작문 오류 유형을 보자.[2]

我还没有去过中国。 저는 중국에 아직 안 가봤어요.
我不去北京。 나는 베이징에 못 가겠어요.

한국어에서 부정문은 부정을 나타내는 부사 '아니(안)'나 '못'을 쓰거나 부정의 뜻을

주 2 부정사 외에도 중국 학생들이 많이 틀리는 오류는 다음과 같다.

- 조사의 생략
  我来到汉城以后，去过两趟博物馆。 저는 서울 온 후 박물관 두 번 가봤어요.
  我学习了两年中文。 저는 2년 중국어 배웠어요.

- 수량사의 위치
  他寄给李先生一封信。 그는 이 선생님께 한 편지를 부쳤다.
  今天下午我找了他两次。 오늘 오후에 두 번 그를 찾았어요.

우리 중문과 학생들이 한국인이라는 이유 하나만으로 중국 학생들에게 한국어를 잘 가르칠 수 있다고 생각하면 큰 오산이다. 여러분은 위의 작문에서 틀린 부분을 중국 학생들에게 얼마만큼 문법적으로 설명해 줄 수 있을까. 중국 학생들이 의문점을 제기할 때 그저 '습관적으로 그렇게 쓰니까', 혹은 '강조하기 위해서'라고 대답해서는 안 된다. 실은 가장 애매한 대답 중 하나가 '강조하기 위해서'이다. 마땅히 '왜 이것이 있어야만 되고, 없을 때와는 어떤 차이가 있을까'를 밝혀 주어야 한다. 모국어라도 문법 공부를 해야만 제2외국어 학습자에게 제대로 가르칠 수 있다.

나타내는 용언 '아니다, 아니하다(않다)', '못하다'를 써서 만든다. '아니(안)', '아니다, 아니하다(않다)'에 의한 부정문을 '안'부정문, '못', '못하다'가 쓰인 부정문을 '못'부정문이라 한다.

긍정문	'안'부정문	'못'부정문
철수는 학교에 갔다.	철수는 학교에 가지 않았다. 철수는 학교에 안 갔다.	철수는 학교에 가지 못했다. 철수는 학교에 못 갔다.

단순한 사실의 부정이나 행동주의 의지를 나타내는 부정문을 '안'부정문이라 하고 행동주의 의지가 아닌 행동주의 능력이나 그 외의 원인 때문에 그 행위가 일어나지 못하는 부정문을 '못'부정문이라 한다. '안'부정문의 예에서 철수는 자신의 의지로 학교에 갈 수 있었지만 안 간 경우이고, '못'부정문의 예에서는 다른 원인이 있어서 학교에 못 간 경우이다.

그럼 이번에는 중국어 부정문은 어떻게 표현되고 번역은 어떻게 되는지 한번 살펴보자.

중국어 부정부사 '不'는 한국어 번역문에서 주로 '않는다/않겠다'의 의미로 표현되고 '没(有)'는 주로 '않았다/못했다'의 의미로 표현된다. '不'는 현재나 미래의 동작, 행위에 대한 부정을 나타내는 데 사용되고 '没(有)'는 과거의 동작, 행위에 대한 부정을 나타내는 데 사용한다.

ex 1. 我不去图书馆了。
    나는 도서관에 안 갈래.

    2. 在昨天的招待会上, 他没抽烟, 没喝酒。
    어제 리셉션에서 그는 술도 담배도 안 했다.

예문(1)에서 학습자들은 '나는 도서관에 가지 않았다'로 오역하는 경우가 많다. 부정사 '不'에 대한 이해 부족과 문말의 '了'를 과거시제로 보았기 때문이다. 문말의 '了'는 원래는 도서관에 가기로 하였는데 나중에 가지 않기로 결정한 심리적 변화를 나타내는 것이지, 동작의 완성과는 상관이 없다. 예문(2)에서 '没(有)'는 구체적인 행위에 대한 부정으로 어떤 동작이 실현되지 않았음을 나타낸다. 또 다른 예를 보자.

ex 3. 我不抽烟。
    나는 담배를 안 피워.

4. 我没抽烟。
   나는 담배를 피우지 않았어.

5. 今天的会议他不参加。
   그는 오늘회의에 참석하지 않는다 / 참석하지 않기로 했다.

6. 今天的会议他没(有)参加。
   그는 오늘 회의에 참석하지 못했다 / 않았다.

예문(3)은 담배를 피우고 싶지 않다는 화자의 '태도'를 가리키고, 예문(4)는 담배를 피우지 않았다는 '사실'을 가리킨다. 예문(5)는 주관적인 의지을 나타낸 것으로 '不参加'는 본인이 참가하고 싶지 않거나 참가할 필요가 없음을 의미한다. 예문(6)에서 '没参加'는 어떤 다른 원인(객관적인 원인)으로 회의에 참석하지 못했음을 나타낸다.

번역 연습

(1) 上星期天他们没参观展览会。
(2) 我来中国以后, 还没给他写过信。
(3) 지난주 일요일은 공부하지 않고 하루 종일 놀았다. [玩了一整天]
(4) 小明도 가지 않고 小田도 가지 않았다.
(5) 어제 베이징을 산책했을 때 춥지 않고 즐거웠다. [开心]
(6) 그는 젊었을 때는 담배를 피우지 않았다. [습관]
(7) 예전에 이곳에는 비가 내리지 않았다. [습관]

연동문의 번역

04

목적을 표시하는 연동문(连动句)은 '밥을 먹으러 식당에 가다'처럼 '~하러 가다'로 번역한다. 그런데 이것을 '식당에 가서 밥을 먹다'로 표현할 수도 있다. 다음의 경우를 보자.*3

ex 1. 恐怕他们先下手，来对付我们。
번역 1 아마 그들은 선수를 쳐서 우리들에게 대항하겠지.
번역 2 아마 그들은 우리들에게 대항하기 위해 선수를 치겠지.

2. 上午小明到机场接代表团了。
번역 1 오전에 小明은 비행장에 가서 대표단을 맞이했다.
번역 2 오전에 小明은 대표단을 맞이하러 비행장에 갔다.

하나의 문장이 두 가지 방식으로 번역됨을 알 수 있다. 어느 쪽 번역을 택해야 할지는 문맥과 논리적 판단에 근거해야 한다. 다음 예문을 보자.

ex 3. 他从山坡上下来，到河边儿去喝水。他站在水边儿上喝，忽然听见有人叫：……。
그는 산언덕에서 내려와 물을 마시러 강가에 갔다. 그가 물가에 서서 물을 마시는데 갑자기 누가 부르는 소리가 들렸다. …….

주3 동일한 주어를 가진 연속된 동사(구) 사이에는 의미관계가 존재하는데도 불구하고 이에 해당하는 형태 표시가 없기 때문에 두 가지 번역 방법이 가능한 것이다. 영어 번역에서는 두 동사가 연속된 동작을 표시할 경우에는 'and'를 주로 사용하고, 뒤에 위치한 동사가 목적을 표시할 경우에는 'to-부정사'를 주로 사용한다. 예를 들어, '我脱了鞋进去。'가 先后관계가 있는 연속 동작을 표시할 경우에는 'I take off my shoes and go in.'으로 번역하고, 목적을 표시할 경우에는 'I take off my shoes to go in.'으로 번역한다.

별색 부분의 옳은 번역문은 '물을 마시러 강가에 갔다'이지 '강가에 가서 물을 마셨다'는 아니다. 뒷문장 '그는 물가에 서서 물을 마셨다'라는 문장을 통해서 앞문장 '他……到河边儿去喝水'의 '他'가 아직 물을 마시지 않았음을 알 수 있기 때문이다. 다음 예를 보자.

ex 4. 我去公园散步。
   번역 1 나는 공원에 가서 / 에서 산책한다.
   번역 2 나는 공원에 산책하러 간다.

5. 我去北京参加全国教育会议。
   번역 1 나는 베이징에 가서 전국교육회의에 참가한다.
   번역 2 나는 전국교육회의에 참가하러 베이징에 간다.

예문(4), (5)의 번역을 보면, 목적 표시의 번역이 원문의 의미에 더 가깝고 연속 동작 표시의 번역은 원문의 의미와 다소 거리가 있음을 알 수 있다. 예문(4)의 [번역1]에서 '너는 매일 어디에서/에 가서 산책하니? - 나는 매일 공원에서 산책해.'의 번역문은 '你每天在哪儿散步？: 我每天在公园散步.'이다. 예문(5)의 [번역1]에서는 '곧바로 전국교육회의에 참가하지 않고 베이징을 경유해서 참가하겠다'는 의미를 내포하고 있다. 따라서 원문의 의미와는 맞지 않다.

다음과 같은 문법 표지는 연속 동작과 목적의 구분을 명확하게 해 준다.

ex 6. 我去北京买了辞典。
   오 역 나는 사전을 사러 베이징에 갔다.
   번 역 나는 베이징에 가서 사전을 샀다.

7. a. 他们都去礼堂听报告了。
      그들은 보고를 들으러 대강당에 갔다.
   b. 他们都去礼堂听了一个报告。
      그들은 대강당에 가서 보고를 들었다.

예문(6)의 두 번째 동사 뒤에 사용된 '了'는 두 번째 동작이 이미 완성되었음을 나타낸다. 즉, '已经买了辞典了'의 의미이다. 따라서 '사전을 사러 가다'는 오역이다. 예문(7-b)도 마찬가지이다. (7-a)에서와 같이 문말에 어기조사 '了'가 있을 경우에는 목적 표시의 해석만이 가능하다.

다음 예에서는 문맥으로만 봐도 목적 표시가 아닌 연속 동작의 표시임을 알 수 있다.

8. 第二天我起得很迟，午饭之后，出去看了几个本家和朋友。

　　오 역　……점심을 먹은 후 몇몇 친척과 친구들을 찾아보러 나갔다.

　　번 역　……점심을 먹은 후 바깥에 나가 몇몇 친척과 친구들을 만나 보았다.

번역 연습

(1) 以后我们要去别的大学学习五年专业。

(2) 我们采用了这个方法，解决共产党内部的矛盾。

(3) 去年夏荒，乡政府从二百公里外的公略县搬来了米救济群众。

(4) 我们也常常去他的休息室问问题。

(5) 我到图书馆(去)借一本小说。

(6) 매일 저녁 그는 야간학교에 수업을 들으러 간다. [夜校]

(7) 우리들은 매일 상점에 물건을 사러 간다.

(8) 장 선생님은 우리를 찾으러 기숙사에 오셨다.

관계 파악하기   05

하나의 문장은 각각의 단어로 이루어지지만 각각의 단어는 단어와 단어간의 관계 속에서만 살아 숨쉰다. 문장을 만드는 사람은 반드시 그런 법칙에 따라 문장을 만든다. 이 법칙은 상식적이며, 상식은 곧 논리이다. 따라서 문장을 잘 파악하려면 스스로가 상식적이고 논리적인 사고를 지니고 있어야 한다.

문장 안에서 단어와 단어간의 관계가 존재하듯이 단락 안에서도 문장과 문장과의 관계가 존재한다. 문장을 만드는 사람은 그런 법칙에 따라 단락을 만든다. 따라서 하나의 문장을 정확하게 이해하기 위해서는 그 문장의 주변상황을 잘 살펴보아야 한다.

단어결합의 문맥 의존성에 대해 한번 살펴보자. 단어결합에서 제기되는 중요한 문제 중 하나는 '이것이 어디까지 관계하는가' 하는 문제이다.

중국어에서 개사(介词) '对', '对于'는 어떤 대상을 끌어들이는 역할을 한다. 그런데 중국어에는 끌어들이는 대상이 어디까지인가에 대한 문법적인 표시가 없다. 그러므로 개사 '对', '对于'가 어디까지 관계하는가 하는 것은 그 뒤에 오는 명사나 명사적 단위들이 어떤 뜻을 지니고 있는가에 의해 결정된다. 다음의 예를 보자.

> ex 1. 党组织对党员的签定、结论和处分决定，必须同本人见面。
> 2. 党组织对党员的声明、申诉、控告和辩护必须及时处理……。

위의 두 문장에서 별색 부분은 그 표면적 구조가 똑같다. 그러나 개사 '对'와 그 뒤 단위들과의 결합관계가 다르다. 예문(1)에서 개사 '对'는 '党员'만을 끌어들이고 있고, 예문(2)에서 개사 '对'는 '党员的声明、申诉、控告和辩护'를 끌어들이고 있다.

> ex 1-1. 党组织对 [党员] 的签定、结论和处分决定，必须同本人见面。
> 당원에 대한 당 조직의 감정, 결론과 처분결정은 반드시 본인에게 알려야 한다.

2-1. 党组织对 [党员的声明、申诉、控告和辩护] 必须及时处理……。
　　　당 조직에서는 당원의 성명, 제소, 고소와 변호를 제때에 처리해야 한다.

두 문장은 표면적 구조가 같지만 단어들의 의미 결합관계는 서로 다르다. 이 두 문장의 대비를 통하여 중국어에서 단어들의 결합관계는 문맥에 의존한다는 것을 알 수 있다.

다음은 관형어와 중심어와의 결합관계에서 생기는 다의현상을 살펴보자.

ex **3.** 但自己那无牵无挂的自由自在的生活, <u>以及超脱于世人的精神方面的追求与满足</u>, 似乎又抵得上家庭生活的缺憾了。

예문(3)에서 별색 부분은 '세인의 정신적인 면을 벗어난 추구와 만족'으로 번역할 수도 있고 '세인을 벗어난 정신적인 면의 추구와 만족'으로 번역할 수도 있다. 즉 '超脱于世人'이 '精神方面的追求与满足'를 꾸며주는가, 아니면 '超脱于世人的精神方面'이 '追求与满足'를 꾸며주는가 하는 문제이다. 이와 같은 다의현상이 생긴 원인은 꾸밈을 받는 말 앞에 '的'가 두 번이나 사용되었기 때문이다. 원문을 보면 '결혼해서 평범한 삶을 사는 여성들과는 달리 정신적인 면을 추구하며 살아가는 노처녀'를 표현한 것이다. 따라서 '세인의 삶을 벗어나서 정신적인 면을 추구하고 만족하면서'로 번역해야 한다.

중국어나 한국어 모두 복합문의 여러 단일문(절)들 사이에는 일정한 의미-논리적 관계-가 있다. 중국어에서는 이런 의미-논리적 관계-가 일반적으로 접속사와 일부 부사들에 의해 나타나고, 한국어의 경우는 그 관계가 연결어미나 보조적 단어들에 의하여 나타난다. 그러나 중국어에서는 사람들에게 오해를 주지 않을 경우 관련을 나타내는 단어를 생략할 때가 많다.

ex **4.** ① 我叫阿毛, ② 没有应, ③ 出去一看, ④ 只见豆撒得一地, ⑤ 没有我们的阿毛了。⑥ 我急了, ⑦ 央人去寻去。

이 복합문은 '阿毛'를 찾는 과정을 시간적 순서에 따라 서술한 것이다. ①과 ②의 관계는 전환관계이고 ①, ②와 ③의 관계는 인과관계이다. ③, ④, ⑤의 관계는 병렬관계이고 ⑥과 ⑦의 관계는 인과관계이다. 이 모든 관계는 문법적 표시 없이 의미적 연결에 의존하고 있다. 이것을 한국어로 번역할 경우에는 여러 가지 연결어미와 보조적 단어들로써 단문들 사이의 여러 관계를 명확히 나타내어야 한다.

> ex 4-1. 제가 阿毛를 불렀으나 대답이 없었지요. 그래서 나가보았더니 땅바닥에 콩만 흩어져 있고 우리 阿毛는 없었어요. 나는 너무도 조급해져서 사람들보고 찾아봐 달라고 사정했지요.

아래 예는 표면적으로 병렬관계인 것 같아 무조건 '-고'를 사용한 틀린 번역문이다.

> ex 5. 公司为什么要聘用外国人呢？主要是为了开拓国外市场，使公司向跨国公司发展，同时也是为了引进国外的一些先进管理经验，提高公司员工的现代化管理意识。
> 회사에서는 왜 외국인을 초빙하려고 하는가? 그것은 주로 해외시장을 개척하고 회사를 다국적기업으로 발전시킴과 동시에 외국의 앞선 관리경험을 도입하고 직원들의 현대화된 관리의식을 향상시키기 위해서이다.

'开拓国外市场'과 '使公司向跨国公司发展', '引进国外的一些先进管理经验'과 '提高公司员工的现代化管理意识'는 각각 병렬관계로 연결된 문장이 아니므로 '~하고 ~한다'로 번역하면 틀린다. '해외 시장을 개척하여 회사를 다국적 기업으로 발전시킨다'와 '외국의 앞선 관리경험을 도입하여 직원들 현대화된 관리의식을 향상시킨다.'가 올바른 번역이다.

번역 연습

(1) 虽然读书人一直被称为"穷书生"，"穷知识分子"，可是他们仍然很受人尊敬，很令人钦慕。[논리관계]
(2) 韩国是缺乏资源的国家，为了生存下去只有依靠知识。[논리관계]
(3) 我当了人民的代表，必须代表得好。[논리관계]
(4) (人民解放军组成了自己的炮兵和工兵)不要忘记，人民解放军是没有飞机和坦克的，但是自从人民解放军形成了超过国民党军的炮兵和工兵以后，国民党的防御体系，连同他的飞机和坦克就显得渺小了。['不要忘记'의 관련 부분]

(5) 但是推行计划生育也遇到不少阻力特别是在农村。中国有百分之八十的人口在农村，农村的文化教育水平低，不容易理解计划生育的重要性，对于提倡一对夫妇只生一个孩子、限制二胎、不准多胎的政策不太想得通。

첨삭 지도

1. 有些人认为：招聘女司机在扩大女性就业范围、增加女性就业机会、争取全社会妇女享有同等的就业权利等方面，走出了重要的一步。另外，不少人觉得坐在女司机驾驶的公共汽车里更安全，人们普遍认为，女司机感觉更灵敏，也更谨慎，不像男司机那么容易出事儿。

예시번역 어떤 사람들은 여운전기사를 채용하는 것은 여성의 취업범위를 확대하고, 여성의 취업기회를 증가시키고, 전체 사회여성이 동등한 취업의 권리를 갖도록 하는 등 여러 방면에서 중요한 한 걸음을 내딛게 되었다고 여긴다. 이 외에 많은 사람들이 여운전기사가 운전하는 버스를 타면 더 안전하다고 여기는데, 사람들은 일반적으로 여운전기사의 감각이 더 민감하고 신중하여 쉽게 사고를 내는 남자운전기사와 같지 않다고 생각한다.

첨삭 여자운전기사의 채용이 여성의 취업영역을 넓히고, 여성의 취업기회를 늘리고, 여성이 사회 전반에 걸쳐 남성과 동등하게 취업할 수 있는 권리를 갖도록 하는 데 중요한 시발점이 되었다고 보는 이도 있다. 그 외에 여자운전기사가 운전하는 버스를 타면 더 안전하다고 여기는 사람들도 있다. 그것은 사람들이 대체로 여자기사는 남자기사보다 더 민감하고 신중하기 때문에 남자기사들처럼 사고를 잘 내지 않는다고 보기 때문이다.

2. 另外，汽车制造业是一个巨型工业，需要多种材料、技术和复杂的信息系统，由此产生了一系列与之相配合的企业。可以说，如果没有汽车，许多工业根本无法生存，汽车对现代化工业也产生着巨大的影响。

예시번역 그밖에 자동차 제조업은 초대형 공업으로서 많은 종류의 재료·기술·복잡한 정보시스템이 요구되며, 이로 말미암아 일련의 그것과 서로 배합되는 기업이 생겼다. 만약 자동차가 없다면 많은 공업은 근본적으로 생존할 방법이 없으니, 현대적인 공업에도 자동차가 막대한 영향을 미치고 있다고 할 수 있다.

그밖에, 자동차 제조업은 하나의 거대 공업이기 때문에 많은 종류의 재료와 기술, 복잡한 정보시스템이 필요하며, 그로 인해 자동차 제조업과 관련한 여러 기업들이 생겨났다. 자동차가 없다면 많은 종류의 공업이 전혀 존재할 수 없다는 점에서 현대화된 공업에도 자동차가 막대한 영향을 미쳤다고 볼 수 있다.

06 약방의 감초 '搞'

중국어의 '搞'자는 그 의미폭이 대단히 넓다. 그래서 사람들은 '搞'자를 '제일 말 잘 듣고, 쓰고 싶은 대로 쓸 수 있는' 만능동사라고 한다. '搞'자는 고대중국어에는 없었으며 근대중국어에서는 서남지구 작가들의 작품에서 간혹 찾아볼 수 있었다. 하지만 현대중국어에서는 점점 그 사용빈도가 높아지고 사용범위가 넓어지고 있다. '搞'자에 대한 『现代汉语词典』(商务印书馆 刊)의 주석은 '做', '干', '办', '弄' 등 네 가지이고 『辞海』(上海辞书出版社 刊)의 주석은 '做', '弄' 두 가지 밖에 없다. 그러나 실제 언어생활에서 '搞'자는 이 두 사전의 범위를 훨씬 초월하여 여러 가지 뜻으로 쓰인다.

ex
1. 不要搞阴谋诡计。
   음모를 꾸미지 마라.

2. 应该禁止搞宗派活动, 搞小集团活动。
   파벌행동을 하거나 소집단 모임을 만드는 것을 금지해야 한다.

3. 我们反对搞资本主义式的市场经济。
   우리는 자본주의식 시장경제 건설을 반대한다.

4. 搞得不好, 这事要泡汤。
   잘 처리하지 못하면 이 일은 수포로 돌아갈 수 있다.

5. 背后搞人的人, 最终自己也会得到报应。
   뒤에서 남을 헐뜯는 사람은 결국 자신이 당하게 된다.

6. 我们引进外资, 不要搞形式主义, 要重视其实际投资额。
   우리는 외자를 유치하는 데 있어 형식주의에 빠져서는 안 되고, 실제 투자액에 관심을 가져야 한다.

7. 我是搞物理, 他是搞数学的。
   나는 물리를 연구하고 그는 수학을 연구한다.

8. 野游时, 应多搞一点酒和饮料。

야유회를 갈 때는 술과 음료수를 좀더 준비해야 한다.

9. 老地主把我搞去，狠狠地揍了一顿。
   늙은 지주는 나를 잡아가서는 심하게 때렸다.

위 예문의 번역에서 보다시피 여러 의미로 사용되는 '搞'자를 번역하는 데 무슨 특별한 원칙이나 비법이 있는 것은 아니다. 다만 '搞'를 고립적으로 보지 말고 전체 문맥을 통해 의미가 가장 적당한 동사를 선택하여 번역해야 한다.

 번역 연습

(1) 我们党终究把革命搞成功了。
(2) 要搞四个现代化，必须进行一系列改革。
(3) 搞来搞去，搞到这样的地步。
(4) 那个资料搞好了没有？/ 搞好了。
(5) 多年来, 社会学家们一直想搞清楚, 为什么有这么多正常而诚实的人染上这种恶习呢？

'使'의 번역   07

'~로 하여금 ~하게 하다'와 같이 남에게 어떤 동작을 하게 하는 것을 사동(使动)이라 하고 이와 같은 뜻을 지닌 문장을 사동문이라 한다. 사동문에는 사동사에 의한 것('감다 → 감기다'의 '-기-')과 '-게 하다'에 의한 것이 있다. 이 중 여기에서 논하고자 하는 것은 '-게 하다'에 의한 사동문이다. 예를 들면, '철수가 짐을 진다.'를 사동문으로 표현하면 '이 짐은 철수가 지게 합시다.'가 된다.

사동을 나타내는 글자로는 '叫(教)', '使' 등이 있지만 현대중국어에서 많이 사용하는 것은 '使'이다.

ex 1. 这件事使我非常着急。
　　　이 일은 나를 매우 안달나게 했다.
　　　⇒ 나는 이 일로 매우 안달이 났다.

　　2. 他的技术使我很佩服。
　　　그의 기술은 나를 감탄시켰다.
　　　⇒ 나는 그의 기술에 감탄했다.

원문에서는 '이 일'과 '그의 기술'이 주어로 쓰여 부각되었지만, 번역문에서는 '내가 안달이 나다'와 '내가 감탄했다'를 부각시켜 표현해 주어야 한다. 아래 예에서는 상황이나 사건이 사동주가 되어 피사동주에게 어떤 행위를 일으키게 하는 작용을 한다.

ex 3. 但使我们接近起来的，是在这年底我失去了职业之后。
　　오역　하지만 우리들을 가까워지게 한 것은 그 해 연말 내가 실직을 당하고 나서이다.
　　번역1　하지만 우리들이 가까워지기 시작한 것은 그 해 연말 내가 실직을 당하고 나서이다.
　　번역2　하지만 그 해 연말 내가 실직을 당하고 나서부터 우리들은 가까워지기 시작했다.

중국어 사동 표현에는 주로 '使'자문을 사용하지만 몇몇 동사의 경우에는 동사 자체에 사동의 의미를 담고 있다. 사동의 의미를 담고 있는 동사로는 '发展', '健全', '增加', '丰富', '充实' 등과 같은 것이 있다. 이들은 모두 자동사이면서 목적어를 취한다. 예를 들면, '丰富文化生活'에서 '丰富'는 자동사지만 '文化生活'를 목적어로 가졌다. 한중번역에서는 특히 이 점에 주의해야 한다.

번역 연습

(1) 况且，一想到昨天遇见祥林嫂的事，也就使我不能安住。
(2) 尤其是"石油危机"以来油轮的订购税减，更促使日本造船业的危机持久化、严重化。
(3) 打高尔夫球不仅会造成不良的社会风气，而且会使一般的韩国人把打高尔夫球当成炫耀财富的一种手段。

'由'의 번역   08

'由'자문의 번역에서는 행위의 주체자(혹은 기관)를 '～이/가'나 '～에서'로 번역하는 방법과 '～에 의해 ～되다'식의 피동문으로 번역하는 두 가지 방법이 있다. 아래 예는 두 가지 번역이 다 가능하다.

ex **1.** 在几千年的封建社会里, 青年男女不能自由恋爱, 他们的婚姻要由父母决定。
번역1 …… 그들의 혼인은 부모가 결정하였다.
번역2 …… 그들의 혼인은 부모에 의해 결정되었다.

2. 其次, 也有一部分研究生退学是从职业上考虑的。因为, 研究生毕业后, 由政府分配到学校或科研单位工作, 他们的工资不会太高。
번역1 …… 대학원생들은 졸업 후 정부에서 그들을 학교나 과학연구기관에 배치시키기 때문에 …….
번역2 …… 대학원생들은 졸업 후 정부에 의해 학교나 과학연구기관에 배치되어 일하기 때문에 …….

'由' 다음에 활동적 명사가 올 경우에는 주로 '～이/가'로 번역하는 것이 좋고 '由' 다음에 비활동적 명사(추상명사)가 올 경우에는 주로 피동으로 번역하는 것이 좋다.
'由'자는 어떤 행위의 담당자가 누구인지를 명확하게 하기 위해서 사용된 것이기 때문에 경우에 따라서는 '由'자가 없어도 의미는 충분히 통한다. 예문(1)에서는 혼인이란 중요한 일을 결정하는 권한이 부모에게 있음을 나타내고, 예문(2)에서는 직장을 선택하는 권한이 정부에 있음을 강조한 표현이다. 예문(1), (2)의 [번역2]에서는 피동의 의미로 번역되었지만, 어떤 동작·행위의 영향을 받는 것과 관련이 없기 때문에 '由' 대신에 '被'를 사용할 수 없다.

번역 연습

(1) 这种付出的时间和精力，完全可以由今后写作的严密性和速度来补偿。
(2) 拙著的价值最后还是要由社会实践来检验的。
(3) 이 책은 邓关林이 번역하고 商务印书馆에서 출판하였다.

첨삭 지도

1. 为了进一步了解，从1910年到1945年日本侵略者在韩国三十五年的统治，给韩国人民造成的苦难，由四十五位日本人和旅日韩胞组成的学习参观团，来韩国进行为期十天的参观、访问。

   예시 번역 1910년에서 1945년까지 일본침략자가 한국에서 35년간 통치하면서 한국 백성에게 가했던 고통들을 더 잘 이해하기 위해 45명의 일본인과 재일동포로 구성된 학습참가단이 한국에 와서 열흘 동안 참관, 방문하였다.

   첨삭 일본침략자가 한국을 1910년에서 1945년까지 35년간 통치한 기간에 한국인이 받은 고통을 제대로 알기 위해, 45명의 일본인과 재일동포로 구성된 견학팀이 열흘 기한으로 한국을 방문하였다.

정도보어 '得'의 번역

09

필자는 결과보어나 정도보어를 학생들에게 이야기할 때마다 생각나는 사람이 있다. 지금으로부터 약 11년 전으로 거슬러 올라간다. 홍콩중문대학 아주과정부(亚洲课程部)에서 중국어를 배우고 있던 사람이었는데, 그는 홍콩에 오기 전에 이미 한국의 ○○대학교 일어일문학과 부교수로 재직하고 있었으며, 일본 쓰쿠바대학 문예언어연구과에서 문예이론으로 박사학위를 받았었다.

하루는 그가 책을 펼치더니 중국어 예문 하나를 가지고 자신의 생각을 나에게 말했다. '他说汉语说得很流利。'를 '그는 중국어를 유창하게 말한다.'로만 해석할 것이 아니라 '그는 중국어를 말하는데 말하는 것이 유창하다.'로도 해석할 수 있지 않느냐는 것이다. 이렇게 해석할 경우 '得'는 '的'와 같은 것으로 볼 수 있다는 것이 그의 요지였다.

다른 사람들은 이러한 그의 이야기에 그냥 '정도보어'로만 이해하면 될 걸 괜히 쓸데없는 생각을 한다면서 들으려고조차 하지 않았다. 그의 학문적 태도가 워낙 꼼꼼하고 분석적이다 보니 주변 사람들이 피곤해하는 것은 사실이었다. 필자 또한 그가 전공이 문학인데도 불구하고 상당히 분석적이고 언어감각이 뛰어나다는 생각을 하면서도 그의 말을 한쪽 귀로 흘려버리곤 하였다.

8년 세월이 지난 지금, 중국의 어느 학자가 쓴 글을 읽고 나서야 나는 그가 던진 질문이 어법이론으로 설명이 가능한 문제임을 알게 되었다.

 '他说汉语说得很流利。'의 번역

중국어의 문장성분에는 보어가 있지만 한국어의 문장성분에는 이에 대응하는 보어가 없다. 예를 들면, '他跑得很快。'와 '他很快地跑了一圈儿。'에서 앞문장의 '很快'는 보어이고 뒷문장의 '很快地'는 부사어다. 이것을 한국어로 번역하면 '그는 빨리 달린다.'와 '그는 재빨리 한바퀴 돌았다.'이다. 보어 '很快'가 부사어로 번역됨을 알 수 있다. '他跑得很快.'는 화자가 그의 달리는 모습을 이전에 보았거나 지금 보고 나서 상대방에게 '그는 빨리 달린다.'라고 설명할 때 사용하는 표현법이다. 이해를 돕기 위해 또 다른 예를 하나 더 보자.

ex **1.** a. 他写信写得很快。(정도보어)
　　　b. 他很快地写了一封信。(부사어)
　　　a. 그는 편지를 빨리 쓴다.
　　　b. 그는 재빨리 편지를 한 통 썼다.

예문(1-a)는 '그가 편지를 쓰는 속도가 빠름'을 설명한 문장이다. (1-b)에서 '很快地'는 동작을 꾸며주는 상태나 방식을 나타내는 부사어다. (1-b)는 후속문을 추가하여 보면 이해하기가 쉽다. 즉, '他很快地写了一封信，然后就出门了.'를 번역하면, '그는 얼른 편지를 한 통 써놓고 나서 외출했다.'이다.

앞의 번역문을 통해서도 알 수 있듯이 한국어에서 부사어의 개념은 중심어에 대한 수식과 보충설명을 다 포괄한다. 그래서 한중번역에서는 부사어로 번역하기도 하고 보어로 번역하기도 한다. 그런데 대부분의 학습자들은 동보구조 대신에 부사어로 처리하여 번역하는 경우가 많다. 아래 괄호 안의 예는 모두 그러한 유형의 틀린 문장들이다.

ex **2.** 그는 중국어를 매우 유창하게 말한다.
　　　⇒ 他说汉语说得很流利。(×他很流利地说汉语。)

3. 그는 질문에 옳게 답했다.
　　　⇒ 他回答问题回答得很对。(×他很对地回答问题。)

4. 그는 방을 아주 깨끗하게 청소했다.
　　　⇒ 他打扫房间打扫得很干净。(×他很干净地打扫房间了。)

따라서 한국인이 동보구조를 제대로 사용하기 위해서는 새로운 번역 방법이 필요하다. '그는 편지를 쓰는 것이 빠르다.', '그는 중국어를 말하는 것이 유창하다.'로 번역하는 것이 그 대안이다. 이렇게 번역할 경우 중국어의 보어 '很快'나 '很流利'는 한국어에서는 술어가 된다. 중국어의 '得'가 한국어의 의존명사 '것'과 대응됨을 알 수 있다. 물론 모든 동보구조의 '得'가 예외 없이 '것'과 대응되는 것은 아니다. 예문(4)를

'그는 방을 청소하는 것이 깨끗하다.'로 번역하면 한국어 표현이 맞지 않다. '그는 방 청소를 깨끗이 한다.'로 바꾸어 주어야 한다.

'쓰다', '말하다'의 명사형은 '쓰는 것/씀', '말하는 것/말함'이다. 앞의 예는 모두 그러한 방식으로 번역한 것이다. 혹은 다음 예와 같이 아예 동사를 완전명사로 바꾸어 번역할 수도 있다.

ex **5.** 我喜欢长跑和游泳。我跑得比较快，但游得不快。

이것을 한국어로 '나는 오래달리기와 수영을 좋아한다. 나는 비교적 빨리 달리고 느리게 수영한다.'로 번역하면 틀린다. '……달리기는 제법 빠른 편이지만 수영은 느리다.'로 번역해야 옳은 표현이다. 동사 '跑'와 '游'를 완전명사 '달리기'와 '수영'으로 바꾸어 준 것이다.

무생물 주어의 번역

10

'근면이 그를 부자로 만들었다.'는 영어에서 많이 쓰는 표현이다. 영어에서는 사물이 주체가 되어 사람을 대상으로 삼는 일이 일반적이다. 이것을 한국어 표현으로 바꾸면 '근면했기 때문에 그는 부자가 된 것이다.'가 된다. 중국어에서도 영어와 마찬가지로 무생물 명사(추상명사)를 주어로 자주 사용한다. 반면에 한국어에서는 무생물 명사를 주어로 잘 사용하지 않기 때문에 번역할 때에는 이 명사를 부사어로 바꾸어 주어야 한다(문중에서 무생물 명사는 주로 원인을 나타낸다). 영어와는 달리 중국어에서 무생물 주어로 사용된 명사는 대부분 동사의 성질을 가지고 있다.

ex
1. 三十年革命运动的实践使中国人民有了自己的领袖，就是毛泽东。
  30년간의 혁명운동의 실천은 중국인민들로 하여금 자신들의 지도자를 가지게 하였는데, 그가 바로 毛泽东이다.
  ⇒ 30년간에 걸친 혁명운동의 실천으로 중국인들은 자신들의 지도자를 가지게 되었는데, 그가 바로 毛泽东이다.

2. 中华人民共和国的成立, 即消灭了我国屈从外国侵略的社会根源, 也消灭了我国对外侵略的社会根源。
  중화인민공화국의 성립은 우리 나라가 외국 침략에 굴복하던 사회적 근원을 청산하였을 뿐만 아니라 우리 나라가 대외 침략을 할 수 있는 사회적 근원도 청산하였다.
  ⇒ 중화인민공화국의 성립으로 중국이 외국 침략에 굴복하던 사회적 요인이 제거되었을 뿐만 아니라 대외 침략을 할 수 있는 사회적 요인도 사라졌다.

예문(1), (2)의 경우 원문의 구조와 동일하게 '실천은 …… 가지게 하였다', '중화인민공화국의 성립은 …… 청산하였다'로 번역할 경우 한국어의 논리상 맞지 않다. 따라서 명사를 원인을 나타내는 부사어로 바꾸어 '실천은 → 실천으로', '성립은 → 성립으로 / 성립됨으로써'로 바꾸어 주어야 한다. 다음 예를 보자.

3. 中华民族的发展，也同其他民族一样，经历了原始社会、奴隶社会、封建社会。
중화민족의 발전도 다른 민족과 마찬가지로 원시사회, 노예사회, 봉건사회를 거쳤다.
⇒ 중화민족도 다른 민족과 마찬가지로 원시사회, 노예사회, 봉건사회를 거쳐 발전해 왔다.

4. 当前国内经济形势的发展越来越有利于各族人民的建设事业。
현재 국내 경제정세의 발전은 점점 더 여러 민족 국민의 건설사업에 유리하다.
⇒ 현재 국내 경제정세는 각 민족을 위한 건설사업에 점점 더 유리하게 발전하고 있다.
⇒ 현재 국내 경제는 각 민족을 위한 건설사업에 점점 더 유리한 상황으로 발전하고 있다.

위의 두 문장 역시 '발전이 ……봉건사회를 거치다', '발전이 ……유리하다'로 번역하면 주술 호응관계가 맞지 않기 때문에, 주어로 사용된 명사 '发展'을 술어동사로 바꾸어 주어야 한다. 특히 예문(4)의 경우에는 세 번째 번역문처럼 특정단어('정세')의 위치를 한 번 더 옮겨 주면 좀더 매끄러운 번역이 될 수 있다.
무생물 주어를 사용한 문장을 번역할 때 능동형 동사를 피동형 동사로 바꾸어 주는 것도 효과적인 방법이다. 예문 (2)의 '消灭'('청산하다')도 피동('청산되다')으로 번역되었다. 다음 예도 마찬가지다.

5. 城市环境的污染现象严重地危害居民的生活和健康。
도시 환경오염이 주민들의 생활과 건강을 심각하게 해치고 있다.
⇒ 도시의 환경오염으로 주민들의 생활과 건강이 심각하게 위협받고 있다.

번역 연습

(1) 1978年以来的改革开放，给中国社会带来了巨大的进步和深刻的变化。
(2) 党内这种现象的存在，应该引起我们党员严重的警惕。

번역이야기 1 | 번역을 잘 하려면

쉬어가는 페이지

1   외국어 문법과 우리말 문법을 동시에 학습해야 한다.

번역가라는 직업은 외국어를 이해해서 한국어 문장으로 옮기거나 한국어를 이해해서 외국어로 옮기는 직업이므로 한국어 문법과 해당 외국어 문법을 잘 알아야 한다.

물론 문법이 번역을 잘 할 수 있는 가장 큰 전제조건은 아니다. 하지만 단어와 숙어를 많이 안다고 해서 글을 잘 쓸 수 있는 것이 아니듯 단어와 숙어를 많이 안다고 해서 번역을 잘 할 수 있는 것도 아니다. 외국어를 이해하고 우리말로 표현해내려면 문법적 구조를 풀어헤칠 실력이 있어야 한다. 따라서 번역 실력을 키우려면 외국어 문법책과 우리말 문법책을 다 보아야 한다.

일반 사람들은 국어 문법을 무시하고도 얼마든지 글을 쓸 수 있기 때문에 국어 문법을 배울 필요성을 못 느낀다. 실제로 우리가 처음 접하는 문법은 한국어 문법이 아니라 중학교 때 영어를 배우기 시작하면서 배우는 영어 문법이다. 하지만 우리가 외국어로 작문을 할 경우 문법적인 지식에 의존할 수밖에 없듯이 외국어를 우리말로 번역할 경우도 한국어 문법 지식에 따라 번역하는 것이 가장 기본적인 방법이다. 그렇기 때문에 글을 전문적으로 쓰는 사람은 반드시 국어 문법을 알아야 하며 문법 체계에 맞게 글을 써야 한다.

여기에서 말하는 문법이란 언어의 창제부터 현대어의 특성까지 학문적인 모든 지식을 갖춰야 한다는 것은 아니다. 한국어의 경우, 어떤 품사가 있으며, 품사의 기능이 무엇이며, 어순을 어떻게 결정하는지, 경어와 평어, 하대어의 쓰임새, 어미 활용, 조사 활용, 인칭대명사의 다양성, 의성어·의태어의 발달, 부사·형용사의 다양성, 능동형이 일반적인 표현이라는 것, 주어를 생략하는 습관, 어순을 바꾸어도 문장 자체는 성립한다는 것, 시제 표현은 부사가 대신한다는 것 등 가장 기본적인 것을 알아야 한다. 하지만 번역을 문법에만 맞추면 좋은 번역을 할 수 없다는 점 또한 잊어서는 안 될 것이다.

> **중한 번역에 도움이 되는 문법책**
>
> 남기심 외 『표준국어문법론』 (탑출판사)
> 이익섭 외 『한국의 언어』 (신구문화사)
> 이익섭 외 『국어문법론』 (학연사)
> 정경일 외 『한국어의 탐구와 이해』 (도서출판 박이정)
> 남기심 외 『외국인을 위한 한국어 교육의 방법과 실제』 (한국방송대학교출판부)
> 박춘범 『현대한어실용문법』 (연변인민출판사)
> 박종한 외 譯 『표준중국어문법』 (한울아카데미)
> 呂叔湘 『现代汉语八百词』 (商务印书馆)
> 刘月华 外 『实用现代汉语语法』 (商务印书馆)
> 李德津 外 『外国人实用汉语语法』 (华语教学出版社)

2 | 독해력을 키워야 한다.

한국어든 외국어든 독해력을 키우기 위해서는 어떤 책이든 무조건 많이 읽는 것이 좋다. 모르는 단어나 표현은 사전을 찾아가면서 읽어야 한다. 외국 소설을 번역하기 위해서는 우리말 소설을 많이 읽고 외국 잡지를 번역하기 위해서는 우리말 잡지을 많이 읽어 문체를 익혀야 한다. 매일 신문을 큰 소리로 읽는 것도 좋은 방법이다. 반드시 소리 내어 읽어야 한다. 끊을 때 끊고 쉴 때 쉬면서 문장을 또박또박 소리 내어 읽는다. 매일 1시간씩 6개월만 해 보면 자기도 모르게 글의 의미, 글의 내용, 글의 표현법 등을 터득하게 된다. 소리 내어 읽을 수 없으면 속으로 소리를 내서라도 읽어야 한다. 눈으로 읽는 것보다 세 배 이상 독해력과 문장력을 키울 수 있다.

흔히 회화 공부만 소리 내어 읽고 암기하는 것으로 알고 독해는 그냥 눈으로 읽고 지문의 내용을 이해하여 해석할 수 있으면 된다고 생각한다. 하지만 이런 방식의 독해는 실제로 작문이나 번역에 중국어를 사용하고자 할 때에는 거의 도움이 되지 않는다.

어려운 원문을 해석할 때 사전과 문법책을 동원하여 쪼개고 분석한 후 앞뒤로 짜맞춰 해석하여 의미를 건지는 독해는 '읽는 즉시 의미가 이해되는 독해(직독직해)'라 할 수 없다. '직독직해'를 하려면 무엇보다 자신의 수준에 맞는 텍스트를 선택해야 한다. 자신의 수준에 맞는 것이란 대체적으로 80% 이상의 의미를 곧바로 건지는 정도 즉,

대체적으로 '야, 이거 너무 쉽구나!', '이런 식이면 쭉쭉 읽어나가도 되겠구나!' 하는 느낌이 들 정도의 수준을 말한다. 일반적으로 이해도가 80% 이하로 떨어지면 우리의 뇌는 언어를 처리하는 방법과 속도에 문제가 생긴다고 한다. 의미를 건지기 위해 학습자는 속도를 늦추고 반복해 읽어 의미를 건지려 한다. 이렇게 되면 뇌는 언어를 쪼개고 분석하던 방식으로 전환하여 정보를 처리하게 되기 때문에 전체적인 내용이나 느낌을 전달할 수 없게 된다.

독해를 잘 하기 위해서는 회화 능력도 갖추어야 한다. 종종 "회화는 잘 못하지만 독해는 자신있다."고 자처하는 사람들이 있는데 이는 잘못된 생각이다. 언어란 원래 말하거나 듣는 것, 즉 소리에서 출발하며, 따라서 쓰거나 읽는 것은 그 다음의 일이다. 우리가 모국어를 익힌 과정을 생각하면 이해가 쉽다. 우리는 먼저 어머니나 주변 사람들이 주고받는 말을 들으면서 차츰 말을 하게 된다. 이렇게 자연스럽게 듣기와 말하기를 익히고도 한참 지나고 나서야 읽기와 쓰기를 배운다.

이는 번역에도 적용된다. 음성을 무시하고 원작을 제대로 이해하거나 감상하기란 불가능한 일이다. 미묘한 뉘앙스, 저자가 글에 힘을 주고 빼는 것까지 올바르게 읽어내 글의 숨결까지 귀로 느끼지 못하면 원작을 깊이 있게 이해했다고 볼 수 없다. 올바른 의미와 뉘앙스를 잡아낼 수 없다면 번역을 통해 다른 언어를 쓰는 독자에게 원작을 제대로 전달하는 것은 불가능할 것이다.

3 주변지식을 많이 알아야 한다.

번역가는 주변지식을 쌓기 위해 책을 많이 읽어야 한다. 정치, 경제는 말할 것도 없고 동화, 만화, 패션, 건강, 심리, 음식, 광고, 영화 등을 끊임없이 접해야 한다. 뿐만 아니라 운전기사, 시장 아주머니, 구멍가게 주인 등 주변의 모든 사람의 말투와 행색을 비교하면서 생활에서 접하게 되는 말과 글을 유심히 관찰해야 한다. 그 외에도 차에 붙은 광고문구, 간판, 책 표지, 포스터 등이 다 주변지식이 된다.

아무리 외국어에 능통한 사람이라도 번역하려는 내용이 자신의 전공이 아닐 경우에는 내용을 제대로 이해할 수 없기 때문에 정확한 번역도 불가능하다. 전문적이거나 미묘한 표현, 독특한 개념 따위의 번역은 관련 전공자의 도움이 있어야 한다. 그래서 번역자는 가능한 해당분야의 전문가일 필요가 있다. 전자공학과 컴퓨터 관련 외국어는 전자공학자가, 법률 관련 외국어는 법학자나 법률가가 번역하는 것이 바람직하다. 사실 중문학자가 이런 번역물을 번역한다는 것은 어렵다. 하지만 같은 인문학 분야의 내용일 경우 번역자는 자신의 전공이 아닐지라도 번역을 할 수 있다. 예를 들어 중문학 전공자가 역사학 쪽의 번역을 할 수는 있다. 물론 나중에 번역한 내용을 역사학 전공자에게 반드시 한 번은 보여 주는 게 좋다. 자신의 전공이 아닌 분야의 번역에서는 전문용어집을 이용하여 오역을 최소한으로 줄여야 할 것이다.

2

맛깔스러운 번역을 위한 테크닉

위치를 바꾼다   01

한 문장 안에서 번역을 매끄럽게 하기 위해서는 어떤 성분(주어나 관형어 등)의 위치를 옮겨주어야 한다. 문장 성분의 전환은 해당 성분의 성질을 변동시키는 동시에 위치까지 옮기지만, 문장 성분의 이동은 해당 성분의 성질을 전환시키지 않고 그 위치만 옮기는 것이다. 번역에서 문장 성분의 이동은 주로 주어, 관형어, 부사어 등에서 일어난다.

주어의 자리 이동

> ex 1. 睦씨는 17일 새마을운동 중앙협의회가 각 분야에서 묵묵히 땀흘려 일하며 사회의 반딧불과 소금의 역할을 하고 있는 사람·단체에 주는 제1회 '일하는 보람상' 개인 부분 수상자로 뽑혀 상을 받았다.

주요 일간지 사회면 머릿기사이다. 첫머리에 주어, 맨 끝에 술어가 오는 글이다. 문장에서 주어와 술어는 가급적 가까이에 두는 것이 간결체의 헌법이다. 한 문장 안에 이것저것 구겨넣으려는 과욕이 빚은 결과라고 할 수 있다.

이 글의 뼈대는 "睦씨는 17일, 제1회 '일하는 보람상' 개인 부분 수상자로 뽑혀 상을 받았다."이다. 따라서 전체 문장을 둘로 쪼개어 다음과 같이 '결론·결과 → 근거·설명'으로 표현하는 것이 바람직하다.

> ex 1-1. 睦씨는 17일, 새마을운동 중앙협의회가 마련한 '일하는 보람상' 수상자로 뽑혀 상을 받았다. 이 상은 올해부터 시작하는, 묵묵히 땀흘려 일하며 사회의 반딧불이나 소금의 구실을 하는 개인·단체에 주는 상이다.

예문(2)는 목적어 부분이 문장이나 그 이상의 형식을 갖춘 경우이다. 이때에는 번역문에서 주어를 목적어 뒤에 둘 수 있다.

ex **2.** 公司也明确规定, 试用期为三个月, 试用期内公司如果认为雇员不能适应工作, 可以马上辞退, 并且不需要作任何解释和补偿。
수습기간은 3개월로 이 기간 내에 고용된 직원이 업무에 적응할 수 없다고 판단되면 직원을 곧바로 해고할 수 있을 뿐만 아니라 어떠한 해명이나 보상도 할 필요가 없음을 회사에서는 명확히 규정하고 있다.

예문(2)에서는 주어를 문장의 맨 뒤에 두었다. 번역문에서 주어를 원문에서처럼 앞에다 놓으면 주어와 술어의 거리가 너무 멀고 주어와 술어 사이에 부가성분들이 너무 많아 의미를 파악하기 어렵기 때문이다.

중국어에서는 '주어+동사+목적어' 어순과 '주어+목적어+동사' 어순을 모두 가지고 있기 때문에 동사 뒤에 긴 목적어를 가질 수 있지만 '주어+목적어+동사' 어순만을 가진 한국어의 경우 목적어 부분이 지나치게 길 경우 주어와 술어의 간격이 많이 벌어져 문장 전체의 의미를 파악하는 데 더 많은 시간이 소요된다. '나는 ……을 제의한다'에서 목적어가 지나치게 길 경우 독자는 술어 '제의한다'에서 무엇을 제의했는지를 기억하기가 쉽지 않다. 주어를 문장 앞부분에 두고자 한다면 '나는 다음과 같이 제의한다. ……'로 번역할 수밖에 없다. 하지만 아래 예문(3)에서와 같이 주어와 술어의 간격을 띄어서 번역할 수도 있다.

ex **3.** 在一定体积中所含气体的分子数越多, 并且气体分子的热运动越激烈, 气体的压力就越大。
번역1 일정한 체적에 포함된 기체 분자수가 많을수록, 그리고 기체 분자의 열운동이 급격해질수록 기체의 압력은 커진다.
번역2 기체의 압력은, 일정한 체적에 포함된 기체 분자수가 많을수록, 그리고 기체 분자의 열운동이 급격해질수록 커진다.

4. 温度升高时, 金属的电阻增大。
번역1 온도가 상승할 때 금속의 저항은 커진다.
번역2 금속의 저항은 온도가 상승할 때 커진다.

주종복합문인 예문(4)는 두 가지 형식으로 번역할 수 있다. 하나는 원문의 어순과 동일하게 종속문을 주문 앞에 두는 것이고 다른 하나는 내포문으로, 종속문 '온도가 상승할 때'를 주문 '금속의 저항은 ……커진다'에 포함시키는 것이다.

중국어에서 부사어 종속절은 일반적으로 주절 앞에 위치한다. 그리고 주절에서 주어와 술어의 위치를 최대한 가깝게 한다. 한국어에서는 [번역1]에서와 같이 중국어 어순과 동일하게 부사어 종속절을 주절 앞에 둘 수도 있지만 [번역2]와 같이 주절의 주어와 술어 사이에 내포시킬 수도 있다. 형태가 발달한 한국어에서는 주어와 술어 사이에 복잡한 종속절이 내포되어도 의미전달에 별 지장을 주지 않기 때문이다.

한국어 복합문에서는 주어의 위치를 첫 번째 단일문 뒤로 이동시켜 표현하기도 한다. 예를 들면 다음과 같다.

ex 5. 책상 앞에 앉아 담배를 피우며 도흠은 깊은 생각에 잠겼다. (『억새풀』)

6. 문고리를 잡고 있는 사람이 순임이라는 걸 알아차리고 도흠은 잠시 망설이다가 문고리를 풀었다. (『억새풀』)

문두의 주어 '도흠'이 두 번째 단일문의 주어 자리로 이동하였다. 특히 예문(6)의 경우는 '도흠'을 수식하는 관형어형 '문고리를 잡고 있는 사람이 순임이라는 걸 알아차린 도흠은'과 같은 효과를 가지고 있음을 알 수 있다. 중한번역에서 이러한 주어의 이동을 적절히 활용하면 더 좋은 번역문을 만들 수 있다. 예를 들면 다음과 같다.

ex 7. 呼国庆回到县城后才知道, 有关他下台的消息已经在县城里传开了。(『羊的门』)
현으로 돌아와서야 呼国庆은 자신이 밀려난다는 소문이 벌써 쫙 퍼져 있음을 알았다.

시간어의 자리 이동

중국어에서는 시간을 나타내는 말이 대부분 문장의 앞부분에 오지만 한국어에서는 수식을 받는 중심어의 위치에 올 수도 있다. 한국어의 예를 들면 다음과 같다.

ex 8. 국토분단이 고착화 될 무렵인 1948년 5월 14일, ······

한국어에서는 시간을 나타내는 말이 술어로도 사용된다.

ex 9. a. 이 사건은 1986년 비오는 어느 날 밤에 일어났다.
　　　b. 이 사건이 일어난 것은 1986년 비오는 어느 날 밤이었다.

(b)가 (a)보다 훨씬 의미적으로 긴장감, 기대감을 불러일으킨다. 이러한 문장의 특성을 번역에 이용할 수도 있다. 예를 들면 다음과 같다.

ex 10. 从1878年爱迪生发明了碳丝灯之后, 电才能转换成光而应用在我们的生活之中。
전기가 빛으로 우리들 생활에 이용된 것은 에디슨이 필라멘트를 발명한 1878년부터이다.

11. 1973年2月中旬的某一天, 刺骨的寒风夹着雪团从险峻的山峰吹券下来, 前面的江水也冻成了厚厚的一层冰。
험준한 산줄기에서 내리 부는 바람이 살을 에이는 눈보라를 몰아 오고 앞강의 얼음도 두텁게 얼어붙었던 1973년 2월 중순의 어느 날이었다.

예문(10)에서는 원문의 종속문을 술어의 위치로 이동시켜 번역했고 예문(11)에서는 문두의 시간어를 술어의 위치로 이동시켜 번역했다.

중국어에서 시간어가 술어와 너무 멀리 떨어져 있을 경우 번역문에서는 의미의 명확성을 위해서 그것을 적당한 위치에 옮길 수 있다.

ex 12. 一九四九年, 以毛泽东主席为领袖的中国共产党领导中国各族人民在经历了长期的艰难曲折的武装斗争以后, 终于推翻了帝国主义、封建主义和官僚主义的统治, 取得了新民主主义革命的伟大胜利, 建立了中华人民共和国。
모택동 주석을 지도자로 하는 중국공산당은 중국 각 민족인민을 이끌고 숱한 좌절과 어려움으로 점철된 무장투쟁을 장기간 벌인 끝에 마침내 1949년 제국주의·봉건주의·관료주의의 통치를 물리치고 ……。

예문(12)에서는 시간어 '一九四九年'을 술어동사 '推翻' 앞으로 이동시켜 번역함으로써 '1949년'이 중국의 건국연도를 가리킴을 보다 분명히 알게 했다.

'冠'형어의 자리 이동

'관(冠)'은 덮을 멱(冖)과 으뜸 원(元), 마디 촌(寸)으로 구성되어 손[寸]으로 사람이 머리[元]에 무엇을 씌우고[冖] 있는 모습을 그렸다. 여기서 머리에 쓰는 것의 총칭인 '갓'이나 '관'이라는 뜻이 나왔다.

명사를 꾸며 주는(혹은 수식하는) 성분을 관형어라 한다. 머리를 꾸며 준다는 말은 머리에 예쁜 모자를 덮어씌운다는 말과 같다. 멋을 내기 위해 모자를 삐딱하게 쓸 수 있듯이 문장도 예쁘게 다듬기 위해서는 꾸며 주는 말을 원래의 위치에서 다른 위치로 바꾸어 줄 수 있다.

중국어와 한국어 관형어의 배열 순서는 일치하지 않는다. 아래 예문(13)에서 이것을 확인할 수 있다.

> ex 13. 我们学校的五位有三十五年教学经验的优秀数学教师也参加了这次大会。
> 35년의 수업 경험을 가진, 우리 학교의 우수한 수학교사 다섯 분도 이번 대회에 참가하였다.

한국어에서는 소속관계를 나타내는 단어 '우리 학교'가 중심어 '수학교사' 가까이에 있지만 중국어에서는 소속관계를 나타내는 단어 '我们学校'가 중심어 '数学教师'에서 가장 멀리 놓여있다.

물론, 중국어에서는 묘사 작용을 뚜렷이 하기 위해 수식성 관형어(명사 제외)를 수량사 앞에 놓을 수도 있다.

> ex 14. 他不知不觉选择了一种最复杂的方法。
> 他不知不觉选择了最复杂的一种方法。

그럼 이번에는 소속관계를 나타내는 관형어와 중심어 사이에 개사구조가 개입되어 있을 경우 번역문에서는 어떻게 처리해야 하는지 살펴보도록 하자.

> ex 15. 中共中央关于九月会议的通知
> 중국공산당 중앙위원회의 9월 회의에 관한 통지
> ⇒ 9월 회의에 관한 중국공산당 중앙위원회의 통지

16. 毛泽东同志在社会主义革命和社会主义建设时期的著作, ……
    번역1 毛泽东의 사회주의 혁명과 사회주의 건설시기의 저작은……
    번역2 사회주의 혁명과 사회주의 건설시기 毛泽东의 저작은……
    번역3 毛泽东이 사회주의 혁명과 사회주의 건설시기에 지은 글은……

예문(15)에서 개사의 개입으로 중국인은 언어 습관상 '中共中央'은 '九月会议'와 직접 결합할 수 없고 뒷부분의 '通知'와 결합한다는 것을 알 수 있다. 그러나 번역문에서 원문의 관형어의 어순을 따라 '중국공산당 중앙위원회의 9월 회의에 관한 통지'로 번역할 경우 '중국공산당 중앙위원회'가 '9월 회의'와 직접 결합한 듯한 느낌을 준다. 따라서 번역문에서는 개사구조 '9월 회의에 관한'을 먼저 번역해 주어야 한다. 예문 (16)의 번역문에서 원래 한국어 표현에 맞는 것은 [번역2]와 [번역3]이지만 [번역1]도 지금은 많이 쓰고 있는 추세이다. [번역3]은 술어 '지은'을 첨가하여 술어형으로 풀어서 번역한 것이다.

의미상의 오해만 생기지 않는다면 한국어에서도 중국어와 마찬가지로 소속관계를 나타내는 성분 뒤에 개사구조를 둘 수도 있다.

ex 17. 이러한 현상을 극복하기 위해서는 정부와 민간단체뿐만 아니라 우리 국민 각자의 전통문화에 대한 투철한 자각이 있어야 한다.

예문(17)에서 개사구조 '전통문화에 대한'은 '우리 국민 각자의' 뒤에 위치하였다. 소속을 나타내는 성분을 개사구조 앞에 둔 것은 그 앞의 소속관계를 나타내는 단어 '정부', '민간단체'와 병렬의 호응관계를 맞추기 위해서이다.

그럼 이번에는 이 표현법을 번역에 적용해 보자.

ex 18. 中国人民对帝国主义的认识也是这样。
    번역1 중국인민의 제국주의에 대한 인식도 그러했다.
    번역2 제국주의에 대한 중국인민의 인식도 그러했다.

19. 到了十七世纪，人类对蒸气的知识取得了很大的进步。
    17세기에 이르러 인류의 증기에 대한 지식은 큰 진전이 있었다.

예문(18)에서 원문의 의미는 '중국인민이 자본주의에 대해서 뿐만 아니라 제국주의에 대해서도 그렇게 인식한다'이다. 그렇게 봤을 때 [번역1]이 원문의 의미를 제대로 전달한 것이다. 개사구조를 먼저 번역하여 [번역2]처럼 번역할 경우에는 '다른 나라 사람뿐만 아니라 중국인민도 제국주의를 그렇게 인식한다'는 의미를 나타낸다. 예문 (19)에서는 '증기 지식'을 의미하기에 원문과 같은 어순으로 번역하는 것이 좋다.

다음 예의 번역에서도 소속관계를 나타내는 관형어는 중심어 바로 앞에 두어야 한다.

ex 20. 当然，也不是所有"跳槽"的人都能达到自己的目的.
물론 모든 직장을 옮긴 사람들이 자신들의 목적을 달성할 수 있는 것은 아니다.
⇒ 물론 직장을 옮긴 모든 사람들이 자신들의 목적을 달성할 수 있는 것은 아니다.

21. 战士们夺取敌人的阵地的斗争
전사들의 적의 진지를 탈취하기 위한 투쟁
⇒ 적의 진지를 탈취하기 위한 전사들의 투쟁

번역에서 관형어의 위치 이동에 주의하지 않으면 한중번역에서는 오역을 하기 쉽다. 예를 들어 '우리들은 인류기원에 관한 엥겔스의 학설을 벌써 읽었다'를 한국어 관형어의 어순에 따라 번역할 경우 다음과 같은 오역을 하게 된다.

ex 22. 我们已经读过关于人类起源的恩格斯的学说。(×)

중심어 '学说' 앞에 두 개의 관형어가 쓰였는데 '恩格斯'는 '学说'과 소속관계를 나타내기 때문에 중심어와 가장 멀리 위치시켜 '……恩格斯关于人类起源的学说.'로 번역해야 한다.

번역 연습

(1) 这种在大学里出现的退学风，北大有，其他学校也有。
(2) 计算机在现代社会中的应用会越来越广范。
(3) 一切有相当研究能力的共产党员
(4) 这是我们对于开展科学实验的初步设想。
(5) 超级核大国
(6) 他们作出了马克思主义的符合客观实际的新论断、新决定。

(7) 中国孩子在美国

(8) 中国人关于业余时间的观念正在逐步改变。

(9) 이것은 경험에서 얻은 우리들의 관점이다. [观点]

(10) 두 외국인 직원에 대한 회사의 요구가 너무 까다롭다. [严格]

 첨삭 지도

1. 自当选之后，金大中便对朝鲜实施了"阳光政策"，从而一举结束了朝鲜半岛自1950年至1953年韩战结束后韩朝陷入的敌对状态。

    대통령에 당선된 후, 김대중 대통령은 대북 '햇볕정책'을 실시하여, 1950년부터 1953년까지 한반도에서 있었던 한국전쟁 종결 후 빠져든 남북한의 적대적 관계를 한 번에 종식시켰다.

    김대중 대통령은 대통령에 당선된 후 북한에 대해 '햇볕정책'을 실시함으로써 1950년에서 1953년까지의 한국전쟁 종결 후 교착상태에 빠진 남북한의 적대적 관계를 한 번에 종식시켰다.

문장 성분을 바꾼다   02

번역을 매끄럽게 하기 위해서는 문장성분이나 품사를 자주 '변신'시켜주어야 한다. 원문의 고정된 문법(성분이나 품사) 역할에만 맞추어 번역하면 아름다운 문장을 탄생시킬 수 없다.

 토지개혁과 반혁명을 진압 ⇒ 토지개혁과 반혁명진압

원문에서 서로 다른 형식의 단어들이 결합되어 있을 경우 번역문에는 단어의 결합형식을 통일시키기 위해 성분을 전환시켜야 한다.

> 1. 在此期间发动广大群众进行了土地改革、镇压反革命和抗美援朝三大运动。
> 이 기간에 많은 군중을 동원하여 토지개혁운동, 반혁명진압운동, 항미원조운동을 전개하였다.

이 예에서 '土地改革', '镇压反革命', '抗美援朝'는 모두 서로 다른 구성형태로 병렬관계를 이루었다. '土地改革'은 수식관계('토지의 개혁')이고 '镇压反革命'은 동목관계('반혁명을 진압하다')이며 '抗美援朝'는 두 개의 동목관계가 병렬을 이룬 형태('미국에 대항하고 조선을 돕는다')이다. 이러한 여러 가지 서로 다른 형식의 단어 결합들이 중국어에서는 아주 자연스럽게 병렬관계를 이루고 있다. 하지만 한국어에서는 세 목적어를 모두 다 동목 결합으로 만들거나 한정적 결합으로 만들어 그 결합관계를 통일시켜야 한다. 예문(1)에서는 한정적 결합으로 통일하여 번역하였다.

경제건설운동의 전개 ⇒ 경제건설운동을 전개하다

원문에서의 관형어가 번역문에서 목적어로 전환되는 경우를 보자.

>   ex **2.** 经济建设运动的开展, 需要有很大数量的工作干部。
>   번역 1 경제건설운동의 전개에는 일을 추진하는 간부들이 많이 있어야 한다.
>   번역 2 경제건설운동을 전개하자면 일을 추진하는 간부들이 많이 있어야 한다.

[번역1]에서는 원문의 구조대로(관형어 '经济建设运动'이 뒤의 행동 명사 '开展'을 수식하는 구조) 번역하였고, [번역2]에서는 '经济建设运动'을 목적어로, 행동 명사 '开展'을 동사로 바꾸어 번역하였다. 다음 예도 마찬가지다.

>   **3.** 但是思想的打通和政策的学习还需要时间, 我们还有许多没有学习的东西。
>   번역 1 그러나 사상 타개와 정책 학습에는 …….
>   번역 2 그러나 사상을 타개하고 정책을 학습하는 데는 …….

 그의 시간은 ⇒ 그는 시간을

중국어에는 비활동체 명사(무생물 주어)를 의인화하여 주체로 내세우는 경우가 아주 많다. 한국어에서도 이러한 용법을 사용하기는 하지만 '의'의 형태를 가진 관형어는 글을 딱딱하게 하기 때문에 관형어를 주어로 전환시키는 작업이 필요하다. 또한 한국어의 표현 습관에서 뿐만 아니라 주어와 술어의 맞물림 관계에서도 이 방법을 취해야 한다. 예를 들면 다음과 같다.

>   ex **4.** 美帝国主义的手伸得太长。
>   번역 1 미제국주의의 마수가 아주 길게 뻗쳤다.
>   번역 2 미제국주의는 마수를 아주 길게 뻗쳤다.

55

5. 教授的眼圈红了, 不好意思地扭过头去。
교수는 눈 주위가 붉어지더니 계면쩍어 머리를 옆으로 돌렸다.

6. 他的时间就是这样地浪费了的。
번역 1 그의 시간은 이렇게 헛되게 보내졌다.
번역 2 그는 이렇게 시간을 헛되이 보냈다.

예문(4)에서 술어 '伸'의 동작 주체는 '手'가 아니라 '美帝国主义'(물론 이것은 의인법에 의한 비유이지만)이다. 따라서 번역문에서는 '美帝国主义'를 주어로 내세워 번역해야 한다. 예문(5), (6)에서는 동작 주체인 '教授'와 '他'를 주어로 내세워 번역해야 한다.

철수의 등장 ⇒ 철수가 등장하자

중국어에서의 명사구를 한국어에서는 '문장'으로 표현할 수 있다. 예를 들어 '철수의 등장'이라는 표현이 쓰였을 경우, 번역할 때에는 '철수가 등장하자'라는 식의 문장으로 바꾸어 줄 수 있는 것이다. 다음 예를 보자.

7. 人们的认识物质, 就是认识物质的运动。
직 역 사람들의 물질에 대한 인식은 바로 물질의 운동을 인식하는 것이다.
번 역 사람들이 물질을 인식한다는 것은 물질의 운동을 인식한다는 것이다.

8. 许多同志的学习马克思列宁主义似乎并不是为了革命实践的需要, 而是为了单纯的学习。
직 역 많은 동지들의 마르크스-레닌주의에 대한 학습은 혁명적 실천의 수요를 위해서가 아니라 단순한 학습을 위해서인 것 같다.
번역 1 많은 동지들이 마르크스-레닌주의를 배우는 것은 혁명적 실천에 필요해서가 아니라 단순히 학습을 위해서인 것 같다.
번역 2 많은 동지들은 혁명적 실천에 필요해서가 아니라 단순히 학습을 위해서 마르크스-레닌주의를 배우는 것 같다.

예문(7)에서 '人们认识物质'는 주어와 술어 및 목적어를 갖추고 있어 문장이 될 수 있다. 그러나 주어와 술어 사이에 '的'를 사용함으로써 독립성을 상실한 단어 결합이 되어 전체 문장에서 주어로 쓰였다.[*1] 이것을 번역문에서는 '사람의 물질 인식은'으로 해서는 안 되고 '사람이 물질을 인식한다는 것은'으로 해야 한다. 이 경우 술어부분은 주어부분에 대한 설명이나 판단을 나타낸다. 이 형식은 주로 글을 쓸 때 즉 서면어에 많이 사용하며 일상 구어에서는 '的'를 생략하고 '人们认识物质, ……', '许多同志学习马克思列宁主义, ……'로 표현할 수도 있다.

 외국어를 배우다 ⇒ 외국어 학습

문장 속에 내포되어 있는 동목구조는 하나의 명사적 단위로 간단하게 번역할 수 있다.

ex 9. 我们反对越南侵略柬埔寨。
　　번역1 우리는 베트남이 캄보디아를 침략하는 것을 반대한다.
　　번역2 우리는 베트남의 캄보디아 침략을 반대한다.

10. 严格控制固定资产规模和消费基金过快增长。
　　번역1 고정자산 투자규모와 소비기금이 지나치게 빨리 성장하는 것을 엄격히 통제해야 한다.
　　번역2 고정자산 투자규모와 소비기금의 급속한 성장을 엄격히 통제해야 한다.

예문(9)의 [번역1]에서 '캄보디아를 침략하는'은 원문의 구조대로 번역한 것이고 [번역2]에서 '캄보디아 침략'은 동목구조를 축약하여 하나의 명사적 단위(합성어)로 번역한 것이다. 공식적인 글이나 구호에서는 [번역2]가 좋다.

이번에는 동목구조가 문장 안에서 주어로 사용된 예를 보자. 여기서도 중국어의 동사를 명사로 번역할 수 있다.

주1　'的'가 첨가된 문장은 의미가 끝나지 않아 다음 문장을 기다려야 하는 느낌을 준다. 이러한 '的'의 용법은 고문에서 '之'의 용법에서 많이 나타난다. 예를 들면, '汤之问棘也是已。(『庄子·逍遥游』)—탕왕이 대부 극에게 물은 것이 이것이다.', '不虞君之涉吾地何也。(『左传·僖公四年』)—당신이 우리 땅에 들어온 것은 무엇 때문인지 모르겠습니다.'이다. '주어+之+술어'는 전체 문장 안에서 주어와 목적어로 사용되었다.

ex 11. 写完合同是昨晚十点钟。
번역 1 계약서를 작성한 것은 어제 밤 열 시였다.
번역 2 계약서 작성은 어제 밤 열 시에 했다.

12. 学外语应该有耐心。
번역 1 외국어를 배우려면 인내심이 있어야 한다.
번역 2 외국어 학습에는 인내심이 필요하다.

그러나 중국어의 동목구조를 무조건 명사적 단위로 번역할 수는 없다. 명사적 단위로 번역하였을 때 다른 단어들과 의미적으로 잘 맞물릴 경우에만 가능하다.

ex 13. 我们反对超级大国武装日本。

이것을 '우리는 초강대국의 일본 무장을 반대한다.'로 번역할 경우 의미가 모호해진다. 그러므로 원문은 다음과 같이 번역해야 한다.

ex 13-1. 번역 1 우리는 초강대국이 일본을 무장시키는 것을 반대한다. (目述的 관계)
번역 2 우리는 초강대국의 일본 무장화를 반대한다.(명사적 단위)

이번에는 동목구조가 또 다른 형태의 명사적 단위인 수식구조(관형어 + 중심어)로 번역되는 예를 한번 살펴보자.

ex 14. 1985 年招研究生二万人，比 1980 年增长 4.5 倍。
번역 1 1985 년에는 대학원생 2 만 명을 모집했는데, 이는 1980 년에 비해 4.5 배나 증가한 숫자다.
번역 2 1985년에 모집한 대학원생은 2만 명으로, 1980년에 비해 4.5배나 증가했다.

15. 女人给他打点好一个小小包裹，里面包了一身新单衣，一条新毛巾，一双新鞋子。
번역 1 아내가 떠나는 남편에게 자그마한 보따리를 하나 싸 주었다. 속에는 새로 지은 옷 한 벌과 수건 하나, 새 신 한 켤레가 들어 있었다.
번역 2 아내가 떠나는 남편에게 꾸려 준 자그마한 보따리 속에는 새로 지은 옷 한 벌과 수건 하나, 새 신 한 켤레가 들어 있었다.

수확하다 ⇒ 수확

ex 16. 他们连续收割五天，终于完成了任务。
번역1 그들은 5일간이나 계속 수확해서 마침내 임무를 마쳤다.
번역2 그들은 5일간의 수확으로 마침내 임무를 마쳤다.

17. 正在为工业生产急剧下降、失业者猛增到六白万以上而苦恼。
번역1 공업생산이 급격히 저하하고 실업자가 6백만이나 급증함으로 인해서 괴로워하고 있다.
번역2 공업생산의 급격한 저하와 6백만이 넘는 실업자의 급증으로 괴로워하고 있다.

 항상 ⇒ 잦다

부사어 '原则上', '常常', '大多', '习惯上', '最好', '事实上' 등은 대부분 부사어 그대로 번역하지만 경우에 따라 '~것이 원칙이다', '~것이 대부분이다', '~습관이 있다'와 같이 술어로 번역할 수도 있다.

ex 18. 劳动时间定为每天不超过7个小时，在炎热时节最好进一步缩短时间。
노동시간은 하루에 7시간을 넘지 않도록 하고 무더운 계절에는 시간을 더 단축하는 것이 좋다.

19. 燕子好不容易衔来的小树枝，常常被风吹跑。
제비가 애써 물고 온 작은 가지는 바람에 날아가 버리는 경우가 잦다.

20. 他痛苦地回忆着自己错误地开除了赵盛益同志。
그는 본인이 赵盛益 동지를 억울하게 해임시킨 것을 생각하면 마음이 아팠다.

충분한 ⇒ 충분히

ex 21. 关于招生问题, 校方做了 充分的 准备工作。
   번역1 신입생 모집은 학교측에서 충분한 준비작업을 하였다.
   번역2 신입생 모집은 학교측에서 준비작업을 충분히 하였다.

22. 中国制定了发展科学技术的综合计划, 并为科学机关奠定了 坚实的 物质和技术的基础。
   중국에서는 과학기술 발전에 대한 종합적인 계획을 세웠으며, 아울러 과학연구기관들의 물질적·기술적 토대를 견고하게 다졌다.

 깊게 ⇒ 깊은

ex 23. 由于操作和设备都能简化, 所以就可以 大幅度地 降低成本。
   번역1 조작과 설비를 간단하게 함으로써 원가를 크게 줄일 수 있었다.
   번역2 조작과 설비를 간단하게 함으로써 대폭적인 원가절감을 할 수 있었다.

24. 我们应该 深刻地 注意群众生活问题, 从土地、劳动问题到柴米油盐问题。
   우리는 토지 문제, 노동 문제에서 땔나무, 쌀, 기름, 소금에 이르기까지 대중의 생활 문제에 깊은 관심을 가져야 한다.

 많은 어려움 ⇒ 어려움이 많다

ex 25. 完成农业的技术改革, 确 有很多的困难。
   번역1 농업기술개혁을 완수하는 데는 확실히 많은 어려움이 있다.
   번역2 농업기술개혁을 완수하는 데는 확실히 어려움이 많다.

[번역1]에서는 '很多'를 중국어 어순과 동일하게 관형어로 번역하였고 [번역2]에서는 보다 한국어 표현에 맞게 술어로 전환하여 번역하였다. 이같은 문장은 특히 한중번역에서 주의해야 한다. 예를 들면, '중국 인민지원군 장병들 가운데는 黃继光을 비롯한, 쓰촨성에서 달려온 젊은 용사들이 많았다.'에서 '젊은 용사들이 많았다'는 주술구조로 이루어져 있다. 이 구조대로 번역하면, '在中国人民志愿军指战员中, 像黄继光一样来自四川的年轻勇士很多.'가 된다. 문법적으로는 하자가 없으나 중국어 표현습관으로서는 부적절하다. 중국어 표현습관에 맞게 번역하려면 한국어를 '많은 젊은 용사들이 있었다'로 바꾸어야 한다. 즉, '在中国人民志愿军指战员中, 有很多像黄继光一样来自四川的年轻勇士.'가 된다. 이러한 표현은 주로 '有'자문에서 많이 나타난다.

위에서 언급한 문장성분이나 품사의 다양한 '변신'은 '이런 상황에서는 이렇게 바꿔야 한다'라는 법칙이 없다. 번역을 하는 문장에 따라 번역가 자신이 판단을 해야 하는 것이다. 가장 좋은 원칙은 '한국어 문장으로 볼 때 가장 매끄럽고 부드러운, 상황에 맞는 표현이 어떤 것인가'를 염두해 두는 것이다.

학습자들이 직접 다양한 중국어 문장을 놓고 계속하여 번역 연습을 하면서 '이 문장에는 어떤 원칙을 적용하는 것이 적합한가'를 고민해 보기 바란다.

번역 연습

(1) 他的那对发红的眼睛直瞪着地堡的水泥墙。
(2) 老杨小屋的灯光彻夜通明。
(3) 因为赵七爷的这件竹布长衫, 轻易是不常穿的。
(4) 我们的心被这里的秀丽景色吸引住了。
(5) 这种现象的出现, 有几方面的原因。
(6) 发展地方工业, 以利支援农业。
(7) 我国文字起源于什么时期, 还是一个悬而未决的重要问题。
(8) 这是过去三十年来, 我们在建设民族工业方面所取得的成就。
(9) 我们一贯主张禁止使用核武器。
(10) 研究韩语语法中的动词是重要问题。
(11) 分析语法, 为了更好地理解文章内容是非常重要的。

(12) 所有的阅览室都坐满了青少年学生。他们在那里认真地读书。

(13) 一种语言的句法结构在受到另一种语言的比较强的影响时，就会在不太长的时间内出现新的变化。

(14) 我们青年要加紧参加建设新中国的事业。

(15) 她为了提高舞蹈艺术水平，星期天也不休息。她的时间几乎都是在练功房里度过的。

(16) "黄昏恋"这名称很好听，许多老人确实也因此得到了晚年的幸福，……。

(17) 有的妇女工资甚至超过丈夫，她在家里的发言权当然就更大些。

(18) 他很快拿定主意，卖掉家里大部分值钱的东西，拿出银行的全部存款，并且向亲戚朋友借了六万元，用十八万买了平房。

(19) 먼저 '반도체란 무엇인가'에 대한 개괄적인 설명이 있어야 한다.

(20) 누가 기술발전에 앞장서야 하는가? [在 + 동목구조 + 方面]

(21) 이상의 실현은 쉬운 일이 아니다.

(22) 이 약품은 전염병 치료에 사용된다. [用来]

(23) 컴퓨터의 제작과 응용은 공업·농업·과학의 발전을 크게 촉진시켰다. [大大地]

(24) 외국어를 배우려면 옛 라틴어를 배우는 것이 좋다.

첨삭 지도

1. 尽管我国野生动物保护工作取得了很大成绩，但破坏野生动物资源现象、捕猎珍稀动物的现象仍然较严重，一些珍稀野生动物面临灭绝的危险。

    우리 나라의 야생동물 보호업무가 큰 성적을 내기는 했지만 야생동물 자원의 파괴 현상, 희귀동물 포획 현상 역시 비교적 심각한 상황으로, 일부 희귀 야생동물은 멸종의 위기에 직면해 있다.

    우리 나라의 야생동물 보호사업이 큰 성과를 거두기는 했지만 야생동물 자원의 파괴나 희귀동물의 포획과 같은 현상이 심각한 상태여서 일부 희귀 야생동물들은 멸종 위기에 처해 있다.

2. 我和先生南下到珠江三角洲已有四年，我们经过努力，总算在这个新地方落下脚来，有了一个虽说比较辛苦却也比较安定的工作。然而，这几年来，老家众多亲朋好友的不断"光临"，给我们的生活和工作带来极大的干扰。

> 예시번역 ✗ 나와 남편이 남쪽 아래 주강 삼각주에 온 지도 이미 4년이 지났다. 우리는 노력해서 마침내 이 새 지역에 발을 내렸고, 비록 비교적 고생스럽기는 하지만 안정적인 일이 생겼다. 그런데 몇 년 사이에 고향의 많은 친척과 친한 친구들의 끊임없는 '왕림'은 우리의 생활과 일에 큰 폐를 끼쳤다.

> 첨삭 ○ 나와 남편이 남쪽 주강 삼각주에 온 지도 벌써 4년이 지났다. 우리는 고생 끝에 마침내 이 곳에 새로 정착했다. 고생은 되지만 그래도 안정적인 일자리도 얻었다. 그런데요 몇 년 사이에 고향 친척과 친구들이 줄줄이 찾아옴으로 인해서 우리는 가정 생활은 물론이고 바깥일에서까지 큰 불편을 겪어야 했다.

3. 如今，摆在人们面前的是一道难题：如何想方设法使汽车作为一种便利的私人交通工具继续存在，又使它不致污染我们的空气，消耗我们的能源，堵塞我们的公路和街道。

> 예시번역 ✗ 요즘 우리의 눈앞에 놓여진 난제는 어떠한 방법으로 자동차를 편리한 개인 교통 수단으로 계속 존재하도록 하고 공기를 오염시키지 않고 우리의 에너지원을 낭비시키지 않고 우리의 도로와 거리를 막히지 않도록 하는가 하는 것이다.

> 첨삭 ○ 지금 당면한 과제는 어떻게 하면 자동차를 개인의 교통수단으로 편리하게 계속 이용하면서 대기오염이나 에너지 소비, 도로 정체와 같은 문제들을 해결할 것인가 하는 점이다.

4. 除了社会文化方面的因素之外，人们对时髦服装的追求也是人的心理要求的反映。牛仔裤长期流行的现象，绝不仅仅是受明星们的影响，其真正原因在于它适应了当代青年人心理变化的要求。青年人对牛仔裤的喜爱，实际上反映了他们对传统社会的不满和发泄。

> 예시번역 ✗ 사회문화 분야의 요소 이외에 세련된 복장에 대한 사람들의 추구 역시 인간의 심리적 요구의 반영이다. 청바지가 장기적으로 유행하는 현상은 결코 스

타의 영향만을 받은 것이 아니라 진정한 원인은 그것이 당시 젊은이들의 심리 변화의 요구에 부합했다는 데 있다. 청바지에 대한 젊은이들의 사랑은 실제로 전통사회에 대한 그들의 불만과 발산을 반영하였다.

사회문화적인 요소 외에도 사람들이 옷의 유행을 따라가는 것은 인간의 심리적 욕구의 반영으로 볼 수 있다. 청바지가 장기적으로 유행하는 현상은 결코 스타의 영향만은 아니다. 그보다는 변화를 원하는 당시 젊은이들의 심리에 맞아떨어졌기 때문이다. 청바지에 대한 젊은이들의 사랑이 실은 전통사회에 대한 불만과 발산으로 나타난 것이다.

과감히 생략한다   03

매끄러운 번역을 위한 가장 중요한 요소 중 하나가 바로 '과감한 생략'이다.

꼭 필요한 요소가 아닌데 이 문장에도 있고 저 문장에도 있을 경우 어느 한 곳에서 이것을 생략해야 한다. 복합문에 사용된 인칭대명사가 바로 여기에 해당한다. 중국어에서는 복합문에서 인칭대명사를 반복하여 사용하나 번역문에서는 때로 이것을 삭제해야 한다.

ex
1. 这种人胆子小，他们怕官，也有点怕革命。
   이런 사람들은 겁이 많아서 관리를 무서워하며 혁명도 무서워한다.

2. 但是那些时候，有一些立志改革的人，他们无所畏惧，他们在各种困难的条件下面，出版书报，教育人民，组织人民，进行不屈不挠的斗争。
   그러나 당시에 개혁하려는 뜻을 가진 일부 사람들은 아무 것도 두려워하지 않고 여러 가지 어려운 조건에서 서적과 신문을 출판하고 인민을 교육시키고 인민을 조직하는 등 불굴의 투쟁을 하였다.

그러나 아래 번역에서는 대명사를 생략하면 단일문간의 연결이 매끄럽지 못하고 단절된 느낌을 준다.

ex
3. 家长不再有那么大的权力了，他们让孩子自由恋爱，让儿女自己选择前途。
   가장은 더 이상 큰 권력을 가질 수 없게 되었다. 아이들이 자유롭게 교제하도록 했으며 자녀들 자신이 앞길을 선택하도록 했다.
   ⇒ 가장은 더 이상 큰 권력을 가질 수 없게 되었다. 가장은 / 그들은 자식들이 자유롭게 교제하고 자신들의 앞길을 선택하도록 했다.

4. 刘市长没有很高的学历，学识也不渊博，他在当选市长以前，是一个笃实的农夫，在乡里是一个名不见经传的人物。
   刘 시장은 학력이 높지도 않고 학식 또한 깊지도 않다. 그는 / 刘 시장은 성실한 농부의 한 사람으로 시장에 당선되기 전에는 마을에서 그리 알려지지

않은 인물이었다.

인칭대명사뿐만 아니라 지시대명사도 상황에 따라 생략할 수 있다. 이 현상은 주로 '합하여 번역하는' 경우에 나타난다. 다음 예를 보자.

> ex 5. 회담은 거의 가시적 성과를 올리지 못했다. 이것이 외교관계자들의 일치된 평가이다.

예문(5)에서 두 문장은 의존명사 '것'에 의해 하나의 단일문으로 묶을 수 있다.

> ex 5-1. 회담은 거의 가시적 성과를 올리지 못했다는 것이 외교관계자들의 일치된 평가이다.

이처럼 지시대명사로 연결된 두 개의 단일문을 '-것'을 이용한 하나의 단일문으로 만드는 것을 가리켜 '합하여 번역한다'고 한다. 하지만 중국어에서는 '것'과 같은 형태 표시가 없기 때문에 반드시 두 개의 단일문으로 나누어야 한다. 번역문은 '会谈几乎没有取得可观的成果，这是外交人士一致的评价。'이다. 이때 지시어 '这'는 앞에 열거한 단일문을 총괄하는 의미를 나타낸다. 지시어를 사용한 다음의 복합문도 번역에서 하나의 단일문으로 바꾸어줄 수 있다.

> ex 6. 当然，你们是因为在青年中间有很高的声望，这次才当选为民主青年同盟中央委员会的委员的，这是事实。
> 물론 당신들이 청년들의 두터운 신망 때문에 이번에 민청중앙위원회 위원으로 당선된 것은 사실이다.

번역 연습

(1) 老人再婚最大的障碍是双方的儿女，有些儿女怕父母再婚失去继承权，他们常常采取反对的态度。

(2) 过去一人考上研究生，全家感到光荣，而现在研究生居然要求退学，这不能不说是一个奇怪的现象。

(3) 借用空间范畴的表达方式来表达时间性概念，这似乎是存在于各种语言中的一种普遍性特徵。

(4) 不断地口渴，不喝水不行，这便是糖尿病最常见的症状。

(5) 战败后的整个占领时期，日本的对内对外政策，在很大程度上，受对美关系的支配，这既是事实。

(6) 檀君是历史人物呢，还是神话人物呢? 这个问题一直在学术界争论不休。

(7) 宇宙观的一切现象，包括人体自身的生命现象，我们远远没有认识清楚。

(8) 语言是一种工具，它可以帮助人们交流思想，互相了解。[合하여 번역]

(9) 신문사마다 앞다퉈 L 씨에게 심사를 예약해 놓는 것이 관례다.
[报社, 争先恐后地, 当评审]

(10) 시험에 떨어지면 회계사가 되는 것도 괜찮다. [会计, 不错]

(11) 대학을 졸업하고도 일자리를 찾지 못하는 것이 현재 자본주의 각국의 현상이다.
[找不到, 这就是, 当前, 现状]

첨삭 지도

1. 无论在国内还是在国外，炒房地产容易挣钱，这是事实。但是房地产跟股票一样，赚钱容易，风险也很大。重要的问题看你会不会动脑子，看你能不能掌握好时机。

    예시 번역 ✗ 국내든 국외든 간에 부동산에 투자하는 것으로 돈을 쉽게 벌 수 있다. 이것은 사실이다. 그러나 부동산 투기는 주식과도 같아서 돈을 벌기는 쉬우나 위험 또한 크다. 중요한 것은 투자자가 머리를 잘 쓰느냐 못 쓰느냐, 투자 시기를 잘 잡느냐 못 잡느냐 하는 점이다.

    첨삭 ○ 국내든 국외든 간에 부동산 투기로 돈을 쉽게 벌 수 있는 것은 사실이다. 그러나 부동산 투기는 주식과도 같아서 벌기는 쉬우나 그만큼 위험이 따른다. 문제는 투자자가 머리를 잘 쓰느냐 못 쓰느냐, 투자 시기를 잘 잡느냐 못 잡느냐에 달려 있다.

2. 第三产业的发展还能提供大量的就业机会，这对于我们这样一个近十二亿人口的大国来说，也是一个不可忽视的问题。

 3차 산업의 발전은 또한 취업 기회를 대량으로 제공해 줄 수 있다. 이것은 우리 12억 인구의 대국에서는 소홀히 할 수 없는 문제이다.

 3차 산업을 발전시키면 대량의 일자리를 창출할 수 있다는 점을 12억 인구를 가진 우리 대국으로서는 결코 간과할 수 없다.

제한적 구조로 바꾸어 번역한다 04

중국어는 서술적 구조(기본어+설명어)로 된 것이 많으나 한국어는 제한적 구조(설명어+기본어)가 대부분이다. 서술적 구조는 기본어를 먼저 밝히고, 이에 대해 설명어로 설명해 나가는 구조를 말한다. 제한적 구조는 설명어로 먼저 설명하고, 기본어를 나중에 밝히는 구조이다. 기본어는 설명을 받는 말이자 개괄적인 말, 중심이 되는 말, 결론적인 말을 의미한다. 설명어는 기본어를 구체적으로 또는 제한적으로 설명해 준다.

> ex 1. 在那个村子里, 有一个青年只想挣大钱, 挑肥拣瘦, 不扎扎实实地种地。
> 그 마을에 뭉칫돈을 벌 궁리만 하고 이런저런 구실만 늘어놓으면서 농사일을 등한시하는 한 젊은이가 있었다.

원문과 번역문의 비교에서 중국어와 한국어는 사물을 관찰하고 묘사하는 시각과 수단이 다름을 알 수 있다. 원문에서는 주체인 '一个青年'을 먼저 언급한 후 이 주체에 대한 묘사를 하였다. 번역문에서는 주체에 대한 묘사를 먼저 하고 난 후 주체를 언급하였다. 아래 예도 마찬가지로 제한적 구조로 번역하는 것이 좋다.

> ex 2. 跌倒的是个女人, 花白头发, 衣服都很破烂。
> 넘어진 사람은 머리가 희끗희끗하고 옷차림이 아주 남루한 여인이었다.
>
> 3. 但这个作品也有缺点, 它没有突出地刻划出解放后分得了土地的农民为保卫祖国而不惜牺牲生命去战斗的形象。
> 그러나 이 작품도 문제는 있다. 여기에서는 해방된 다음 땅을 분배받은 농민들이 조국을 지키기 위해 목숨 바쳐 싸우는 모습을 뚜렷이 그려내지 못했다.
> ⇒ 그러나 이 작품은 해방된 다음 땅을 분배받은 농민들이 조국을 지키기 위해 목숨 바쳐 싸우는 모습을 뚜렷이 그려내지 못한 아쉬움이 있다.

중국어의 서술적 구조와 한국어의 제한적 구조의 특징을 습득하는 데는 중한번역보다 한중번역이 더 좋다. 한중번역에서는 '나누어 번역하기'를 해야 한다.

4. 『태백산맥』은 문학의 무대가 되는 구체적이고 실제적인 지역에 대한 취재나 탐방이 얼마나 중요한 것일 수 있는가를 알려주는 대표적인 소설로 평가될 수 있다.
　『太白山脉』可以被认为是一部具有代表性的小说，它能够说明对作为文学舞台的实实在在的具体地区进行采访或寻访有多么重要。

5. 이것은 우리 나라 우주산업에서의 공백을 메우고 세계 선진국가 수준을 따라잡은 자랑할 만한 연구성과이다.
　这是一个值得骄傲的研究成果，它弥补了我国宇宙工业的空白，赶上了世界的先进水平。

 번역 연습

(1) 我们的会议包括六百多位代表，代表着全中国所有的民主党派，人民团体，人民解放军，各地区，各民族和国外华侨。

(2) 在这里，我可以举出好多科学家的名字，他们正是靠着这种精神，攀上科学之巅的!

(3) 理论的重要性充分地表现在列宁说过的一句话: "没有革命的理论，就不会有革命的运动。"

(4) 如果研究一下我们周围的电器用具，如电灯和电热器等，就会发现使用了各种材料。

(5) 그는 또 자신의 기술이 최고라는 것만 믿고 남의 의견을 겸허히 받아들이지 않는 결점이 있다. [缺点, 쌍점(:) 사용, 凭, 虚心接受]

05

 역할을 바꾸어 번역한다

언제나 주어를 주어로 술어를 술어로 번역하는 것보다는 역할을 바꾸어주는 것도 정확한 번역의 한 방법이다.

주어와 술어를 바꾸어 번역하는 것은 주로 '판단문'에서 많이 나타난다. 이렇게 역할을 바꾸어 주면 원문의 술어 부분이 나타내는 의미를 두드러지게 하거나 번역문을 매끄럽게 하는 효과를 얻을 수 있다.

ex 1. 这种测量方法的优点是容易测量高温、低温、并且能立即得到多数电路的平均传输时间。

   번역1 이 측정법의 장점은 고온과 저온의 측정이 쉬울 뿐 아니라 대다수 회로의 평균 전파 시간을 즉시 얻을 수 있다는 데 있다.

   번역2 고온과 저온의 측정이 쉬울 뿐만 아니라 대다수 회로의 평균 전파 시간을 즉시 얻을 수 있다는 것이 이 측정법의 장점이다.

   번역3 이 측정법은 고온과 저온의 측정이 쉬울 뿐만 아니라 대다수 회로의 평균 전파 시간을 즉시 얻을 수 있다는 장점이 있다.

2. 终身雇佣制的缺点，是会使"但求无过"的消极主义蔓延，道德观念低下和个人发展停滞。

   번역1 종신고용제의 단점은 무사안일주의의 만연과 도덕관념의 저하 그리고 자기개발의 정체를 가져올 수 있다는 데 있다.

   번역2 무사안일주의의 만연과 도덕관념의 저하 그리고 자기개발의 정체를 가져올 수 있다는 것이 종신고용제의 문제점이다.

예문(1)의 [번역2], 예문(2)의 [번역2]에서는 원문의 주어 부분을 술어로 번역하였다. 이와 같은 번역 전환이 가능한 것은 무엇보다도 중국어와 달리 한국어에서는 문장의 주어 부분을 얼마든지 길게 늘릴 수 있기 때문이다. 이 규칙은 '……的是……' 구조에서도 그대로 나타난다.

　　ex **3.** 우리 간부들마다 전심전력으로 인민을 위해 봉사하겠다는 마음자세를 갖는 것이 무엇보다 중요합니다.
　　번역1 我们每一个干部都应具备全心全意为人民服务的精神, 这比什么都重要。
　　번역2 尤其重要的是, 我们每一个干部都应具备全心全意为人民服务的精神。

　　4. 在轻工业部门最重要的是解决纤维问题和增加绵织品生产的问题。
　　번역1 경공업 부분에서 가장 중요한 문제는 섬유 문제를 해결하고 면직물 생산을 늘리는 것이다.
　　번역2 경공업 부문에서는 섬유 문제를 해결하고 면직물 생산을 늘리는 일이 가장 중요하다

예문(3)에서 독자가 '这比什么都重要'를 읽고 나서 무엇이 중요한지에 대한 내용을 분명히 기억하기 위해서는 다시 앞부분의 내용을 보아야 한다. 그만큼 문장의 수사적 효과가 떨어지게 된다. 술어부분 '这比什么都重要'를 주어로 전환하여 먼저 언급하고 그 다음 '重要'한 내용을 술어로 전환하여 언급하면 독자의 주의를 계속 끌 수 있다.

'사흘 밤낮'과 '사흘 낮밤'

　　'사흘 밤낮'을 중국 사람들은 '三天三夜'라 한다. 또한 '남동풍'을 '东南风'이라 하고 '비바람'을 '风雨'라 한다. 한국어와 중국어를 비교해 보면, 개별 단어뿐만 아니라 문장성분의 위치도 정반대일 때가 있다. 중국어에서 '什么'가 주어 자리에 있는 문장이 바로 그러하다. '사랑이란 무엇인가'를 중국 사람들은 '什么是爱'라 한다.
　　다음 두 경우를 비교해 보자.

　　ex **5.** 在发展技术方面, 谁应该站在前头呢?
　　　　누가 기술발전에서 앞장서야 하는가?

6. 什么是社会主义市场经济呢?
사회주의 시장경제란 무엇인가?

예문(5)의 번역문에서는 의문사 '누가'가 원문의 '谁'와 마찬가지로 주어의 위치에 놓여 있다. 그러나 예문(6)에서 '什么'는 주어의 위치에 놓여 있는 데 반해 번역문에서는 술어의 위치에 놓여 있다. 물론 '무엇이 사회주의 시장경제인가?'처럼 수사학적 필요성에서 의문대명사를 앞에 내어 강조하는 표현 방법을 쓸 수도 있지만, 한국어에서는 의문대명사가 술어로 사용되는 것이 일반적인 규칙이다.

다음 한중번역의 예를 보면 이 점을 쉽게 이해할 수 있다.

7. ①당 사업이란 무엇인가? ②당 사업이란 하나는 당 내부사업이요, 다른 하나는 행정·경제 사업에 대한 지도이다.
①什么叫党的工作? ②所谓党的工作就是党的内部工作和对行政经济工作的领导。

참고로, 예문(8)의 경우처럼 의문사가 술어로 된 의문 형식에서는 중국어와 한국어 모두 주어와 술어의 위치가 일치한다.

8. 人区别于动物的特点是什么?
인간이 동물과 구별되는 특징은 무엇인가?

삽입어로 번역한다

때로는 의미의 매끄러움을 위해 삽입어의 형식으로 번역해야 할 때가 있다. 다음 예를 보자.

9. 前面已经讲过, 当霍去病为国家立下汗马功劳的时候, 汉武帝想给他盖房子, ……
앞에서도 말한 바 있지만, 霍去病이 나라를 위해서 혁혁한 공을 세웠을 때 汉武帝는 그에게 좋은 집 한 채를 지어 주려 했다. ……

10. 我们过去说过, 整风运动是一个 "普遍的马克思主义的教育运动". 整风就是全党通过批评和自我批评来学习马克思主义. 在整风中间, 我们一定可以更多地学到一些马克思主义.
　　우리가 이전에도 말했듯이, 정풍운동은 '보편적 마르크스주의의 교양 운동'이다. '정풍'이라 함은 …….

　　예문(9)에서는 '前面已经讲过'를 하나의 삽입어로 번역하였다. 이 부분을 '주어+동사+목적어'의 형식으로 보고 '(나는) 앞에서 ……라고 말하였다'로 번역하지 않도록 주의해야 한다. 예문(10)도 "우리는 이전에 정풍운동은 '보편적 마르크스주의의 교양 운동이다.'라고 말하였다. '정풍'이라 함은……"으로 번역해서는 안 되고 '我们过去说过'를 삽입어로 처리해야 한다.
　　삽입어의 기능을 더 명확히 알기 위해서는 한중번역의 예를 보는 게 좋다.

11. 당신들도 알다시피, 1년 계획이라는 것은 단기간에 걸친 소규모 건설을 계획하는 것이지만, 5개년 계획이라고 하면 장기간에 걸친 웅장한 대규모 건설을 계획하는 것이다.
　　你们都知道, 一年计划是规划较短时期的小规模的建设, 而五年计划, 则是规划较长时期的宏伟的大规模的建设。

목적을 나타내는 종속절의 번역 위치

　　주절과 종속절로 이루어진 중국어 문장에서, 목적을 나타내는 종속절은 일반적으로 주절의 뒤에 위치하는 경우가 많다. 하지만 이러한 문장을 한국어로 번역할 때 반드시 주절과 종속절의 위치를 중국어와 일치시켜야 하는 것은 아니다.*²

주2　물론 중국어에서도 목적을 나타내는 종속절이 반드시 주절의 뒤에 위치하는 것은 아니다. '为了教育群众, 首先要向群众学习。(대중을 교육하기 위해서는 먼저 대중으로부터 배워야 한다.)'의 경우처럼, '是为了'의 형식으로 쓰이지 않은 '为了'문은 일반적으로 주절의 앞에 위치한다. 본문에서는 종속절의 번역 위치를 다루기 위해 특별히 주절 뒤에 위치하는 종속절의 경우만 언급했다.

ex 12. 有人要求将此文在报转载, 以期引起争论.
어떤 이는 논쟁을 불러일으킬 목적으로 이 글을 신문에 실을 것을 요구했다.

13. 药要放在乾燥的地方, 以防受潮.
번역1 습기가 끼지 않도록 약을 건조한 곳에 두어야 한다.
번역2 약은 건조한 곳에 두어 습기가 끼지 않도록 해야 한다.

14. 但我们要时常提防他们, 不要让他们扰乱了我们的陈线.
우리들은 그들이 우리 진영을 교란시키지 못하도록 평소에 경계할 필요가 있다.

'하다'와 '되다'

중국어에서 능동형으로 표현된 문장이 한국어에서는 피동형으로 번역되는 경우도 있고, 반대로 중국어의 피동형이 한국어에서는 능동형으로 번역되기도 한다. 다음 예문들을 보자.

ex 15. 해동이 되어서인지 여인들 서너 명이 불공을 올리기 위해 올라와 있는 게 눈에 띄었다. (『억새풀』)

16. 해가 뉘엿뉘엿 넘어가기 시작하자 이 마을 저 마을에서 만세를 부르는 함성 소리가 들려왔다. (『억새풀』)

17. 进门就可以看见那只破旧的洗脸盆架.
방문을 열고 들어서니 세숫대야를 올려 놓은 낡은 세면대가 먼저 눈에 띄었다.

18. 但是, 如是从相对角度考虑, 那就会发现, 我们社会处处仍然有着许多 2000 年版 "0.17 坪空间".
그러나 상대적인 시각에서 보면 우리 사회 곳곳에는 아직도 2000년판 '0.17평의 공간'이 많이 눈에 띈다.

한국어에서는 '여인들이 ~ 눈에 띄다', '마을에서 ~ 가 들리다'로 표현하였다. 반면에 중국어에서는 '~을 볼 수 있다(看见)', '~을 발견할 수 있다(发现)'로 표현하고 있다. 여기서 '보다', '발견하다', '듣다'는 어떤 대상(목적어)을 주관적으로, 능동적으로, 그리고 의지를 가지고 대함을 나타내고, '~이 보이다', '~이 발견되다', '~이 들리다'는 행동주의 의지보다는 객관성, 피동성, 상태성에 시점을 둔 표현 형식에 가깝다. 중국어에서는 '-하다'형 표현을 쓰고 한국어에서는 '-되다'형 표현을 쓴 것이다. 따라서 예문(17), (18)의 번역에서도 '-되다'형으로 표현하는 것이 좋다.

어순은 사고의 흐름을 반영한다

우리 나라 사람은 가장 중요한 결론을 마지막에 진술하기 때문에 비교적 여유 있는 생각을 가지고 대화를 전개할 수 있다. 그리고 일방적으로 자기의 뜻을 주장하기보다는 듣는 사람을 배려하여 그 반응을 살펴가면서 자기 주장의 강도를 조절할 수 있다. 따라서 청자는 화자의 결론을 듣기 위해서 끝까지 화자의 말에 집중하게 된다. 우리말의 이와 같은 특징에는 공동체 삶을 중요시하는 한국인의 사고방식이 잘 나타나 있다. 하지만 여기에는 단점도 많이 있다. 화자는 비판적으로 사고할 기회를 청자에게서 빼앗을 수 있으며, 술어가 뒤에 오기 때문에 자칫 논리를 잃어버릴 수도 있다. 또한 한 문장 안의 주어와 서술어 사이에 많은 이차적 사실을 언급해 장문이 되기 쉽고, 그로 인해 본래의 주어에 대응하는 서술어를 놓쳐 주술 호응이 잘 되지 않을 수도 있다.

이러한 한국인의 사고방식은 부정형 문장에서도 잘 드러난다. 부정형 문장에서 한국어의 배열 순서는 대개 부정이 앞에 놓이고 긍정이 뒤에 놓인다. 그러나 중국어에서는 긍정이 앞에 놓이고 부정이 뒤에 놓인다. 중국어에서는 문장의 의미중심이 문장 앞부분에 오지만 한국어에서는 의미중심이 일반적으로 문장의 뒷부분에 오기 때문이다. 그래서 한국어는 상대방의 이야기를 끝까지 들어봐야 의미를 알 수 있다.

ex **19.** 日本国民的收入为什么高于巴西和印度等呢？归根结底，是取决于人的质素，而 不在于资源的多少。
일본은 왜 브라질, 인도 같은 나라보다 국민소득이 많은가? 그것은 결국 자원의 많고 적음이 아니라 국민의 특성에 달려 있다.

20. 医学的真正目的是豫防，而 不是治疗。

번역 1 의학의 진정한 목적은 예방에 있지 치료에 있는 것은 아니다.
번역 2 의학의 진정한 목적은 병의 치료가 아닌 예방에 있다.

긍정 부분과 부정 부분의 위치를 바꾸지 않고 원문 그대로 번역할 수도 있다. 그러나 한국어에서는 습관상 대체로 부정이 앞에 온다.

번역 연습

(1) 要注意交通安全，以免发生危险。
(2) 我们采用了这个方法，解决共产党内部的矛盾。
(3) 中国共产党员必须学会这个方法，才能正确地分析中国革命的历史和现状，并推断革命的将来。
(4) 小李的身体比较弱，因为他不重视体育锻炼。
(5) 这两天我不能去看你，因为有别的事。
(6) 正确地解决农村问题，是社会主义建设中最重要的问题之一。
(7) 重要的是注意不要让年青人吸烟。
(8) 有趣的是，地球上大气中的氧气虽然是由植物制造出来的，但是这种大气对于植物却并不那么合适。
(9) 当然，文艺是精神生产，它是头脑的产物，更带复杂性，更难掌握。
(10) 塑料是一种高分子物质，其主要成分是合成树脂，并在其中加以……而制作的。
(11) 一个军事学校，最重要的问题，是选择校长和教员和规定教育方针。
(12) ……所不同的是，国语的关系词"的"不冠在句首，而放在句中"是"的前面。
(13) 县委书记王华欣身边坐的是邻县的一位妇联主任，那妇联主任叫陶小桃，长得有几分姿色。
(14) 这首歌的第一段，唱的全是故乡路上的春天景物。
(15) 他在事业上的失败，是他办事保守，而不是缺乏经验。
(16) 提高速度是交通部门长期不懈研究的课题之一。
(17) 中国人常说"妇女是半边天"，意思是妇女在社会上负担了一半的工作。
(18) 他发现路旁的草里有一个小纸包儿，捡起来一看，是个旧信封，里边装着五万块钱。

(19) 在义务教育中，"差别"是首先应当避免的。

(20) 马克思的主要功绩之一，是第一次阐明了做为最先进的阶级——工人阶级的历史使命。

(21) 他遇上了麻烦了。

(22) 昨天本报报道了一则消息，为了平息田中担任总理时1973年发生的"绑架金大中事件"，当时韩国政府派遣李秉禧特使把巨额4亿韩元做礼物奉送。

(23) 이 산만 넘으면 들판이 나온다. [平原]

(24) 이 글자가 보입니까?

첨삭 지도

1. 近几年来，"第三产业"这个词经常出现在报刊上和人们的口头上。你知道什么是第三产业吗？要弄清楚什么是第三产业，必须先弄清楚什么是第一产业，什么是第二产业。

최근에는 '3차 산업'이라는 단어가 신문 잡지나 사람들 입에 자주 오르내리고 있다. 당신은 무엇이 3차 산업인지 알고 있는가? 무엇이 3차 산업인지를 분명히 알려면 먼저 무엇이 1차 산업이고 무엇이 2차 산업인지를 분명히 알아야 한다.

최근에는 '3차 산업'이라는 말이 신문 잡지나 사람들 입에 자주 오르내리고 있다. 당신은 3차 산업이 무엇인지 알고 있는가? 3차 산업이 무엇인지를 알려면 1차 산업이 무엇이고 2차 산업이 무엇인지를 먼저 알아야 한다.

2. 有一个问题值得考虑——这就是：大批在韩国的外国劳工，会给韩国劳动力市场和整个韩国社会带来哪些方面的影响。可以肯定的是，不可避免地会产生很多复杂的问题。

한 가지 고려해 볼 만한 문제가 있는데, 이것은 한국에 있는 수많은 외국인 노동자가 한국의 노동력 시장과 전체 한국 사회에 어떠한 영향을 가져다 줄 것인가 하는 것이다. 확신할 수 있는 것은 아주 많은 복잡한 문제가 발생하는 것을 피할 수 없다는 점이다.

한국에 있는 수많은 외국인 노동자가 한국의 노동력 시장과 전체 한국 사회에 어떠한 영향을 끼칠 것인가 하는 문제를 한번 생각해 보아야 한다. 분명한 것은 복잡한 문제가 많이 발생할 수밖에 없다는 사실이다.

나누어 번역한다   06

중국어는 '의미 중심의 언어'이기 때문에 쉼표만 있으면 한 문장 안에 여러 개의 단일문을 담을 수 있다. 그렇지만 한국어는 단일문간의 연결에서 '-고', '-며'와 같은 연결어미를 사용하고 마지막에 '-다'라고 하는 종결어미를 사용한다. '-다'까지 가야 겨우 한숨을 돌릴 수 있다. 연결어미를 사용하다 보니 주어와 술어 사이에 너무 많은 내용이 들어가면 그만큼 여러 가지 문법 관계와 의미 관계가 분명히 나타나지 않게 된다. 그 외에도 독자가 읽었을 때 호흡을 조절하기 어렵다. 따라서 길게 연결되어 있는 중국어 문장은 나누어서 번역하는 습관을 길러야 한다.

그러면 다음 예문을 통해 중국어가 번역문에서는 어떻게 끊어지는지 살펴보자.

ex 1. 现在离毕业只有一年时间了, /我想参加明年的全国高等学校统一招生考试, /读了十多年书, /不去考一考太遗憾了, /也许我能考上大学呢！
졸업까지는 일 년밖에 남지 않았어. / 내년에 대학수학능력시험에 응시하려고 해. / 십 년이나 공부하고서도 시험을 치지 않는다면 너무 아쉬워. / 혹시 대학에 붙을지도 모르잖아.

2. 我幼时生活在一个封建大家庭里, /父亲早亡, /母亲没有工作, 靠父亲生前微薄的积蓄, /养活不了我们姐弟三人, /因此我只好去投靠伯父。
나는 유년 시절을 봉건적인 대가족 속에서 보냈다. / 아버지는 일찍 돌아가셨다. 어머니는 일거리가 없었으며, / 아버지가 생전에 조금 모아둔 돈으로는 우리 세 남매를 먹여 살릴 수가 없었다. / 그래서 나는 큰아버지께 얹혀 살 수밖에 없었다.

원문이 지나치게 길면 번역문에서는 의미상 적절한 부분에서 끊어 주어야 할 뿐만 아니라 때로는 의미-논리 관계를 분명히 나타내기 위해서 지시어, 접속어 등과 같은 연결어구를 사용해야 한다.

ex 3. 其间耳闻目睹的所谓国家大事, 算起来也很不少, 但在我心理, 不留什么痕迹, 倘要寻出这些事的影响来说, 增长了我的坏脾气, ——老实说,便是教我一天比一天的看不起人。

이것을 원문에 맞추어 하나의 문장으로 묶어서 번역해 보자.

> **ex 3-1.** 그동안 보고 들은 소위 국가 대사는 헤아려 보면 실로 적지 않으나 / 나의 머리 속에 아무런 흔적도 남기지 못했으며, 만일 이런 일들의 영향을 찾는다면 나에게 고약한 버릇이 더 생겨났다는 것인데 / 솔직히 말해서 나로 하여금 점점 더 남을 깔보게 하였다.

사선(/)을 친 부분에서 의미 연결이 잘 되지 않음을 알 수 있다. 이 부분에 연결어구를 넣어 번역해 보자.

> **ex 3-2.** 그동안 보고 들은 이른바 국가적 대사만 해도 이루 다 헤아릴 수 없다. / 그러나 이런 일들은 내 머리 속에 아무런 흔적도 남기지 못했다. / 만일 이런 일들로부터 받은 영향을 찾는다면 나에게 고약한 버릇이 더 생겨났다는 것이다. / 솔직히 말해서 그것들은 나를 점점 더 남을 깔보는 사람으로 만들었다.

번역문에서는 원문의 논리적 관계를 유지하면서 원문을 세 곳에서 끊어 번역하였다. 한 개의 복합문이 네 개의 독립된 문장으로 나누어지고 접속을 나타내는 어구가 추가되었으나 원문의 의미는 오히려 정확하게 전달되었다. 다음 예를 보자.

> **ex 4.** 口头上的马克思主义变成实际生活里的马克思主义，就不会有宗派主义了。不但宗派主义的问题可以解决，其他的许多的问题也都可以解决了。
> 말뿐인 마르크스주의를 실생활에서의 마르크스주의로 변화시키면 파벌주의는 없어질 것이다. / 그렇게 되면 파벌주의 문제가 해결될 뿐만 아니라 다른 많은 문제들도 해결될 수 있다.

> **5.** 汉代是隶书发展成熟的时期，尤其是汉代后期隶书已达到烂熟的程度，汉碑好像是一座五彩缤纷、百花呈艳的艺术宝库。
> 한대는 예서의 발전·성숙기로서, 특히 한대 후기의 예서는 이미 완숙의 단계에 이르렀다. / 그런 의미에서 한대의 비석은 오색찬란하고 화려한 예술적 보고인 것 같다.

중국어에서는 선행문에 대한 보충 설명을 후행문에서 할 경우 일반적으로 후행문 앞에 '그렇게 되면', '그런 의미에서' 등과 같은 연결어구를 사용할 필요가 없지만, 한국어에서는 이를 설정해 주어야 의미 연결이 제대로 된다.

번역 연습

(1) 女人必须尽贤妻良母的责任，要把家务做好，伺候好丈夫，照料并教育好子女，且妥善处理夫家的一切大小事务，这样才能得到好评。

(2) 那同志一只手抖抖索索地打开了纸包，那是一个党证，揭开党证，里面并排摆着一小堆火柴，乾燥的火柴。

(3) 这天，天蒙蒙亮，我听到有人用两个指头弹我家路边的窗子，发出细雨打芭蕉似的声音。

(4) 于是，大学生找农民企业家，老年人第二次结婚，协议离婚等事越来越多，可以说，中国人保守的婚姻观念终于发生了变化。

(5) 第一次产业革命是动力型革命。反之，由电子计算机的出现所引起的第二次技术革命，可说是信息型革命。

첨삭 지도

1. 汽车数量的增加还会引起与土地利用有关的许多问题。美国各城市有将近一半的空间用于停放汽车，全国有5万多平方公里的土地被用来修建公路——约占美国土地总面积的20%，相当于可耕地总面积的10%。

    차량수의 증가는 또한 토지 이용과 관련된 많은 문제들을 야기한다. 미국의 각 도시는 주차를 위해 거의 절반에 가까운 공간을 쓰고 있고, 전국에서는 5만여 평방미터의 땅이 도로를 건설하는 데 쓰인다. 도로는 미국 국토 총면적의 약 20%를 차지하고 있으며, 이는 농작이 가능한 땅의 총면적의 10%에 달한다.

 차량수의 증가는 토지 이용과 관련해서도 많은 문제를 야기한다. 미국에서는 도시마다 거의 절반에 가까운 면적을 주차 공간으로 쓰고 있다. 미국 국토 총면적의 약 20%를 차지하는 5만여 평방미터의 땅이 도로 건설에 쓰이고 있으며, 이는 경작이 가능한 땅의 총면적의 10%에 해당한다.

2. 联合声明说, 签于朝韩首脑历史性会晤给朝鲜半岛局势带来的变化, 美朝双方决定采取措施从根本上改善双边关系, 以促进亚太地区的和平与安全。双方认为, 可以通过 "四方会谈" 等诸多途径缓解朝鲜半岛的紧张局势, 争取用和平协议取代 1953 年签署的停战协定。

 공동성명은 말하길, 남북한 대표의 역사적인 회담이 한반도 정세의 변화를 가져온 것을 감안하여, 미국과 북한은 근본적으로 쌍방의 관계를 개선하여 아태지역의 평화와 안전을 촉진할 것을 결정했다. 양측은 '4자회담' 등의 많은 경로를 통해 한반도의 긴장상태를 완화시킬 수 있을 것이며, 평화협정으로 53년 서명한 정전협정을 대체할 수 있을 것이라고 말했다.

 남북한 대표의 역사적인 회담이 한반도 정세에 가져올 변화를 감안하여, 미국과 북한은 공동성명에서 서로의 관계를 근본부터 개선하여 아태지역의 평화와 안전을 촉진할 조치를 취하기로 했다. 양측은 '4자회담'을 비롯한 여러 경로를 통해 한반도의 긴장상태를 완화시키고, 53년에 맺은 정전협정을 평화협정으로 대체해야 한다고 보고 있다.

3. 最近有个惊人发现: 99%的年轻美眉都会光顾聊天室。这是我在研究多家机构对上网者的调查之后得出的结论。调查结果为, 上网人群的男女比例是 8:2 的样子, 学历结构大专以上的占总数的 95%。

 최근에 놀라운 사실을 알게 되었다. 99%의 젊은 여성들이 인터넷 대화방에 들어갈 줄 안다는 것이다. 이것은 내가 네티즌을 대상으로 여러 기구에서 조사한 것을 연구한 후 얻어낸 결론이다. 조사 결과는 다음과 같다. 네티즌 집단의 남녀 비율은 8:2 정도이고, 학력 구성도 대학 교육 이상의 고학력자들이 전체의 95%를 차지했다.

 젊은 여성들 99%가 인터넷 대화방에 들어간다는 놀라운 사실이 알려졌다. 이것은 네티즌을 대상으로 여러 기구에서 조사한 것을 연구한 후 얻은 결론이다. 조사 결과, 네티즌 집단의 남녀 비율은 8:2 정도이고, 학력 구성도 대학 교육 이상의 고학력자들이 전체의 95%를 차지하는 것으로 나타났다.

✚ '认为'의 관할 영역 판단　　07

긴 문장을 번역하다 보면 때론 술어동사 '认为', '以为', '说明', '指出' 등이 관할하는 영역이 어디까지인지 구분하기가 쉽지 않다. 아래 예를 한번 보자.

> ex 1. 看着自己的青年的肌肉，他以为【这只是时间的问题，这是必能达到的一个志愿与目的，绝不是梦想！】(【】는 '以为'의 관할 영역을 표시)
> 울끈불끈 솟아난 단단한 근육을 내려다보며,【이건 단지 시간 문제라고 생각했으며,】이 목표는 기필코 달성되고야 말리라고 다짐했다. 그것은 결코 몽상일 수 없었던 것이다.

예문(1)에서는 '以为'의 바로 뒤부터 마지막까지가 모두 동사 '以为'의 목적어인데, 위 번역문에서는 끊어서는 안 될 자리에서 끊었다. 제대로 다시 번역한다면 다음과 같이 될 수 있다.

> ex 1-1. 그는 젊음이 꿈틀대는 자신의 근육을 바라보며 생각했다.【이건 시간 문제야. 이 목표는 틀림없이 이룰 수 있는 거야. 결코 괜한 몽상이 아니라고!】

번역서에서 발췌한 또 다른 예를 보자.

> ex 2. 研究者都认为【他是一个有才干的、开明的和较为清廉的封建政治家，又是严禁鸦片、坚决抗英的爱国主义者，是近代中国放眼看世界的第一人。】但是，……。
> 연구자는 모두【그를 재능이 있고 진보적이며 비교적 청렴한 봉건정치가로】인식하고 있다.【또 그가 아편을 엄금하고 영국에 굳세게 항거한 애국주의자이며, 트인 안목으로 세계를 바라본 근대 중국의 첫 번째 사람이라고】인식하고 있다.

술어동사가 목적어 앞에 위치하는 중국어에서는 동사의 목적어가 길고 구조가 복잡해도 의미 전달에 무리가 가지 않는다. 하지만 한국어에서는 술어동사가 문장 끝에 위치하기 때문에 목적어가 지나치게 길면 좋지 않다. 그래서 예문(2)처럼 '认为'에 긴 목적어가 오는 경우 자칫하면 오역을 하기 쉽다.

위 번역문에서 우리는 번역가의 고심을 엿볼 수 있다. 이 번역가처럼 술어동사의 목적어에 해당하는 부분을 끊어 번역하는 것도 한 방법이 될 수 있다. 그런데 끊은 곳이 틀렸다. '又是严禁……' 앞이 아니라 세 번째 단일문 '是近代中国……' 앞에 끊어야 한다. 또한 첫 번째, 두 번째 단일문과 세 번째 단일문과의 관계는 병렬관계가 아닌 인과 관계이다. 문맥을 살펴보면, '……이기 때문에 그래서 그는 근대 중국의 첫 번째 사람이다'의 의미를 나타내고 있음을 알 수 있다. 뿐만 아니라 술어동사 '인식하다'를 두 번이나 반복한 것도 문장이 매끄럽지 못하다는 느낌을 줄 수 있다. 위 예문을 다시 번역해 보자.

> ex **2-1.** 번역1 연구자들은 한결같이 【그를 재능이 있고 진보적이며 비교적 청렴한 봉건정치가이자 아편을 엄금하고 영국에 굳세게 항거한 애국주의자로】 인식하였다. 【근대 중국에서 트인 안목으로 세계를 바라본 첫 번째 사람으로】 여긴 것이다.
> 번역2 …… 비교적 청렴한 봉건 정치가이자 아편을 엄금하고 영국에 굳세게 항거한 애국주의자로, 그리고 근대 중국에서 트인 안목으로 세계를 바라본 첫 번째 사람으로 여겼다.

다른 예를 보자.

> ex **3.** 有的研究者也不以为然, 认为【龚自珍的改革思想是空前尖锐的农民与地主之间阶级斗争的产物, 而不是资本主义因素发展的结果; 是为了挽救封建统治危机, 而不是争取资产阶级的东西, 只能是地主阶级改革派的思想家。】
> 어떤 연구자들은 그렇게 생각하지 않는다. 그들은 【龚自珍의 개혁사상이 공전의 첨예한 농민과 지주간의 계급투쟁의 산물이지, 자본주의적 요소가 발전한 결과는 아니라고】 여긴다. 【봉건통치의 위기를 구하기 위해서이지 자산계급적인 것을 쟁취한 것이 아니며, 龚自珍이 지주계급 개혁파의 사상가일 수밖에 없다는 것이다.】

위 번역문은 절과 절의 관계 설정이 모호하다. 원문을 분석해 보면 마지막 절과 앞부분과의 관계는 인과관계로, '……쟁취하기 위한 것은 아니기 때문에 그래서 그를 ……라 할 수밖에 없다'의 의미이다. 여기에 맞추어 번역하면 다음과 같다.

ex 3-1. 어떤 연구자들은, 【龔自珍의 개혁사상은 농민과 지주간의 전에 없이 격렬한 계급투쟁의 산물이지 자본주의적 요소가 발전한 결과는 아니며, 또한 봉건통치의 위기에서 벗어나기 위해서이지 자산계급적인 그 어떤 것을 쟁취하기 위한 것은 아니라고】 생각한다. 【지주계급 중에서 개혁파에 속하는 사상가일 뿐이라는 것이다.】

번역 연습

(1) 她们不愿降低要求, 为结婚而结婚, 和自己并不相爱的人勉强组织一个家庭。

(2) 这几年越来越多的青年学生想出国留学, 可是政府规定, 正在功读硕士学位的研究生不能申请留学, 已经毕业的研究生也要工作两年后, 才有资格申请自费留学。

명사문의 남용

08

다음 예는 일본에서 많이 쓰는 표현을 우리말에서 그대로 직역한 일본식 문장이다.

ex 1. 중간적인 단계에서의 문화는 혼합 문화의 형태를 취하게 된다.
⇒ 중간 단계의 문화는 혼합 문화의 형태를 취하게 된다.

2. 산과 바다에서의 심리 상태
⇒ 산과 바다에 있을 때의 심리 상태

위 문장들을 보면 번역문에서 지나친 명사문을 남용하는 것은 좋지 않음을 알 수 있다. 다음은 영어 직역문에서 나온 표현이다.

ex 3. 육지에서의 개발제한구역
⇒ 육지의 개발제한구역
⇒ 육지에 지정한 개발제한구역

4. 두 사람은 주점의 2층에서의 살림을 그만두고 ……
⇒ 두 사람은 주점의 2층에서 시작한 살림을 그만두고 ……

이러한 표현들은 이미 우리말로 고착화되어 쓰이고 있는 실정이다. 특히 문장 표제나 논문 제목 등에 많이 나타난다. 중국어를 번역할 때에도 마찬가지이다. 특히 '(在)……中的……'와 같은 구조를 번역한 문장을 보면 이런 표현을 흔히 보게 된다.

ex 5. 汉字在朝鲜书面语中的地位
한자의 조선어 서면어에서의 지위
⇒ 한자가 조선어 서면어에서 차지하는 비중

6. 这就是党在建筑部门的基本方针。
이것이 건설 부문에서의 당의 기본 방침이다.
⇒ 이것이 건설 부문에서 당이 세운 기본 방침이다.

7. 公司对两个外国员工的希望很大。
회사의 두 외국인 직원에 대한 기대는 크다.
⇒ 회사에서 두 외국인 직원에게 거는 기대는 크다.

예문(5)~(7)을 보면 '-에서의'나 '-에 대한'을 사용한 번역문보다 '차지하는', '세운', '거는' 등의 동사를 첨가하여 번역한 문장이 이해하기가 훨씬 쉬움을 알 수 있다. 위의 경우처럼 특정 어구를 보충하여 번역할 때에는, 그 어구가 '的' 뒤의 명사와 호응을 이루는지를 고려하여 선택해야 한다.
독자에게 좀더 쉽게 의미를 전달하기 위해서는 아예 원문의 명사구를 술어로 풀어서 번역할 수도 있다.

ex 8. 恋爱婚姻方面的挫折，往往在事业上得到了补偿。
연애나 결혼에서의 좌절은 종종 일에서 보상받는다.
⇒ 연애나 결혼에서 좌절한 뒤에 일을 통해서 보상받는 경우가 많다.

이러한 특징도 한중번역을 보면 좀더 쉽게 이해할 수 있다. 예문(9)를 보면 한국어에서는 동사 '나타나는'이 사용되었지만 중국어에서는 동사가 없는 명사형을 사용하였다.

ex 9. 이민정책에서 나타나는 이 같은 개방성의 차이가 오늘날 양측이 보여 주는 현격한 경제적 활력의 차이를 낳게 한 요인 가운데 하나가 아니냐고 심각하게 따지는 유럽인들이 점점 늘고 있는 모양이다.
为此，越来越多的欧洲人开始怀疑，这种移民政策上的开放之差，是不是造成现在双方悬殊的经济活力差距的原因之一。(「중앙일보」韩中对译)

번역 연습

(1) 要坚决克服政治学习中的形式主义倾向，以保证职工有更多的业余时间学文化、学技术。

(2) 佛教对于中国哲学的影响又是一个问题。

문맥에 따른 단어나 구의 활용   09

 첨가하기

원문에 있는 단어만으로 매끄럽게 번역하기 어려울 때가 있다. 이런 경우에는 원문에 없는 단어나 구를 첨가해야 한다.

1. 国家、生产单位和生产者个人的根本利益是一致的, 形成了一种新型的社会主义相互关系。
   국가나 생산 업체나 생산자 개인이나 할 것 없이 그 근본적 이익은 일치하므로 이들 사이에 새로운 형태의 사회주의 상호관계가 이루어진 것이다.

2. 中国方面愿意同英国通过谈判解决香港问题, 主要是考虑到中英之间的友好关系, 并不意味着在主权问题上有什么讨价还价的馀地。
   중국측이 영국측과 교섭을 통해서 홍콩문제를 해결하려고 하는 것은 주로 중영간의 우호관계를 고려한 것이지 주권문제를 둘러싸고 무슨 거래의 여지가 있음을 의미하는 것은 아니다.

예문(1)의 번역에서 '이들 사이에'라는 말이 없을 경우 새로운 사회주의적 관계를 형성하는 주체가 누구인지 잘 알 수가 없다. 예문(2)에서는 '둘러싸다'라는 동사를 첨가함으로써 의미를 더 분명히 했다.

3. 为什么? 帝国主义还存在, 国内反对派还存在, 国内阶级还存在。
   왜 그런가? 그것은 제국주의가 아직 존재하며 국내에 반대파가 아직 존재하고 계급이 아직 존재하기 때문이다.

4. 人的认识, 主要地依赖于物质的生产活动, 逐渐地了解自然的现象、自然的性质、自然的规律性、人和自然的关系。
   인간의 인식은 주로 물질적 생산 활동에 의거한다. 인간은 이것을 통하여 자연의 현상이나 성질, 자연의 규칙성, 그리고 인간과 자연과의 관계를 점차 이해하게 된다.

예문(3)의 '为什么' 뒤에 이어지는 문장은 이유를 설명하는 내용이 와야 하기 때문에 '그것은 …… 때문이다'라는 말을 첨가해야 논리에 맞다. 예문(4)에서 문장 표면에 나타난 주어는 '认识'이다. 그러나 두 번째 문장에서는 물질적 생산활동의 전제하에 자연현상과 사회현상을 점차 인식하게 되는 인식의 주체인 인간을 서술하였다. 만약 이런 논리적 관계를 이해하지 못하고 표면에 나타난 주어 '认识'를 전체 문장의 주어로 번역한다면 논리적으로 맞지 않게 된다. 그래서 번역에서는 '인간은 이것을 통하여'라는 말을 보태어 두 번째 문장의 주어가 '인간'이 되게 하였다. 다음 예에서도 번역문에 주어를 첨가해야만 문법관계가 분명하게 된다.

ex
5. 每逢到了星期六, 这里可以说是盛况空前, 据说, 这里的交易范围可以直达中南五省! 当然, 是非法的。(『羊的门』)
…… 이곳의 거래는 그 범위가 중남부 다섯 개 성에까지 미친다고 한다. 물론 그 거래는 불법이었다.

6. 灰白色的沈重的晚云中间时时发出闪光, 接着一声钝响, 是送灶的爆竹; ……。(『祝福』)
무겁게 드리운 잿빛 밤 구름 사이로 간간이 불빛이 반짝이고, 이어 둔탁한 소리가 나곤 했는데 그것은 조왕신을 전송하는 폭죽소리였다.

7. 但有一件小事, 却于我有意义, 将我从坏脾气里拖开, 使我至今忘记不得。(『一件小事』)
그러나 한 가지 사소한 사건만은 나에게 자못 뜻깊다. 그 사건은 나를 나쁜 성격으로부터 벗어나게 해 주었기에 나는 지금까지 그 일을 잊을 수가 없다.

예문(5), (6)에서 '是' 이하는 선행문에 대한 설명 부분이다. 예문(5)의 번역문에서는 '그 거래는/그것은'을 첨가하는 것이 좋다. 예문(6)의 번역문에서도 '그것은'을 첨가해야 한다. '是' 앞부분에서 문장을 끊어줄 경우에는 '그것은'을 첨가할 필요 없이 '…… 둔탁한 소리가 나곤 했다. 조왕신을 전송하는 폭죽소리였다.'로 표현할 수도 있다. 예문(7)에서도 '그 사건은'을 첨가하지 않으면 문법관계가 불분명해진다.

다음으로는 번역문에 목적어를 첨가하는 경우를 보자. 앞의 '주어 첨가'도 마찬가지지만 문장에 따라서는 생략된 주어나 목적어가 무엇인지 문맥상 쉽게 알 수 있어 특별히 첨가해 주지 않아도 의미 전달에는 아무런 문제가 없지만 구조상으로는 결함을 지니게 되는 경우가 많다.

ex 8. 我们不论认识什么事物，都必须全面地去看，不但要看到它的正面，也要看到它的反面，否则，就不能有完全的和正确的认识。
어떠한 사물이든지 그것을 인식하자면 반드시 전면적으로 살펴봐야 한다. 긍정적인 면도 보아야 하고 부정적인 면도 보아야 한다. 그렇지 않으면 그 사물을 완전히 정확하게 인식할 수 없다.

9. 细菌微小，用肉眼看不到，而且到处蔓延，要想完全避开是非常困难的。
세균은 미세하여 육안으로 볼 수도 없는 데다가 도처에 퍼져 있기 때문에 그것을 완전히 피한다는 것은 어려운 일이다.

이와 같이 문장에서 주어나 목적어가 빠지는 현상은 특히 이중언어사용자(중국동포)의 번역문이나 창작글에서 많이 나타난다. 그 실례를 들어 보았다.

ex 10. 팔달령장성의 관성으로부터 남쪽까지의 구간을 남사루(南四楼)라 하고 그 이북의 구간을 북사루(北四楼)라 하는데, 만리장성의 진수에 해당되는 부분이다.(번역서에서)

11. 노예제 사회인 하·상대의 노예는 주인이 죽으면 거느리던 노예와 가축 등을 무덤에 함께 묻었는데, 순장(殉葬)이라 한다.

이중언어사용자는 중한번역에서 한국인보다 원문의 영향을 더 많이 받는다. 예문 (10)에서는 주어 '이 두 성은'이 빠졌다. 예문(11)에서는 목적어 '이를'이 빠졌다. 의미 전달에는 문제가 없지만 구조상으로는 분명히 결함을 지닌 문장이다.
이번에는 하나의 관형어가 여러 개의 대상을 수식하는 경우를 보자. 중국어에서는 하나의 관형어가 두 개의 중심어를 수식하는 형태를 많이 볼 수 있는데, 이러한 경우를 한국어로 직역하게 되면 그것이 두 개의 중심어를 다 수식하는지, 아니면 그중 하나를 수식하는지 잘 구별되지 않는다. 다음 예를 보면 이를 쉽게 이해할 수 있다.

ex 12. 国营的工业和商业，都已经开始发展，它们的前途是不可限量的。
국영공업이나 국영상업은 이미 발전하기 시작했으며 전망이 매우 밝다.

13. 希望卫生和教育当局注意改正这个缺点，以免发育中的学童的健康受到损害。
위생당국과 교육당국은 성장중인 아동이 건강을 해치지 않도록 이 문제점을 개선하는 데 관심을 가져야 한다.

예문(12)의 원문에서 앞뒤 문맥을 살펴보면 관형어 '国营'이 '工业'과 '商业'를 모두 수식함을 알 수 있다. 따라서 번역문에서는 '상업' 앞에 '국영'이라는 단어를 첨가해 주어야 한다. 예문(13)에서도 마찬가지로 '当局'가 '卫生'과 '教育' 모두를 수식하기 때문에 '위생' 뒤에 '당국'이라는 말을 첨가해야 한다.

중국어 '……的……'의 구조를 '～의 ～'로 번역하면 중의성이 생길 수도 있다. 이를 피하기 위해서는 '～의' 대신에 '～에 대한', '～에 의한'과 같은 표현으로 바꾸어 주어야 한다.

ex **14.** 重视和加强中青年知识分子的工作, 充分调动他们的积极性。
중・청년 지식인에 대한 교육을 중시하고 강화하여 그들의 적극성을 충분히 동원해야 한다.

15. 红军人员的物质分配, 应该做到大体上的平均, 糰如官兵薪饷平等, 因为这是现时斗争环境所需要的。
번역1 홍군 구성원에 대한 물질 분배는 대체로 균등하게 해야 한다. ……
번역2 홍군에게 지급되는 물자는 대체로 균등하게 분배되어야 한다. ……

16. 中国共产党在领导中国各族人民为新民主主义而斗争的过程中, 经历了国共合作的北伐战争, 土地革命战争, 抗日战争和全国解放战争这四个阶段。
중국 공산당은 중국의 여러 민족 인민들을 이끌고 신민주주의를 위한 투쟁을 하는 과정에서 국공합작에 의한 북벌전쟁, 토지혁명전쟁, 항일전쟁, 전국해방전쟁 등 4단계를 거쳤다.

예문(14), (15)의 원문에는 '对'가 없지만 번역문에는 '에 대한'을 첨가하였다. 예문(16)에서는 '国共合作的北伐战争'의 의미를 명확하게 나타내 주기 위해 '에 의한'을 첨가하였다.

번역문에서는 때때로 독자의 이해를 돕기 위해 원문에 없는 표현을 넣기도 한다. 다음의 예를 보자.

ex **17.** 幸而写得一笔好字, 便替人家钞钞书, 换一碗饭吃。可惜他又有一样坏脾气, 便是好喝懒做。坐不到几天, 便连人和书籍纸张笔砚, 一齐失踪。(『孔乙己』)

……안타깝게도 그는 술을 좋아하고 일하기 싫어하는 고약한 버릇을 가지고 있었다. 책 베끼기를 시작한지 며칠 안 가서 사람도 지필묵도 없어지곤 하였다.

18. 我从北京到徐州, 打算跟着父亲奔丧回家到徐州见着父亲, 看见满院狼藉的东西, 又想起祖母, 不禁簌簌地流下了眼泪。(『背影』)
나는 장례를 치르기 위해 아버지를 따라 집에 가려고 베이징에서 쉬저우로 떠났다. 쉬저우에 도착해 아버지를 뵙고 나서, 뜰안 가득 어지러이 널려 있는 가재도구들을 보니 생전에 깔끔하셨던 할머니 생각에 그만 눈물이 주르륵 흘러내렸다.

예문(17)의 번역에서 '책 베끼기를 시작한지'를 첨가하지 않으면 문장간의 의미 연결이 전혀 이루어지지 않는다. 예문(18)의 경우, 단어 첨가 없이 '…… 뜰안 가득 가재도구들이 어지러이 널려 있는 것이 보였다. 또 할머니 생각이 나서 나도 모르게 눈물이 났다.'로 번역할 경우 독자는 왜 그가 갑자기 할머니 생각이 나게 되었는지 그 이유를 알 수 없다. 그래서 독자의 이해를 돕기 위해 '생전에 깔끔하셨던'을 첨가한 것이다.

 생략하기

이 단원에서는 '생략하기'를 배워 보자. 매끄러운 번역문을 만들기 위해서는 군더더기 단어는 빼 주는 것이 좋다.

19. 年轻人不再愿意和老年人住在一起, 他们要独立, 要自由地建立自己的小家庭。
젊은이들은 더 이상 노인들과 함께 살려고 하지 않고 따로 나가서 자유로이 자신들만의 가정을 꾸미려고 한다.

20. 美国从"信仰自由"这一原则出发, 教室里不悬挂十字架, 也没有宗教活动时间。
미국은 '신앙의 자유'라는 원칙에서 교실에 십자가를 걸지 않는다. 또한 종교활동 시간도 없다.

21. 镇流器质量的好坏，对日光灯的特性有很多的影响。
    안정기의 좋고 나쁨은 형광등의 특성에 큰 영향을 미친다.

22. 为了解决公害问题，要探讨是否需要处理排放污水和排放废气的问题。
    공해문제에 대처하기 위해서는 오염수와 폐기물의 배출 처리가 필요한지를 검토해야 한다.

23. 女人孩子们都在自己的门口的土场上泼水，放下小桌子和矮凳；人知道，这已经是晚饭时候了。
    여자들과 아이들은 자신들의 집 앞마당에 물을 뿌린 뒤 작은 탁자와 걸상을 갖다 놓았다. 이제 저녁시간이었다.

24. 半边儿大摇大摆地到老头家去了。带了蒸笼、绳子、鼓、锣，又抓上一把跳蚤，还带了硫黄去。
    반쪽이는 어슬렁어슬렁 영감 집으로 갔지. 떡시루, 노끈, 북, 꽹과리에다 벼룩 한 줌에 유황까지 가지고 갔어.

25. 中国是弱国，所以中国人当然是低能儿，分数在六十分以上，便不是自己的能力了：也无怪他们疑惑。但我接着便有参观枪毙中国人的命运了。(『藤野先生』)
    중국은 약한 나라이므로 중국사람은 두말할 것도 없이 저능아이다. 그러니 점수를 60점 이상만 맞으면 자기 실력이 아닌 것이다. 이렇게 볼 때 그들이 의혹을 가지는 것은 당연했다. 뒤이어 나는 중국사람을 총살하는 장면을 보아야 할 운명에 처해졌다.

대체하기

단어는 때때로 하나의 고정된 의미에서 벗어나서 문맥에 맞는 새로운 의미로 바꾸어 주어야 한다. 때때로 직접 한국어 단어로 번역하기 어렵거나 대응되는 한국어 단어를 찾기 어려울 때가 있기 때문이다. 또한 대응되는 단어가 있다 하더라도 문맥에서 그다지 적합한 표현이 아닐 경우에는 의미를 통하게 해 주는 다른 단어로 바꾸어야 한다.

ex 26. 他们还会互相勾结在一起，用各种可能的方法，反对中国人民。
    그들은 차후 서로 결탁하여 여러 가지 가능한 방법으로 중국인민에 대항할 것이다.

예문(26)의 경우 '反对'의 기본의미는 '반대하다'지만, 문맥상 '반대하다'보다는 '대항하다'가 앞절의 '결탁하여'와 더 잘 어울리기 때문에 '대항하다'로 번역해 주었다.

두 언어간 표현 기법상의 차이로 중국어의 긍정 형태가 한국어에서는 부정 형태나 이중부정의 형태로 나타나기도 한다.

ex 27. 两天来，他日夜赶路，原想在今天赶上大队的，却又碰上了这倒霉的暴雨，耽误了半个晚上。
그는 꼬박 이틀째 밤낮으로 걸었다. 원래 오늘은 대대를 따라잡으려고 했으나 재수 없이 소나기를 만나 하룻밤을 더 지체하지 않으면 안 되었다.

28. "叔"小姑娘见我看她，也站住了，大大方方地问我: "买鹅吗?"。
"아저씨!", 소녀는 자기를 쳐다보는 나의 눈길을 느꼈는지 걸음을 멈추고 대범하게 물었다. "거위 안 사시겠어요?"

29. 凡事须得研究，才会明白。
무슨 일이든 연구하지 않으면 확실히 알 수 없다. (무슨 일이든 연구를 해 봐야만 알 수 있다.)

원문에서는 피동의 뜻이 없으나 번역문에서는 '피해를 입다'라는 의미가 나타나게 번역하기도 한다.

ex 30. 他是个硬汉子，失业后，一声不响，把最后拿到的几个薪金，交给老婆安家。
그는 꿋꿋한 남자다. 해고를 당하고 나서 한 마디 불평도 하지 않고 마지막으로 받은 얼마 안 되는 돈을 아내에게 살림을 꾸리라고 건네주었다.

31. 几年下来，赚的一点手工钱，除了还利息、交税，自己弄得快要光屁股了。
몇 년 동안 번 약간의 품삯은 빌린 돈의 이자랑 세금으로 떼이고 자신은 빈털털이가 될 지경이었다.

중국어에서는 앞문장에서 언급한 명사를 뒷문장에서 다시 언급할 경우 동일명사를 사용하는데, 한국어에서는 이 경우 지시대명사로 바꾸어 주어야 한다.

ex 32. 这些话，充分反映了这个国家年轻一代的共同志向和气质。他们决心把自己的智慧、精力和技术毫无保留地献给祖国的四化建设，把自己青春的希望和幸福同祖国的四化建设联系起来。
바로 이 말들 속에는 자신들의 슬기와 정력과 기술을 조국의 현대화 건설에 아낌없이 바치고, 청춘의 희망과 행복도 이와 결부시키려는 이 나라 젊은 세대들의 한결같은 의지와 기백이 담겨 있다.

33. 我们是从国外买进原料制成商品，并把商品卖到外国以求一亿国民之生计的。
우리들은 외국에서 원료를 사들여서 상품을 만들고, 이것을 다시 국외로 팔아 1억 국민의 생계를 해결한다.

단어나 구를 사전적 의미로만 번역할 경우 문장의 의미가 구체적으로 전달되지 않거나 논리구조에 맞지 않게 된다. 다음의 예를 보자.

ex 34. 那可是些带有毛刺的草绳啊！可是，对呼家堡来说，这绳床是有纪念意义的。这张绳床的床帮是槐木，很结实，它已有四十年的历史了，……。(『羊的门』)
게다가, 이 침대는 가시가 있는 풀로 엮어서 만들었다. 이렇게 보잘것없는 침대지만 呼家堡에서는 기념비적인 것으로, 40년의 역사를 가지고 있다.
(김희옥 譯)

'可是'를 단어의 의미대로 번역하면 문장 간에 의미 연결이 이루어지지 않는다. 독자의 입장에서 보면 뒷문장에서 왜 갑자기 이 같은 내용이 나오는지 의아스럽다. 그래서 번역문에서는 '그러나'를 '이렇게 보잘것없는 침대지만'으로 바꾸어 앞뒤 연결이 자연스럽게 이루어지도록 했다. 다음의 예문들도 같은 경우이다.

ex 35. 他少年出外谋生，独立支持，做了许多大事。那知老境却如此颓唐！(『背影』)
어려서부터 생계를 위해 집을 떠나 홀로 생활을 지탱해 가면서 마른일 궂은일 가리지 않고 해 온 아버지였건만 늘그막에 이토록 볼품 없이 될 줄이야!

36. 那坐在后面发笑的是上学年不及格的留级学生，在校已经一年，掌故颇为熟悉的了。(『藤野先生』)
뒤에 앉아 킥킥거리는 학생들은 낙제생들인데, 학교에 온 지도 1년씩이나 되어 학교사정을 제법 잘 알고 있었다.

37. a. 他们之间虽然也闹矛盾, 可闹过就完了, 谁都不搁在心上。
그들 사이에 의견충돌이 생길지라도 다투고 나면 그것으로 그만이지 누구도 마음에 담아두지 않는다.

b. 听说, 他们两个闹矛盾了。
걔네들은 사이가 틀어졌다면서.

c. 他与县委书记王华欣的矛盾就是从这里开始的。说起来, 那也是一件很小的事。
그와 县 당위원회 서기 王华欣과의 갈등은 여기서 시작되었다. 사실은 그것도 아주 사소한 일이었다.

38. 不能把上级负责人同上级划等号, 不能把个人的东西都当作必须坚决奉行的东西。
상급책임자 개인을 상급과 동일시해서는 안 되며, 개인의 생각을 모두 단호히 집행해야 하는 명령으로 간주해서도 안 된다.

39. 实践证明, 改革开放既是社会主义制度的自我完善, 又是建设有中国特色的社会主义, 实现中国社会现代化的必由之路。
그 동안의 실천과정에서 증명된 바와 같이, 개혁·개방은 사회주의 제도 자체의 보완이자 중국적 사회주의의 건설이며 중국사회의 현대화 실현을 위해 반드시 가야 할 길이다.

예문(35)에서 '大事'를 글자 그대로 '큰 일'로 번역하면 독자는 '小事'에 반대되는 개념의 '어떤 큰 사건'의 의미로 받아들이게 된다. 예문(36)의 '掌故'의 사전적 의미는 '연혁', '역사적 사실'이나 여기서는 '학교사정'으로 번역하는 게 좋다. 예문(37)의 '矛盾'은 '모순(일의 앞뒤가 서로 맞지 않음)'의 뜻 외에도 '(해결해야 할) 문제', '갈등', '(구성원 사이의) 다툼' 따위의 다양한 의미를 나타낸다. 예문(38)에서 앞의 '东西'는 '생각', '의견'으로 번역하고 뒤의 '东西'는 '명령'이나 의존명사 '-것'으로 번역하는 것이 좋다. 예문(39)에서 '自我'의 사전적 의미는 '자아', '자기 자신'이고 '完善'의 사전적 의미는 '완전하다', '완전하게 하다'이다. 그것을 각각 '자체'와 '보완'의 의미로 바꾸어 주는 게 더 적절하다.

다음에 주어지는 예들도 먼저 스스로 번역한 후에 주어진 번역문을 보면서 단어나 구를 대체하는 연습을 해 보도록 하자.

ex 40. 有个大学生胜利的, 准备往美国留学, 因为在上海等船没趣味, 就到抗州玩西湖。(『倪焕之』)

……, 상하이에 와서 배를 기다리자니 하도 심심해서 항저우에 가서 시후를 구경하게 됐다네.

41. 我离开仙台之后，就多年没有照过相，又因为状况也 无聊, 说起来无非使他失望，便连信也怕敢写了。(『藤野先生』)
하지만 센다이를 떠난 뒤 나는 여러 해 동안 사진을 찍지 않았다. 게다가 나의 처지가 한심해서 그에게 소식을 전해 봤자 실망만 안겨 줄 것이므로 편지마저 쓸 자신이 없었다.

42. ……, 临走的时候，荷花留在大学生的房间里；据说这是有意的，她特地排个再见的 题目。(『倪焕之』)
……. 이것은 의도적인 것 같아. 그 여자가 다시 만날 핑계거리를 만들어 놓은 것일세.

짝찾기

"짚신도 제 짝이 있다."라는 속담처럼 단어와 단어 간에도 맞는 짝이 있다. 다음의 예문들을 보면서 '단어의 호응'이 번역에서 어떻게 적용되는지 살펴보자.

ex 43. 取消经济建设
경제건설을 취소하다 ⇒ 경제건설을 중지하다 / 그만두다

44. 挽救封建统治危机
봉건통치의 위기를 구하다 ⇒ 봉건통치의 위기에서 벗어나다

45. 严重的社会问题
엄중한 사회문제 ⇒ 심각한 사회문제

46. 深刻的印象
심각한 인상 ⇒ 강한 인상

47. 人民的生活不断提高
국민의 생활이 계속 향상되었다 ⇒ 국민의 생활수준이 계속 향상되었다

위의 예에서 알 수 있듯이 오역의 원인은 주로 단어와 단어 사이의 의미적 연결관계

를 고려하지 않고 원문의 대응어(한자어)를 그대로 직역하여 사용하는 데 있다.

예문(43)의 번역 '경제건설을 취소하다'에서 목적어 '경제건설'과 동사 '취소하다'는 호응관계가 맞지 않다. '취소하다'라는 동사는 '자격', '결정'과 같은 목적어와는 호응을 이루지만 '경제건설'과 어울리지 않는다. 따라서 '취소하다'를 '중지하다', '그만두다'로 바꾸어 줘야 한다. 예문(47)의 경우에는 '생활'을 '생활수준'으로 바꾸든지 '국민의 생활이 계속 좋아졌다'로 바꿔야 한다.[주3]

번역 연습

(1) 他的失职给国家造成很大损失。
(2) 这家公司的职员，只要失职过一次，就会被解雇。
(3) 我对这种作法很有意见。
(4) 你在哪儿工作？—— 我在公司工作，当经理。
(5) 这篇文章他翻译得很不错。
(6) 他的文化程度已经达到了大学的水平。
(7) 矛盾既然已经被认识，那就有可能被解决。我和荆夫都期待着你的矛盾早日解决。
(8) 人脑同时考虑多种事情的能力是很弱的，但电计算机即使在这种情况下，也能正确地进行处理。[목적어 첨가]
(9) 你们除了学做衣服的知识，还学别的吗？[단어 삭제]
(10) 在广州，那些没有第二职业的人被人们看做懒人，看做没有能力的人。
(11) 今天下午打扫环境卫生。[의미 전환]
(12) 我费了九牛二虎之力，还是没有说服他。[의미 전환]
(13) 他整天为了生活去奔命。

주3 이러한 오역은 중한사전의 단어 해석에서 대응어가 없을 경우에도 흔히 나타난다. 실제로 『中韓辭典(高麗大學校民族文化研究所 刊)』에 나오는 '取消'라는 단어를 찾아보면, 이에 대응하는 단어로는 '취소하다', '제거하다', '없애다'의 뜻만 있고 '중지하다'의 뜻은 없다. '挽救' 또한 '구하다'라는 뜻만 있다.

⑭ 对这种经营作风，大家提了很大意见。

⑮ 此外还有数量不小的游民无产者，为失了土地的农民和失了工作机会的手工业工人。

⑯ 所以，现在我们搞四个现代化，急需培养、选拔一大批合格的人才。

⑰ 听人家背地里谈论，孔乙己原来也读过书，但终于没有进学，又不会营生；……

⑱ 他去活动活动，准能要回来。

⑲ 今天下午工会有活动。

⑳ 他们不但组织了武装力量进行军事上"围剿"而且在经济上实行残酷的封锁政策。

첨삭 지도

1. 说明会上，韩国代表就韩国目前旅游状况、旅游产品及中国公民赴韩签证制度等方面的情况作了详细说明。

   예시번역 설명회에서 한국 대표는 한국의 현 관광 실태와 관광 상품 및 중국인의 한국 방문 비자제도 등의 상황에 대해 상세히 설명했다.

   첨삭 설명회에서 한국 대표는 한국의 현 관광 실태와 관광 상품 및 중국인의 한국 방문 비자 제도 등에 대해 상세히 설명했다.

2. 我先生的工作十分辛苦，下班回到家里没办法好好清静一下，于是他便经常独自一人走出家门去"散心"。面对这些来访者，我很矛盾：一方面我理解那些远来的求职者的心情，想方设法帮他们找工作；一方面又十分害怕他们来找我。

   예시번역 남편의 일은 매우 힘든데, 퇴근해서 집에 돌아와도 편안하지 않아 곧잘 집 밖으로 홀로 나가서 '기분을 전환했다'. 방문객들을 대할 때 내 마음은 모순되었다. 한편으로 내가 멀리서 온 구직자의 마음을 이해해 그들이 일자리를 찾는데 온갖 방법을 다 동원해 도우려고 하는 것이고, 다른 한편으로는 그들이 우리를 찾아오는 것이 아주 두려웠다.

 남편은 힘든 일을 끝내고 집에 와도 조용히 쉴 수가 없어 늘 혼자 밖에 나가 기분을 풀곤 했다. 집에 찾아온 손님들을 대할 때 내 마음은 혼란스러웠다. 일자리를 구하러 멀리서 찾아온 그들을 생각하면 어떻게든 일자리를 구해 주고 싶지만 한편으론 우리를 찾아온 그들이 두렵기까지 했다.

3. 追求时髦的服装，在世界上是一种普遍的现象。在中国的"文革"时期，由于政治上的原因，服装上追求时髦的现象已基本消失。

 유행하는 패션을 따라가는 것은 세계적으로 보편적인 현상이다. 중국의 '문혁' 시기에는 정치적 원인으로 인해 패션이 유행을 따라가는 현상은 기본적으로 사라졌다.

 옷이 유행을 따라가는 것은 어느 나라에서나 있는 현상이다. 중국의 '문화대혁명' 시기에는 정치적 원인으로 옷이 유행을 따라가는 현상이 거의 사라졌다.

문장부호에 대한 정확한 이해는 필수!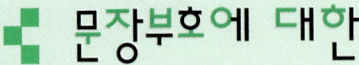

10

한국어의 문장부호 중 쉼표(休止符)에는 문장 안에서 짧은 휴지를 나타내는 반점 (,), 열거된 여러 단위가 대등하거나 밀접한 관계임을 나타낼 때 쓰는 가운뎃점(·), 내포되는 종류를 열거할 때 사용하는 쌍점(:) 등이 있다. 마찬가지로 중국어에도 다양한 문장부호가 있다. 이러한 문장부호를 정확히 이해하고 있지 않으면 단어, 구, 절 간의 관계를 제대로 파악하지 못해 오역이 나오기 쉽다. 이 단원에서는 중국어에서 흔히 사용하는 문장부호와 이들이 문장 안에 쓰였을 때 번역시의 주의점 등에 대해 살펴보기로 한다.

 중국어의 문장부호

한국어에도 여러 가지 쉼표가 있듯, 중국어에서 쓰이는 쉼표도 크게 네 가지로 구분된다. '逗号(,)', '顿号(、)', '分号(;)', '冒号(:)'가 그것이다. 이를 포함한 몇몇 문장부호의 세부 용법은 다음과 같다.

逗号 (,)

(1) 주어가 비교적 길거나 주어의 구조가 복잡할 경우

> 예 鲁迅杂文里的这种坚韧不拔的战斗精神, 是革命的坚定性和彻底性的集中表现。
> 루쉰 잡문에서 나타나는 이러한 불굴의 전투정신은 혁명의 확고함과 철저함을 집중적으로 표현한 것이다.

(2) 주어가 길지는 않으나 강조할 필요가 있을 경우

> 예) 柴，是他每天清早从深山里砍来的。
> 이 땔감은 그가 매일 이른 아침에 깊은 산중에서 베어 온 것이다.
>
> 我国农业现代化，不能照抄西方国家或苏联一类国家的办法，要走出一条在社会主义制度下合乎中国情况的道路。
> 우리 나라 농업 현대화는 서방 국가나 소련에서 하는 방법을 따라해서는 안 되며 사회주의제도 아래 중국 실정에 맞는 길을 가야 한다.

(3) 동작의 대상이 주어이고 술어가 주술구조일 경우

> 예) 这样新颖的款式，她还没有见过。
> 그녀는 이렇게 참신한 디자인은 아직 본 적이 없다.

(4) 목적어가 비교적 긴 주술구조나 복합문일 경우(동사와 목적어 사이에 사용)

> 예) 我相信，这一点是一定可以做到的。
> 나는 이것만은 반드시 해낼 수 있을 거라고 믿는다.
>
> 天文学家告诉我们，牵牛星和织女星永远没有相遇的机会。
> 견우성과 직녀성이 영원히 만날 기회가 없음을 천문학자들은 우리들에게 알려 주었다.

(5) 문두에 부사어가 나오는 경우

> 예) 在论文写作过程中，要培养严谨的治学态度和良好的作风。
> 논문을 작성하는 과정에서는 철저한 학문적 태도와 훌륭한 기풍을 배양해야 한다.

(6) 호칭어, 응대어, 삽입어, 그리고 '首先', '第一' 등과 같이 순서를 나타내는 단어 뒤에 사용

> 예) 近年出现了一些新科学，如科学学、哲学学之类，都有总结过去、开拓新域的性质。
> 근년 들어 과학학이나 철학학과 같은 새로운 과학이 생겼다. 이들은 과거를 총괄하고 새로운 영역을 개척하는 특성을 가지고 있다.
>
> 我看，这种担心是不必要的。
> 내가 보기에 그런 걱정은 할 필요가 없다.

(7) 복합문에서 절과 절 사이에 사용(가끔은 ' ; '를 사용)

> 예) 我的确时时解剖别人，然而更多的是无情面地解剖我自己。
> 나는 확실히 수시로 다른 사람을 분석한다. 그러나 나 자신을 냉철하게 분석할 때가 더 많다.

(8) 병렬관계의 어구 사이에 사용

> 예 朴素而人时的衣着，秀丽而庄重的仪表，使所有的学生折服了。
> 소박하면서도 유행에 맞는 의상, 그리고 수려하면서도 정중한 외모는 모든 학생들이 마음으로 따르도록 만들었다.

(9) '역접'이나 '결과' 등의 의미를 부각시키고자 할 때 관련 어구 뒤에 사용

> 예 因此，我们需要有越来越多的专门人才，但是，是不是说，我们现在就没有人才呢？
> 그래서 우리들은 더 많은 전문 인력이 필요하다. 그렇지만 우리가 지금 인재가 없는 건 아니지 않은가?

顿号(、)

- 문장 내부에서 병렬관계인 단어나 어구 사이에 사용

> 예 所有文艺工作者，都应当认真钻研、吸收、融化和发展古今中外艺术技巧，创造出具有民族风格的艺术形式。
> 모든 문예종사자는 고금의 국내외 예술기교를 진지하게 연구·흡수·융화하고 발전시켜 민족 풍격이 깃든 예술형식을 창조해야 한다.

> ※ 顿号는 서구 문자의 문장부호에서 빌린 것이 아닌 중국의 전통적인 문장부호이다. 한국어에서는 가운뎃점(·)으로 대치하는 경우가 많다. 한국어에서도 세로쓰기에서는 반점(,) 대신 顿号를 쓴다.

分号(；)

- 주로 복합문에서 병렬관계인 절 사이의 휴지를 나타내고자 할 경우

> 예 镇上的人们也仍然叫她祥林嫂，但音调和先前很不同；也还和她讲话，但笑容却冷冷的了。(「祝福」)
> 이웃 사람들도 여전히 그를 祥林아주머니라고 불렀으나 말투는 전과 달랐다. 여전히 그녀와 얘기를 나누었지만 웃음은 냉소적이었다.

冒号(：)

(1) '说', '想', '是', '证明', '认为' 등의 동사가 비교적 긴 목적어를 가질 경우, 비교적 긴 휴지를 나타냄으로써 독자가 목적어의 내용에 주의를 기울이도록 하고자 할 때

> 예 中国革命的经验表明：民族民主革命的任务，需要经过长期的反复的斗争才能

完成。

중국혁명의 경험이 보여 주듯이, 민족민주혁명은 오랜 기간 반복되는 투쟁을 통해서만 완성될 수 있다.

※ 이들 동사 뒤에 휴지가 없거나 목적어가 비교적 짧을 경우에는 冒号를 사용할 수 없다. 또한 이들 동사 뒤의 휴지가 길지 않을 경우에도 逗号를 쓴다.

(2) 뒷내용을 총괄하는 성격의 말이 나오고 뒤에 세부항목을 설명하는 경우, 총괄하는 말 뒤에 사용

> 예 文艺学的主要内容包括三个方面：文艺理论、文艺史和文艺批评。
> 문예학의 주요 내용에는 문예이론, 문예사, 그리고 문예비평이 포함된다.

(3) 앞에서 세부항목을 언급하고 이를 총괄하는 말이 나오는 경우, 총괄하는 말 앞에 사용

> 예 她是春天没有了丈夫的；他本来也打柴为生，比她小十岁：大家所知道的就只是这一点。(『祝福』)
> 그 여자는 지난 봄에 남편을 여의었다. 남편도 본래 나무하는 것이 업이었으며 자기보다 열 살 아래였다고 한다. 사람들이 아는 것은 이것뿐이었다.

※ 여기서 冒号 뒤의 '大家所知道的就只是这一点'은 선행문을 총괄한다.

破折号 (──)

(1) 해석·주석의 의미를 나타내는 말 앞에 사용

> 예 我国古代的三大发明──火药、印刷术、指南针对人类社会的进步有重要意义。
> 우리 나라 고대 삼대 발명품인 화약, 인쇄술, 나침반은 인류사회 발전에 중요한 의의를 지닌다.

※ '火药、印刷术、指南针'은 '三大发明'을 구체적으로 해석한 것이다.

(2) 화제나 담화 대상의 갑작스런 전환을 나타낸다.

> 예 "今天好热啊！──你什么时候去上海？"张强对刚刚进门的小王说。
> "오늘은 정말 더워! 아참, 상하이에는 언제 가니?" 张强은 이제 막 들어온 小王에게 말했다.

기타 문장부호

이 외에도 중국어에서는 한국어의 문장 끝에 쓰이는 온점(.) 대신에 句号라고 부르는

고리점(。)을 쓴다. 한국어에서도 이전의 세로쓰기에서는 고리점을 썼다. 또한 중국어에서는 문장을 인용할 경우뿐 아니라 단어나 구를 강조할 때에도 큰따옴표(" ")를 많이 쓰는데, 이를 한국어로 번역할 때에는 작은 따옴표(' ')를 써 주어야 한다.

 번역 실전

이제 앞에서 배운 문장부호에 대한 지식을 실제 번역에 적용시켜 보자.

 1. 我国著名产鱼区之一——山东省烟台地区渔民们正广撒鱼网, 忙捕鱼虾。
우리 나라의 유명한 어업 생산지의 하나인 산동성 옌타이지역 어민들은 지금 어망을 쳐 고기와 새우를 분주히 잡고 있다.

여기서 '——'는 앞의 내용에 대해 부연하는 말 앞에 사용한 것이다. 한국어에서는 중국어와 달리 긴 관형어를 가질 수 있기 때문에 '——' 앞의 내용을 수식어로 처리하여 번역하였다.
중국어에서도 같은 내용을 말로 할 경우에는 다음과 같이 '——' 대신에 '的'를 첨가하여 표현할 수 있다. (이 문장을 소리 내어 읽을 때에는 '的' 뒤에 긴 휴지를 둘 수 있기 때문에 정확하게 의미전달이 되지만, 글로써 이렇게 표현하면 부자연스러운 문장이 된다.)

1-1. 我国著名产鱼区之一的山东省烟台地区渔民们正广撒鱼网, 忙捕鱼虾。

예문(1)은 '——' 앞의 내용이 수식 기능을 맡은 경우이다. 반대로 다음 예문(2)에서는 줄표 뒤의 내용이 수식 기능을 맡고 있다.

2. 蝉的幼虫初次出现于地面, 需要寻求适当的地点——矮树、篱笆、野草灌木枝等——脱掉身上的皮。
매미 유충이 처음 땅 밖으로 나와서는 몸의 껍질을 벗기 위해 작은 나무나 울타리, 들풀, 관목가지와 같은 적당한 곳을 찾아야 한다.

예문(2)처럼 주석성 어구가 비교적 긴 데다 문장 가운데 끼어 있을 경우 읽기의 편리함을 위하여 이 어구 뒤에 또 하나의 '──'를 사용할 수 있다. 이때의 기능은 괄호와 같다.

예문(3)과 같이 '──' 안에 여러 개의 절이 들어 있는 경우가 있다. 이런 문장을 번역할 때에는 '──' 앞에서 단락을 바꾸어 번역하는 것이 좋다.

> 3. 他听了三夜的呻吟, 看了三夜的月, 想了三夜的往事──眠食都失了次序, 眼圈儿也黑了, 脸色也参白了。偶然照了照镜子, 自己也微微的吃了一惊, 他每天还是机械似的做他的事──然而在他空洞洞的脑子里, 凭空添了一个深夜的病人。(『超人』)
> 그는 연 사흘밤 동안 신음소리를 들었고 달을 쳐다보았으며 옛일을 회상하였다. [단락 바꿈]
> 자는 것도 먹는 것도 엉망이었으며 눈언저리도 검게 되고 얼굴빛도 창백해졌다. 우연히 거울을 들여다보고 난 그는 스스로도 놀라지 않을 수 없었다. 그래도 그는 전과 다름없이 기계처럼 자신의 일을 해 나갔다. 그런 텅 빈 그의 머리 속으로 까닭 없이 심야의 병자가 파고 들어왔던 것이다.

다음은 해석·보충의 의미를 나타내는 삽입어가 있을 경우이다. 이때에는 한국어에서도 줄표(─)를 사용하여 [번역1]과 같이 처리할 수도 있고 [번역2]와 같이 따로 떼어 내어 독립된 문장으로 만들 수도 있다.

> 4. 这样的 "世界革命", 已不是旧的世界革命, 旧的资产阶级世界革命已完结了; 而是新的世界革命。
> 번역1 이러한 '세계혁명'은 이미 낡은 세계혁명 ─ 낡은 자산계급혁명은 이미 끝났다 ─ 이 아니라 새로운 세계혁명이다.
> 번역2 이러한 '세계혁명'은 이미 낡은 세계혁명이 아니라 새로운 세계혁명이다. 낡은 자산계급혁명은 이미 끝났다.
>
> 5. 我们现在的任务是要强化人民的国家机器, 这主要的是指人民的军队, 人民的警察和人民的法庭, 借以巩固国防和保卫人民的利益。
> 지금 우리의 과업은 인민의 국가기구 ─ 이것은 주로 인민의 군대, 인민의 경찰, 인민의 법정을 가리킨다 ─ 를 강화하여 국방을 튼튼히 하고 인민을 보호하는 것이다.

이번에는 ';'이 사용된 예를 보자.

> ex **6.** 我们必须相信：①广大农民是愿意在党的领导下逐步地走上社会主义道路的；②党是能够领导农民走上社会主义道路的。
>
> 우리들은 반드시 확신을 가져야 합니다. 많은 농민들이 당 지도하에 점차적으로 사회주의 길을 가기를 원하고 있고, 당은 농민이 사회주의 길을 가도록 충분히 이끌 수 있다는 것을.

> ex **7.** 这藤野先生，据说是穿衣服太模胡了，有时竟会忘记带领结；冬天是一件旧外套，寒颤颤的，……。(『藤野先生』)
>
> 그들 말로는 藤野 선생은 옷차림에 무신경하여 때론 나비넥타이 매는 것조차 잊어버린다고 한다. 그리고 겨울이면 낡은 외투를 걸치고 다니는데 그 행색이 …….

예문(6)에서 ①과 ②는 병렬관계를 나타내므로 ';'을 사용하였으며, 번역문에서는 병렬관계를 나타내는 연결어미 '-고'를 사용하였다. 예문(7)에서는 병렬관계를 나타내는 접속어 '그리고'로 대체하였다. 일반적으로 한국어에서 종결된 문장이 아닌 절과 절이 병렬관계를 나타낼 때는 접속어미 '-고', '-며' 등을 사용한다.

';'의 의미를 더 잘 파악하려면 중한번역보다 한중번역의 예를 보는 것이 좋다.

> ex **8.** 철도선로나 토목시공에서 합성재료의 주체를 이루는 플라스틱 재료의 장점은 다음과 같다. ①기능과 특성이 많고 선택 범위가 넓다. ②동적·정적인 하중에 대해 적당한 강도와 저항이 있다. ③건설·보수가 용이하고 힘이 덜 든다.
>
> 作为合成材料主体的塑料材料，在铁道线路和土木施工中表现出的优点，可指出以下几点：①功能特点多，选择范围广；②对静载荷、动载荷有适宜的强度、抗力；③施工、维修简便且省力。

얼핏 보기에는 중국어 문장 가운데 사용된 ';'을 마침표로 바꾸어도 가능할 것 같은 느낌이 든다. 바로 이 점이 ';'의 특징을 잘 반영하고 있다. 중국어에서는 항목 형식으로 서로 연관된 내용을 표현하거나 항목을 나누어 열거한 내용을 표현할 경우에는 매 항목이 끝나는 곳에 ';'을 사용한다. 이를 한국어로 번역할 경우 병렬 접속어미 '-고'에 의해 연결되기도 하고 반점이나 온점으로 대체되기도 한다. 다음의 예를 보자.

> ex **9.** 他们是只会吃死肉的！——记得什么书上说，有一种东西，叫"海乙那"的，眼光和样子都很难看；时常吃死肉，连极大的骨头，都细细嚼烂，咽下肚子去，想起来也教人害怕。

놈들은 죽은 고기 말고는 먹을 게 없는 것이다! 그렇다. 어떤 책에선가 본 적이 있는데 '하이에나'라는 동물은 눈초리나 몸집이 몹시 추악하고, 언제나 죽은 고기만을 먹으며, 제아무리 큰 뼈도 와삭와삭 잘게 바수어서 삼켜 버린다고 했다. 생각만 해도 끔찍하다. (『광인일기』, 김남주 譯)

⇒ 놈들은 죽은 사람의 고기밖에 먹을 줄 모른다. 어느 책에선가 나는 '하이에나'라는 짐승은 그 생김새와 눈이 아주 흉물스럽다고 쓴 것을 본 기억이 있다. 이 짐승은 죽은 짐승의 고기를 잘 먹으며 큰 뼈다귀마저 어적어적 씹어 삼킨다는 것이었다. 생각만 해도 끔찍하다.

';'은 일반적으로 병렬관계로 연결된 절 사이에 사용되나 아래 예에서는 역접관계를 나타내는 데 사용되었다. 번역문에서는 역접을 나타내는 연결어미나 접속사를 첨가시켜야 한다.

ex 10. 天气比屋子里冷得多了；老栓倒觉爽快，彷佛一旦变了少年，得了神通，有给人生命的本领似的，跨步格外高远。(『药』)

번역1 바깥 날씨는 집안보다 훨씬 찼지만 老栓의 기분은 상쾌하기만 했다. 그는 하루아침에 소년으로 되돌아가 신통력을 얻어 사람들에게 생명력을 불어넣는 재주라도 생긴 듯 발걸음도 유달리 가뿐했다.

번역2 바깥 날씨는 집안보다 훨씬 찼다. 하지만 老栓은 하루아침에 소년으로 되돌아가 신통력을 얻어 사람들에게 생명력을 불어넣는 재주라도 생긴 듯 상쾌하기만 하여 발걸음이 유달리 가뿐했다.

이번에는 ':'이 사용된 예와 그 번역 방법을 보자.

ex 11. 中国是弱国，所以中国人当然是低能儿，分数在六十分以上，便不是自己的能力了：也无怪他们疑惑。(『藤野先生』)

번역1 중국은 약한 나라이므로 중국사람은 두말할 것도 없이 저능아이다. 그러니 점수를 60점 이상만 맞으면 자기 실력이 아닌 것이다. 이렇게 볼 때 그들이 의혹을 가지는 것은 당연했다.

번역2 이들이 의심을 품는 것도 어쩌면 당연한 일인지도 모른다. 중국은 약한 나라이기에 국민 또한 저능아일 것이며, 그래서 자기 실력으로는 60점을 받을 수 없을 거라고 생각한 것이다.

':' 뒤의 문장은 선행문에 대한 총괄을 나타낸다. 총괄의 의미를 보다 선명하게 나타내기 위해서 [번역1]의 '이렇게 볼 때'처럼 특정한 말을 첨가할 수도 있고, 때로는

[번역 2]처럼 총괄부분을 먼저 언급할 수도 있다.

마지막으로 기타 문장부호와 관련된 번역법을 알아보자.
예문(12)나 (13)처럼 원문에는 문장부호가 없지만 번역문에서는 이것을 사용할 수도 있다.

ex 12. 我那时真是聪明过分。总觉他说话不大漂亮, 非自己插嘴不可, 但他终于讲定了价钱, ……。
그때만 해도 지나치게 '총명'했던 나는 어쩐지 아버지의 말씀이 세련되지 못한 것 같아 끼어들지 않으면 안 되었다. ……

13. 当临近祝福时候, 是万不可提起死亡疾病之类的话的, ……。
곧 '축복'이 다가올 이때에 사망이니 질병이니 하는 말들을 꺼낼 수는 없는 일이었다. ……

번역어 '총명'과 '축복'에 작은따옴표를 사용하는 것이 좋다. 단어의 본의와는 달리 '聪明'은 '약삭빠름'의 의미를 나타내고 '祝福'은 '음력 세밑'을 의미하기 때문이다.
마지막으로 다음 예문을 통해 문장부호의 적극적 의미기능을 보자.

ex 14. 毛泽东同志的伟大功绩在于, 他把马克思列宁主义的普遍真理同中国革命的具体实践结合起来, 并且根据中国人民长期革命斗争的经验, 加以高度的概括和总结, 丰富和发展了马克思列宁主义。
번역 1 毛泽东의 위대한 업적은, / 마르크스-레닌주의의 보편적 진리를 중국혁명의 구체적인 실천과 결합시켰을 뿐만 아니라 중국인민의 오랜 혁명투쟁 경험을 고도로 개괄하고 총결하여 마르크스-레닌주의를 더 알차게 발전시킨 데 있다.
번역 2 毛泽东은 마르크스-레닌주의의 보편적 진리를 중국혁명의 구체적인 실천과 결합시켰을 뿐만 아니라 중국인민의 오랜 혁명투쟁 경험을 고도로 개괄하고 총결하여 마르크스-레닌주의를 더 알차게 발전시켰다. 그의 위대한 업적은 바로 여기에 있다.

누구든지 이 문장을 한 번 읽어 보면 '在于' 뒤에 사용된 반점의 효과가 굉장히 크다는 것을 느낄 수 있다. 본래 이곳에는 반점을 사용하지 않아도 된다. 화자의 입장에서 보면, 이곳은 청자에게 후행문에 관심을 가지도록 하는 효과를 내고 있다. 마치 '아래 부분은 주의해서 들으세요. 대수롭지 않게 여기면 안 됩니다'의 의미기능을 하는 것 같다. 청자의 입장에서 보아도, 계속해서 읽어야 할 곳에 갑자기 휴지가 생길 경우 후행문에서 언급될 내용이 무엇인지가 궁금해진다.

이처럼 문장부호는 단어와 단어, 구와 구, 절과 절의 관계를 명확하게 하는 역할을 하는 동시에, 때때로 내용만으로는 표현하기 힘든 어감상의 기능을 적극적으로 수행하기도 한다. 따라서 번역을 공부하는 학습자들은 다양한 중국어 원문들을 접하면서 각 문장부호의 특성과 역할을 충분히 익혀나가야 할 것이다.

 첨삭 지도

1. 在日本统治韩国期间，日本从韩国掠夺了大批黄金、白银，韩国农民生产的粮食大部分要运到日本去，并妄图从根本上灭绝韩国文化——韩国人必须取日本人的名字，并且禁止使用韩国语。

   예시 번역 일본이 한국을 통치한 기간 동안 일본은 한국에서 대량의 황금과 은을 탈취해 갔고, 한국 농민들이 생산한 양식을 대부분 일본으로 싣고 갔으며, 또한 한국인에게 일본식 이름을 갖게 하고 한국어 사용을 금지하는 등 한국문화를 근본적으로 말살시키려는 망상을 꾀하였다.

   첨삭 일본이 한국을 통치한 기간에 일본은 한국에서 대량의 황금과 은을 탈취해 갔고, 한국 농민들이 생산한 양식을 대부분 본국으로 싣고 갔다. 뿐만 아니라 한국인에게 일본식 이름을 짓게 하고 한국어 사용을 금지하는 등 아예 한국문화를 말살하려는 정책을 꾀했다.

번역이야기 2 | 좋은 번역문을 위하여   쉬 어 가 는 페 이 지

1 좋은 번역문이란

좋은 번역문이란 원문의 의미가 정확하고 명쾌하게 독자들에게 전달되도록 번역한 문장을 말한다. 그렇게 하려면 번역자가 원문의 의미를 정확하게 파악해야 한다. 번역자는 원문을 읽어 내는 능력과 원문 내용에 대한 충분한 지식이 있어야 한다. 우리말 번역문이 원문의 뉘앙스, 문체, 리듬까지 전달할 수 있다면 이 번역문은 가장 이상적인 번역문이라 할 수 있다.

글의 리듬은 문장의 뜻을 원활하게 독자에게 전달하는 데 커다란 역할을 한다. 따라서 번역을 할 때에는 소리 내어 읽기에도 좋도록 문장을 만들어야 한다.

외국어를 배우는 사람은 외국어를 이해하기 위한 문법공부를 하다보니 외국어 통사구조와 문법에 젖어 그것이 우리글의 통사구조나 문법인양 잘못 이해하는 경우가 많다. 그런 점에서 해석한 문장과 번역한 문장은 분명히 다르다.

> **'번역 완성도'의 기준**
> ① 원작자의 의도를 잘 파악했는가?
> ② 원문의 메시지를 잘 파악했는가?
> ③ 대응어를 적절하게 선정했는가?
> ④ 번역문을 문법에 맞게 적었는가?
> ⑤ 장르에 알맞은 표현법인가?
> ⑥ 원문의 메시지와 번역문의 메시지가 같은가?

2 원문에 충실하자

번역을 논할 때 으레 제기되는 문제는 원문에 충실하여 직역을 위주로 할 것인가 의

역을 할 것인가 아니면 양자를 절충하여 할 것인가, 그 외 다른 접근법은 없는가이다. 어디에나 적용되는 일반론은 있을 수 없고, 실제로 번역 작업을 하면서 출발어와 도착어의 차이 정도에 따라 결정할 수밖에 없다. 양국어가 같은 계통의 언어, 즉 영어와 불어, 한국어와 일본어 사이라고 한다면 내용의 종류와 난이도와 관계없이 거의 직역을 해도 무방하다. 문법과 어순이 유사할 뿐만 아니라 낱말 하나하나가 동일한 뜻의 짝(equivalent)을 이루기 때문이다. 그러나 여기서 말하는 무방하다는 것은 '거의' 무방한 것이지 전적으로 무방하다는 말은 아니다. 소설, 시, 논설문, 신문기사, 과학잡지기사, 서간문 등 글의 종류에 따라 번역 방법이 다를 수 있다.

"번역가는 반역자다."라는 말이 있다. 특히 문학작품의 번역에서 번역가가 원작에 함축된 참뜻을 재현시키지 못하고 자신의 주관대로 쓰는 예가 많다고 해서 생긴 말이다.

학부에서 경제학을 전공한 중국어 통번역 대학원생이 경제학 관련 책을 한 권 번역한 적이 있다. 완성된 번역문을 보고 너무나도 우리말다운 표현에 감탄했다. 그런데 후에 원문과 비교해 보니, 원문의 어휘를 자기 마음대로 생략하고 멋대로 해석을 첨부해 놓았다. 아무리 우수한 번역문으로 완성되었다 하더라도 이는 번역이 아니라 창작이 되어 버린 것이다. 이러한 자의적인 번역은 실무번역에서는 더욱 위험하다. 실무번역의 역할은 원문을 충실하게 번역하여 원문의 정보를 도착어로 올바르게 독자에게 전달하는 것이다. 오역은 물론 절대로 자기 마음대로 창작해선 안 된다. 그러나 원문에 충실하게 번역한다는 말은 '원문 문장 구조에 충실'하게 번역한다는 의미가 아니라 원문이 전달하고자 하는 '정보'를 정확한 방법으로 빠짐없이 독자가 잘 이해할 수 있도록 전달하는 것을 가리킨다는 데 주의해야 할 것이다.

3 | 번역하기 전에 먼저 원작을 한 차례 읽어 보자

글은 독자에게 전달하고 싶은 내용을 담고 있게 마련이다. 그런데 단어 하나 구절 하나에만 정신을 쏟다 보면 전체 글에 작가가 전달하고자 하는 내용이 들어있다는 사실을 잊어버리는 일이 적지 않다. 따라서 좋은 번역을 위해서는 원작자가 무엇을 말하고자 하는가를 정확하게 읽어 내는 작업이 선결 과제라고 할 수 있다.

전체 내용을 올바르게 파악하기 위해서는 다음의 세 가지 방법을 따르는 게 좋다.

첫째, 번역에 들어가기 전에 먼저 원작 전체를 빠른 속도로 통독한다. 이때 한 글자 한 구절이나 세부적인 내용에 얽매여 전체적인 내용을 놓치는 일이 없도록 주의한다.

둘째, 내용 전개가 반드시 일관성 있게 이루어진다는 점을 명심해야 한다. 원작자가 앞에서 한 말을 바로 다음에서 뒤집을 리는 없기 때문이다. 만일 앞뒤가 맞지 않는다든가, 내용상으로 모순이 있다든가, 전체적으로 줄거리가 통하지 않는다면 자신이 오역을 하고 있지 않나 의심해 보아야 한다. 셋째, 선입견과 고정관념에 사로잡히지 말고 유연한 머리로 원문을 해독해야 한다. 다양한 지식과 상식, 감정에 반하지 않도록 연상 작용을 무한하게 살려서 원작자가 말하는 내용을 정확하게 파악하는 것이 중요하다. 때로는 한 번도 접해보지 못했던 내용이 튀어나올지도 모른다. 이런 경우 고정관념이 원문을 올바르게 이해하는 데 방해가 될 수 있기 때문에 조심해야 한다.

　번역을 할 때는 무엇보다도 외국어의 올바른 의미 이해가 선결 과제이다. 원문을 정확하게 이해한 다음에 우리말로 옮기기 시작해야지, 무턱대고 우리말 문장을 만드는 작업만을 서둘러서는 안 된다.

4 | 우리말 표현력을 기르자

　원문을 읽어낼 수 있다고 해서 누구나 다 번역을 할 수 있는 것은 아니다. 중국어를 잘하니까 번역은 얼마든지 할 수 있다는 생각은 지나친 착각이다. 아무리 원문 독해 능력이 뛰어나더라도 우리말 어휘력과 표현력이 부족하면 좋은 번역을 할 수 없을 뿐만 아니라 한 번 읽어서는 뜻을 금방 알 수 없는 직역투의 번역을 하기 쉽다. 번역자는 원문에 충실하면서도 원작자가 말하고자 하는 내용을 정확한 우리말로 표현하여 독자가 전혀 번역서라는 느낌을 받지 않고 단숨에 읽어 내려갈 수 있도록 해야 한다.

　가장 이상적인 번역 방법 중의 하나는 중국어를 제2외국어로 공부한 한국인과 한국어를 제2외국어로 공부한 중국인(이중언어 사용자가 아닌 한족)의 공동 번역이다.

> **글 쓰기에 도움이 되는 책**
>
> 한효석『이렇게 해야 바로 쓴다』(한겨레신문사)
> 이오리『무엇을 어떻게 쓸까』(보리)
> 최재완『좋은 문장과 나쁜 문장』(범조사)
> 김정환『작가 지망생을 위한 창작 강의 7장』(푸른숲)
> 강우식 외『시를 어떻게 쓸 것인가』(문학아카데미)
> 이승훈『글을 어떻게 쓸 것인가』(문학아카데미)

이탄 외 『어린이 글짓기 소프트 200』 (문학아카데미)
박동규 『글쓰기를 두려워 말라』 (문학사상사)
강신재 외 『좋은 글, 잘된 문장은 이렇게 쓴다』 (문학사상사)
강은교 『나는 왜 문학을 하는가』 (문학사상사)
김윤식 외 『완벽 논설문, 이렇게 써라』 (문학사상사)
이수열 『우리글 갈고 닦기』 (한겨레신문사)
고정욱 『글힘 돋움』 (글 더 잘 쓰기 총서8, 보성사)
리 와인담 著/이상금 譯 『동화 쓰는 법』 (보성사)

5 │ 사전적 의미에 구애받지 말자

중국어를 우리말로 옮길 때, 적절한 단어는 문맥에 따라 얼마든지 생각해 낼 수 있다. 그러므로 원문을 깊게 이해하고 있으면 유연한 머리를 써서 자연스럽게 우리말 문장을 만들어 낼 수 있다. 『중한사전』에 나오는 해석은 하나의 예에 불과하다. 사전에 나오는 해석 한 가지만을 고정적으로 기억해 두었다가 모든 문맥에 아무런 생각 없이 적용하는 태도는 결코 바람직하지 못하다. 『중한사전』의 해석을 기계적으로 사용하는 나쁜 습관으로부터 벗어나는 효과적인 방법은 『중중사전』을 포함한 다양한 사전을 활용하는 것이다.

중한번역에 참고할 만한 사전들

『当代中国司库』(航空工业出版社)
『汉语成语考释词典』(商务印书馆)
『实用汉语图解词典』(外语教学与研究出版社)
『1991汉语新词语』(北京语言学院出版社)
『现代汉语新词新语新义词典』(中国工人出版社)
『汉语常用简称词典』(北京语言学院出版社)
『中国报刊新词语』(华语教学出版社)
『朝汉成语谚语词典』(商务印书馆)
『北京土语辞典』(北京出版社)
『常用俗语手册』(北京语言学院出版社)

『常用词语三用词典』(少年儿童出版社)
『常用同义词典』(北京师范学院出版社)
『常用反义词典』(北京师范学院出版社)
『歇後语词典』(北京出版社)
『汉语惯用语词典』(外语教学与研究出版社)
『实用汉语形容词词典』(中国标准出版社)
『动词用法词典』(上海辞书出版社)
『现代汉语动词大词典』(北京语言学院出版社)
『新编现代汉语多功能词典』(国际文化出版公司)
『现代汉语学习词典』(上海外语教育出版社)
『现代汉语新词语词典』(花城出版社)

6 번역문의 퇴고

번역에 있어 퇴고 작업은 굉장히 중요한 과정이다.

번역 작업을 할 때 일단 번역을 완료했으면 잠시 시간을 두었다가 다시 읽어 볼 필요가 있다. 그렇게 하면 잘못 번역한 부분과 우리말로 자연스럽지 못한 부분 등이 눈에 들어온다. 이때에는 한참 동안 번역원고를 묵혀두어 원작의 단어와 구문, 어순이 머리에서 지워진 후에 퇴고를 하는 게 자연스러운 우리말로 만드는 데 도움이 된다. 그런 다음 다시 한 번 원문과 한 문장씩 대조하면서 뉘앙스와 문장의 뜻이 원문과 벗어나지 않았는지를 점검한다.

완벽하다 싶은 생각이 들면 아는 사람에게 한 번쯤 보여주는 게 좋다. 번역자는 자신이 번역한 글에 너무나 익숙해져 있기 때문에 잘못된 부분도 별다른 문제가 없는 듯이 보인다. 따라서 남의 비평에 겸손하게 귀를 기울이지 않으면 안 된다.

번역자는 교정 단계에서 번역문에 손을 대겠다고 생각해서는 안 된다. 교정할 때는 원고를 퇴고할 때 무심코 빠뜨렸던 오역이나 누락 부분을 잡는다는 자세로 임해야 한다. 퇴고는 원고 단계에서 끝내는 것이 원칙이다.

7 역자주의 중요성

번역가가 수신자(독자)에게 메시지를 전달할 때, 즉 더 많은 정보를 가진 사람이 그렇지 못한 사람에게 메시지를 전달할 때에는 책임의 한계를 분명히 해야 한다.

우리 나라 번역가들은 책을 번역할 때 그 책과 저자를 신성불가침한 것으로 여기는 경향이 있다. 하지만 내가 전달하는 메시지가 비록 내가 창조한 것은 아니라 할지라도 나의 언어를 빌리고 있는 한, 나의 사고와 다르거나 또 나의 가치에 위배될 때에는 그 메시지를 과감하게 비판해야 한다. 또한 그릇된 정보를 시정하지 않고 그대로 내보내서도 안 된다. 그렇다고 그 정보를 수정하거나, 왜곡 또는 은폐하거나, 아예 번역하지 않으려고 해서도 안 된다.

이 문제를 해결하기 위한 방법이 바로 '역자주'이다. 번역자는 저자의 의도를 최대한으로 살리는 방향에서 원문을 수정 없이 공개하되 전달되는 의미체계에 더 자세하고 사실적인 정보를 덧붙일 수 있다. 따라서 역자주는 원문의 애매한 점을 명백히 하고 원문자체의 부실함을 보충하는 역할을 한다. 또한 저자의 정보가 틀렸을 경우 그것을 시정하는 수단이 되기도 한다.

역자주를 다는 방법에는 여러 가지가 있다. 페이지 밑에 번역주를 달아줄 수도 있고, 각 단원의 끝에 따로 모아 주거나 혹은 책의 마지막에 한꺼번에 실어줄 수도 있다. 이 중 각 페이지 밑에 번역주를 달아주는 방법은 독서의 리듬을 끊어버리는 단점이 있다. 따라서 주를 많이 달아야 하는 상황이라면 책의 마지막에 한꺼번에 실어주는 것이 더 바람직하다. 독자가 독서의 리듬을 방해받지 않으면서 계속해서 책을 읽을 수 있기 때문이다.

8 번역작가의 자세

하나의 장편소설을 번역한다고 가정하고 번역자의 자세를 점검해 보자.(작가에 따라 각기 작업 방식에 차이가 있겠으나, 필자가 권하고 싶은 방법을 제시해 보겠다.)

우선 그 작품이 이미 국내에 소개된 적이 있는 경우라면 비교적 충실히 번역된 것을 골라 한 번 읽는다. 그리고 나서 원서를 한두 차례 통독한다. 이때에는 그 소설의 구성과 스토리 전개에 관심을 두면서 읽어야 한다. 따라서 가능하면 사전을 뒤적이지 말고, 언뜻 이해가 안 되거나 줄거리의 흐름이 잘 파악되지 않는 부분은 체크해 둔다. 그 다음 단계로는 작품 전체를 사전을 찾아가면서 정독한다. 이때 전체를 다 정독한 후에 번역을 시작할 수도 있고, 혹은 소제목 하나에 해당하는 부분을 완전히 파악하고 나서 번역을 해 주고 다시 다음 소제목을 정독하는 식으로 단원별로 끊어서 번역할 수도 있다.

번역에 들어갈 때 가장 신경을 써야 할 것은 '번역'을 해야지 '해석'을 해서는 안 된다는 점이다. 그렇다고 원서의 문장에 들어 있지도 않은 말을 멋대로 삽입해가며 독자의 이해를 도우려 하다가는 '번역'이 아니라 '번안'이 될 수도 있다. '번역은 제2의 창작'이라는 말을 흔히 하지만, 그것은 번역가가 임의로 원문에 첨삭을 가해도 된다는 말은 아니다. 물론 독자의 이해를 돕기 위해 원문의 뉘앙스에 꼭 맞는 우리말의 속담이나 속어를 사용한다거나 특정한 어휘를 가감하는 경우가 없는 것은 아니다. 그러나 가능한 한 원문에 충실하면서 독자에게 그 문장의 의미와 분위기를 충분히 전달하는 것이 중요하다.

여기에서 대두되는 것이 우리말의 구사 능력이다. 일상적인 대화에서 보면 어떤 사람은 간결한 말로 자기의 의견을 충분하고도 쉽게 표현하는 데 반해 어떤 사람은 중언부언 늘어놓으면서도 이야기의 핵심이 무엇인지 알 수 없는 경우가 있다. 번역이나 글을 쓸 때도 마찬가지이다. 정확한 표현을 하기 위해서는 절대적으로 사전 뒤적이는 일을 게을리 해서는 안 된다. 중국어 단어 하나에 대응하는 우리말의 정확한 표현을 얻기 위해 중중사전이나 중한사전뿐만 아니라 중영사전이나 중일사전까지 동원하는 경우도 있다. 이 책의 독자들도 이 점을 염두해 두고 사전과 친해지도록 노력해야 할 것이다.

색깔 다른 번역장르

표제어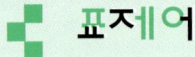

01

- '長壽 유전자' 첫 발견
  美 하버드大 연구팀
  "장수약품 개발 가능해져"

- 다시 부는 중국유학 붐
  중국유학넷……각 지역 대학 홈페이지로 가는 정보의 문

- 국산 新品 日중고시장서 덤핑
  日本서 밀려나는 '메이드 인 코리아'

- 대만, 투자 자유화 추진
  경제자문위, 개인투자 5000만弗 제한 폐지 건의

- 中, 거주이전 자유 확대
  "우수한 인재 유치하자"
  소도시 중심 점차 제한 풀어

이상은 신문 기사 표제 중 몇 가지를 뽑은 것이다. 표제의 목적은 문장의 내용을 소개하는 데 있으므로, 문장은 간결하고 명확해야 하며 독자가 보는 순간 요점을 파악할 수 있어야 한다. 또한 독자의 관심을 끌기 위해 짧은 문구를 많이 사용한다. 그러다 보니 위 예시문에서 보이는 것처럼 술어를 없애고 명사형으로 축약시킨 문구가 많다. 독자로 하여금 긴장감과 호기심을 불러일으키는 문체적 효과를 완형문(完形文)보다도 더 살릴 수 있기 때문이다. 위의 표제를 중국어로 번역하면 어떤 모습이 될까?

ex 1. "长寿遗传基因" 首次被发现

2. 再度升温的中国留学热

3. 国产新品在日本旧货市场倾消

4. 台湾: 促进大陆投资自由化

5. a. 中国大陆扩大实行居住迁移的自由
   b. 中国: 居住迁移自由扩大化

예문(2)를 제외하고는 모두 술어성 문장으로 동사를 사용하였음을 알 수 있다. 예문(1)에서는 피동형을 사용하지 않고 '首次发现长寿遗传基因'으로 표현할 수도 있지만 표제어로서는 피동형 표현이 더 강한 느낌을 줄 수 있다. 예문(2)는 '中国留学热再度升温'와 같이 술어성 문장으로 표현할 수도 있지만 역시 수식구조를 가진 명사문보다는 느낌이 약하다. 예문(5-b)에서는 동사술어 대신에 문장부호(冒号)를 사용하였다.

위에서 예로 든 광고문들을 보면 중국어 광고문에서는 일반적으로 완전한 문장 형식을 이룬 것이 많지만 한국어에서는 술어를 생략하거나 명사형으로 전환시킨 명사문을 많이 사용한다는 것을 알 수 있다.

신문 기사나 책, 논문 표제의 경우 문장성분이 생략되는 경우가 많다. 이때는 텍스트 전체를 먼저 번역한 다음에 표제를 번역해야만 정확한 번역을 할 수가 있다. 특히 한중번역에서 주의해야 한다. 먼저 논문 표제의 예를 보자.

ex 6. 전자학에 대해서
   직역 关于电子学
   번역 关于电子学问题 / 论电子学 / 谈电子学

7. 침술마취로 하는 수술을 보고
   직역 看了针刺麻醉的手术
   번역 参观针麻手术之后

8. 변압기의 성능에 관한 실험
   직역 关于变压器的性能实验
   번역 变压器的性能实验

이번에는 중국 신문 기사의 표제가 어떻게 번역되는지 보자.

ex 9. 军队离休干部安度晚年 ⋯▸ 퇴직 군간부들 노후 보장

10. 我国旅游业持续发展 ⋯▸ 중국 관광산업 지속적 발전

11. 广东经济跃上新台阶 ⋯▸ 광둥 경제 새로운 단계로 도약

이처럼 중국어 표제어는 주술구조로 완전한 문장의 형태를 이루지만 한국어 표제어에서는 술어부분의 동사를 명사로 바꾸어 번역한다는 점을 염두해 둔다면 프로번역가의 길로 한걸음 더 다가갈 수 있을 것이다.

번역 연습

(1) 以工业为主导，贯彻党的总路线
(2) 中国经济二十年后可超过日本
(3) 张艺谋通过网络选择女主角
(4) 韩国旅行界来中国促销

광고문

02

'산소 같은 여자'는 탤런트 이영애가 출연한 어느 화장품의 광고 문구이다. 광고는 때로는 스타의 이미지에 의존하기도 한다. 이영애의 용모나 연기가 시청자에게 주는 이미지는 '깨끗한 공기와 같이 맑고 순백함'이다. 광고에서는 이러한 이영애의 이미지를 상품으로 전이시키고 있다.

'산소 같은 여자'를 중국어로 표현하면? 직역의 방식으로는 이 문구의 의미를 표현해 낼 수 없다. '冰洁玉清'으로 표현하는 것이 원문의 의미에 더 가깝다.

광고문이란 어떤 사실을 세상에 널리 알림으로써 사람들의 공감을 얻어 어떤 행동으로 이끌어가려는 글을 말한다. 광고문은 신문이나 잡지에 실린 것만 뜻하는 것은 아니다. 텔레비전, 게시판, 소책자, 간판, 네온사인 등에 광고를 목적으로 쓴 글은 모두 이에 속한다. 광고문은 대개 상업 행위를 목적으로 하기 때문에 으레 과장이 따른다. 그래서 '최고급', '완벽', '절대', '유일', '최적' 등의 최상급 표현을 많이 쓴다.

광고문의 특징은 광고의 내용을 힘있게 전달하여 소비자가 그 정보를 빨리 파악하게 하는 데 있다. 되도록 쉬운 말로 간결하게 표현하되 함축적이고 인상적인 느낌을 주는 말이면 더욱 효과적이다. 그래서 광고 표제에서는 중국어나 한국어 모두 술어를 종종 생략한다. 특히 한국어에서는 격조사를 자주 생략한다. 물론 일반적인 문장에서도 격조사를 생략하지만, 광고 표제에서는 구나 문장이 부자연스러울 정도로까지 격조사를 생략하기도 한다. 읽는 사람이 글이 압축된 데서 오는 긴박감을 느낄 수 있기 때문이다. 이 단원에서는 광고문에 자주 등장하는 '글꼴의 반항'에 대해 살펴보자.

글꼴의 반항

광고문에서는 소비자의 시각을 자극하기 위해 글자 크기를 바꾸거나 모양을 다르게 하기도 한다.

ex 1. 인터넷! **붕어**도 배울 수 있다?! (인터넷 책 광고)

2. **挑剔**是完美注意者的标志 (海尔 주방시설 광고)

3. 美国麦克汉姆**继**
续在中国诚征连锁店 (햄버거회사 광고)

한국어 광고문에서는 '붕어'란 글자를 크게 하였다. 붕어는 워낙 머리가 나빠서 5초 이상 기억을 하지 못한다고 한다. 그래서 같은 낚시미끼를 물고 또 무는 모양이다. 붕어란 글자를 크게 함으로써 소비자에게 아무리 머리가 나쁜 사람이라도 이 책 한 권이면 인터넷을 할 수 있다는 것을 강조하고 있다.

세 번째 중국어 광고문에서는 단어의 형태를 파괴하였다. 하나의 단어 '继续(계속하다)'를 쪼개어 두 줄에 걸쳐 쓰고 있다. '계속하다'라는 뜻의 단어가 분리되어 계속됨을 파괴당했는데, 그럼에도 그 의미는 두 줄에 걸쳐 계속 이어지고 있다는 사실에 이 헤드라인의 묘미가 있다.

그렇다면 위의 두 번째와 세 번째 중국어 광고문을 한국어로 번역하면 어떻게 될까?

ex 2-1. 까다로움은 완벽주의자의 상징입니다.

3-1. 미국의 마이크햄버거가 계속 중국에서 프랜차이즈점을 모집하고 있습니다.

이번에는 한국어 광고문과 중국어 광고문의 특징을 살펴보고 이를 번역에 활용해 보자.

광고문 말미의 언어 특징을 보면, 한국어는 말미에서 주로 상품명을 강조한다. 상품명이 앞에 오는 유형은 많지 않다.

ex 4. 소주와 녹차의 산뜻한 만남 —○ (소주 광고)

5. 작지만 전문가의 눈을 가진 ○○○○○ (카메라 광고)

반대로 중국어 광고문은 한국어와 달리 상품명이 앞에 오는 경향이 많다. 역시 주체 앞에 긴 관형어형을 두는 것을 꺼리는 언어구조상의 특징과도 관련이 있다.

> 6. "小绵羊"安全耐用，使您温暖舒适！('小绵羊' 전기담요 광고)
> 안전하고 오래 가는 小绵羊
> 당신을 따뜻하고 편안하게 해 드립니다.
>
> 7. 丹丽香水,
> 法国调香士配制,
> 将你带入诗情画意的境界。(『黄金时代』잡지에서)
> 프랑스 조향사가 만든 丹丽 향수
> 당신을 시적 세계로 모실 겁니다.

예문(6)은 앞절에서는 '小绵羊'이 묘사의 대상으로 사용되었지만 뒷절에서는 행동 주로 사용되었다. 원문의 구조대로 '小绵羊은 안전하고 오래 쓸 수 있으며 당신을 따뜻하고 편안하게 할 것입니다.'로 번역하는 것보다 더 느낌이 강하게 와 닿는다. 예문(7)도 마찬가지이다.

다음 예를 보자.

> 8. 金利莱领带，男人的世界。
>
> 9. 그 남자의 멋과 품격 韓立 와이셔츠

예문(8)도 '남성의 세계, 金利莱 넥타이'나 '남성의 세계를 상징하는 金利莱 넥타이'로 번역하는 것이 좋다. '金利莱 넥타이(는) 남성의 세계'로 번역하면 광고의 표현에 맞지 않다. 마찬가지로 예문(9)를 중국어로 번역할 때 한국어 구조에 맞추어 '那男人的美与风度,韩立衬衫'으로 번역하면 전혀 중국어 광고문체에 어울리지 않는다. 주체(상품명)가 앞에 나오고 명사구를 술어로 바꾸어 '韩立衬衫,让您风度翩翩'으로 번역하는 것이 좋다. 굳이 상품명을 뒤에 두고 번역하려면 동사를 첨가하여 '表现男人的美与风度,韩立衬衫'로 해야 한다.

다음 예를 보자.

> 10. 刺五加在……方面具有人参一样的作用。
> 刺五加는 ……면에서 인삼과 마찬가지 약효를 가진다.

번역문은 원문의 의미를 정확하게 나타내고 있으나 광고의 심리적 책략을 나타내는 데에는 실패했다. 주체와 비유 사이의 거리가 멀어 유비(類比)와 연상(聯想)에 장애가 되기 때문이다. 따라서 광고문으로서의 효과를 극대화시키기 위해서는 다음과 같이 고쳐야 한다.

ex 10-1. ……면에서 인삼과 맞먹는 刺五加

중국어는 언어 습관상 주체를 먼저 언급하고 그 다음 이 주체에 대해 묘사하는 표현 기법을 많이 쓰는 데 반해, 한국어는 묘사를 먼저 하고 주체를 나중에 언급하는 표현 기법을 많이 쓴다. 이러한 구조적 차이로 중국어는 상품명에 대한 묘사나 설명이 술어형으로 이루어지고, 한국어는 명사(상품명)를 수식하는 관형어형으로 이루어진다.

한국어는 '주어-목적어-동사'라는 어순 특징상 중심술어(결론부분)가 문장 끝에 오기 때문에 대화자를 문장 끝까지 잡아둘 수 있다는 장점이 있다. 마찬가지로 광고문에서도 상품명을 뒤에 언급함으로써 시청자의 시선을 끝까지 잡아둘 수 있다. 특히 텔레비전 광고의 경우 일단 시청한 내용을 다시 볼 수 없다는 제약이 있기 때문에 광고가 목표로 하는 핵심 내용을 시청자가 가장 잘 기억할 수 있도록 하기 위해서는 상품명을 문장 끝에 두는 것이 유리하다.

이번에는 상표 번역에 대해서 이야기해 보자.

어떤 물건을 외국에 수출할 경우 상품명을 원어 그대로 쓸 수도 있지만 수출 대상국의 언어로 번역하기도 한다. 이때에도 무조건 자국의 상품명을 직역의 방식으로 번역할 것이 아니라 수출국의 문화를 고려해서 그것에 적합한 이름으로 바꾸어야 한다.

세계적인 침대 시몬스(Simmons)의 중국명은 '席梦思'이다. '席'는 '돗자리'라는 뜻이고, '梦'은 '꿈'이라는 뜻이며 '思'는 '생각한다'는 뜻이다. 즉, '자리에 누워 꿈에서조차 당신을 생각한다.'는 뜻으로 침대의 이미지에 맞을 뿐만 아니라 음도 '시멍스'로 원음과 비슷하다. 이 이름 덕택에 '席梦思'는 중국의 안방을 점령하였다.

중국 북부의 어느 지역에서 생산되는 '双羊'표 고급 양털이불은 영문 상표가 'Goats'이다. 그런데 'Goats'라는 이 단어는 '산양'이라는 원래의 뜻 외에 '색골'이라는 뜻도 가지고 있다. 양털이불의 품질이 아무리 좋다 하더라도 어느 가정 주부가 이 '색골'을 침대 위에 두겠는가.

미국의 코카콜라회사가 출시한 '스프라이트(Sprite)'라는 음료. 'sprite'의 의미는 '요괴'이다. 서양 사람들은 요괴가 귀엽고 사랑스럽다고 생각하지만 동양 사람들은 그렇지 않다. 중국에서 이 상품명을 '妖怪'로 한다면 어떤 중국인 고객이 이 음료를 사 마시고 싶겠는가? 그래서 중국에서는 얼음과 눈처럼 맑고 시원한 음료를 의미하는 '雪碧'라는 이름으로 바꾸어 출시했던 것이다. 뜨거운 햇볕이 내리쬐는 여름에 소비자는 이 상표를 보기만 해고 시원함을 느낀다. 형상적이고 생동적인 이름 때문에 소비자에게 좋은 반응을 얻을 수 있었다.

번역에서는 형식적인 등가성만을 고집하여 기능적인 등가성을 소홀히 해서는 안 된다. 기능적인 등가성이란 번역문과 원문의 기능이 일치해서 번역문의 독자가 원문의 독자와 똑같은 느낌을 받을 수 있도록 하는 것을 말한다. 그러기 위해서는 문화적 배경이나 풍속습관, 종교, 생활방식 등을 고려하여 번역해야 한다.

● **광고 감상** – 순간의 표현으로 깊은 인상을 주는 30초 미학

〈피자헛 불갈비피자〉

난 원래 피자를 싫어한다.
我从来就讨厌比萨饼。

김치 없이는 한 끼도 못 먹는다.
我离了辣白菜，连一顿饭也吃不下去。

역시 불갈비는 뜯어야 제 맛이다.
烤排骨还是啃着吃才好。

드디어 내 피자가 나왔다.
我要的比萨饼终于出来了。

〈Master Card〉

똑같이 맞춰 입은 조끼 5만 6천 원,
特意买了一模一样的背心，花了三百七十块。

아들과 친구가 되던 날, 값으로 말할 수 없습니다.
那天我和儿子成了朋友，这用金钱是换不来的。

돈으로 살 수 없는 감동의 순간. 마스타카드.
感动时刻，金钱难买，万事达卡。

번역 연습

(1) 与您共享精彩时刻「CCTV」

(2) 车到山前必有路，有路必有丰田车「丰田车」

(3) 32颗牙齿的好朋友，耐斯保健牙刷。「耐斯」

(4) 海鸥表，中国计时之宝。
　　美化和装饰人们的生活是海鸥表的责任；
　　用户第一、信誉至上是海鸥表的宗旨；
　　生产最优秀的产品，向更高峰迈进，这正是海鸥表的精神。
　　海鸥表，中国计时之宝。「海鸥表」

동화

동화는 어린이를 위한 글이다. 아동용 글의 번역에서는 우리말의 어투를 살리기 위해서 과감한 의역이 필요하다.

> **ex 1.** 갑자기 퍼시 아저씨와 동물 친구들은 호수와 연결된 개울 하류쪽으로 자신들이 손수레에 실린 채 떠내려가고 있음을 알게 되었습니다.

예문(1)의 문장은 어른이면 누구나 번역문임을 알 수 있지만 어린이들은 다르다.

> **ex 1-1.** 퍼시 아저씨와 동물 친구들은 퍼뜩 정신을 차렸습니다. 아니, 그런데 자기들이 타고 있는 수레가 개울 하류쪽으로 떠내려가고 있지 뭐예요.

의역이라도 예문(1-1) 같은 글이 오히려 우리 어투에 훨씬 가깝다.

아동의 문장 호흡은 성인에 비하여 짧다. 아동은 사물을 관찰하거나 표현할 때 성인과는 달리 단선적·직선적 표현을 자주 쓴다. 이런 현상은 인지발달과 언어발달의 미숙함 때문이다. 아동은 세상에 대한 지식과 사물을 분석적으로 파악하는 힘이 부족하여, 계층적·복합적 표현을 하기 어렵다. 구어체든 문어체든 장면 혹은 상황 맥락에 의존하는 발화가 많고, 사건의 서술이 시간적 순서나 인과관계를 따른다. 아동의 문장에 단문이 많고 명제의 나열식인 접속문이 많은 것도 같은 이유이다. 반복성을 선호하며 앞뒤 문맥으로 보아 낡은 정보는 거의 생략하고 행동성을 많이 부각시킨다.

그러면 많이 알려져 있는 동화들을 예로 들어 아동용 글 번역의 기본 원칙을 배워 보자.

『신데렐라(Cinderella)』는 유럽에서 옛날부터 구전되던 대표적인 의붓자식 이야기이다. 신데렐라('재를 뒤집어 쓰다'라는 뜻)는 항상 부엌 아궁이 앞에 앉아 일을 한다고 하여 지어진 이름이다. 이와 같은 유형의 이야기는 유럽에서만도 500가지가 넘으며, 아시아에도 많이 퍼져 있다. 세계에서 가장 오래된 문헌은 중국의 『유양잡조(酉阳

동화 『신데렐라』의 중국어판 『灰姑娘』의 일부

杂俎)』로, 9세기 때의 것이다. 우리 나라에서도 비슷한 이야기를 찾는다면 『콩쥐팥쥐』를 들 수 있다.

우리 나라에서 번역하여 출판한 책에서는 작품 제목을 음역(音譯)하여 '신데렐라'라고 하지만 중국에서는 의역(意譯)하여 '灰姑娘(재투성이 아가씨)'이라 한다.

아동도서 번역본은 원작의 내용을 그대로 번역한 것보다는 분량 문제로 내용을 축소하거나 각색한 책이 더 많다. 한국과 중국에서 각각 펴낸 『신데렐라』와 『灰姑娘』의 내용 일부를 보자.

ex 2. 他很高兴地邀请灰姑娘一起翩翩起舞, 而且整整三天三夜, 王子只和灰姑娘一人跳舞, 这使来参加舞会的其他少女都感到非常的伤心和失望。
第三天晚上, 王子为查明了灰姑娘的真实身份, 派人在楼梯上涂满了黄油。于是在舞会结束后, 当灰姑娘刚跑上楼梯, 她的一只舞鞋就被牢牢地粘住了, 慌乱中灰姑娘顾不上捡, 只好光着一只脚跑回了家。
第二天清晨, 王子为了寻找灰姑娘, 带着卫士, 拿着捡到的一只舞鞋挨家埃户地寻找。

3. 신데렐라는 밤늦도록 왕자님과 춤을 추었습니다. 아름답고 황홀하게 춤을 추었습니다.
"도대체 저 아가씨는 누구일까?"
사람들은 모두 눈이 휘둥그래졌습니다.
어느새, 시계가 열두 시를 치기 시작했습니다. 신데렐라는 황급히 밖으로 뛰어나갔습니다. 그 바람에 유리구두 한 짝이 벗겨졌습니다.
왕자님이 뒤따라 나갔을 때, 계단에는 유리구두 한 짝밖에 없었습니다.
"이 유리구두의 임자가 나의 아내가 될 것이다!"
왕자님은 공작에게 유리구두의 임자를 찾아내라고 명령했습니다.

『신데렐라』에서는 신데렐라가 어느 날 밤늦도록 왕자와 춤을 추다 시계가 열두 시를 가리키자 황급히 밖으로 뛰쳐나가다 유리구두 한 짝이 벗겨진 걸로 묘사되고 있다. 반면에 『灰姑娘』에서는 사흘 밤낮을 놀다 마지막 날 저녁 왕자가 신데렐라의 신분을 알아 보기 위해 사람을 시켜 계단에 그리스를 발라놓게 한다. 그 결과 신데렐라는 한쪽 신발이 그리스에 꽉 붙어버려 한쪽 신발만 신고 집에 가는 걸로 묘사되고 있다.

이처럼 나라마다 하나의 이야기를 서술해 나가는 과정은 차이를 보인다. 하지만 아동용 글이기 때문에 화려한 수사표현이 없이 간결한 문장을 사용했다는 공통점을 발견할 수 있다.

아동용 글의 특징 중 하나는 인칭대명사나 지시대명사의 사용을 가능한 피한다는 점이다. 이 점을 안데르센의 동화 『미운 오리새끼』를 통해 연습해 보기로 하자.[*1]

ex **4.** 这间屋子住着一个老太婆、一只鸡、一只猫, 老太婆很喜欢它们。当她抚摸着猫的鬃毛时, 这只猫便会把背拱起来, 喉咙里发出喵呜喵呜的声音, 老太婆亲密地叫它 "小宝贝"。那只鸡的脚很短, 老太婆就叫它 "短脚的咕咕太太"。它很会生蛋, 老太婆也把它当宝贝看。

이 집에는 나이 든 할머니가 살고 있었고 그녀에게는 고양이와 닭이 한 마리씩 있었는데 할머니는 그들을 매우 좋아했습니다. 할머니가 고양이의 곱슬거리는 털을 어루만질 때마다 이 고양이는 즉시 등을 구부리고 목구멍에서 야옹거리는 소리를 낼 줄 알아서 할머니는 친근하게 그를 '작은 보배'라 불렀습니다. 닭의 다리는 매우 짧아서 할머니는 그것을 '짧은 다리의 꼬꼬마님'이라 불렀고 또한 알을 잘 낳아서 할머니는 그를 역시 보배로 여겼습니다.

이 번역문은 아동을 대상으로 쓴 것은 아니다. 단지 역자가 성인들이 중국어를 재미있게 배울 수 있도록 하기 위해 동화를 번역 대상으로 삼은 것이다. 그러다 보니 번역문은 성인의 문장처럼 긴 복합문으로 구성되어 있다. 아동을 위한 문장은 길이가 짧고 구조가 단순해야 한다. 이 밖에도 번역문에서는 원문에 있는 지시어와 인칭대명사를 그대로 사용하였다. 아동용 글에서는 지시어를 사용하지 않는 것이 좋고 인칭대명사는 완전명사로 바꾸어 주어야 한다. 위 문장을 보면 별색으로 된 지시어들이 오히려 문장을 어색하게 한다. 따라서 번역문을 아동용 글에 맞게 고치면 다음과 같다.

ex **4-1.** 집에는 나이 든 할머니와 고양이, 그리고 닭이 살고 있었습니다. 할머니는 고양이와 닭을 아주 사랑했습니다. 할머니가 고양이의 곱슬곱슬한 털을 어루만지면 고양이는 등을 구부리며 '야옹' 소리를 냈습니다. 할머니는 다정스럽게 고양이를 '귀염둥이'라 불렀습니다. 닭은 다리가 매우 짧았습니다. 할머니는 닭을 '짧은 다리 꼬꼬마님'이라 불렀습니다. 닭은 알을 잘 낳았습니다. 그래서 할머니는 닭도 귀하게 여겼습니다.

주1 제목 '미운 오리새끼'를 중국에서는 '못난 새끼오리(丑小鸭)'로 표현한다. 사실 국내에서 출판된 책 모두가 '미운 오리새끼'를 제목으로 삼고 있는데 이 표현이 적합한지가 의문이다. '미운 어미오리의 새끼'라는 오해를 불러일으킬 수 있기 때문이다. '미운 오리새끼'가 아닌 '미운 새끼오리'로 해야 옳지 않을까?

'喉咙里发出喵呜喵呜的声音'의 번역에서 '목구멍에서'는 삭제하는 것이 좋다. '야옹' 소리는 목구멍에서 나는 것임을 어린 독자도 알고 있기 때문이다. "它很会生蛋, 老太婆也把它当宝贝看'의 번역문에서는 인과관계를 하나의 문장으로 엮었다. 이것을 고친 번역문에서는 두 개의 짧은 문장으로 나누고 인과관계를 나타내는 접속사 '그래서'를 사용하였다. 문장이 훨씬 간결해졌고 의미가 더 명료해졌다.

ex **5.** 次日清晨,一个农夫经过那里看见冻僵的丑小鸭,便走过去,用木鞋敲破冰层,把它抱起来,并且带回家交给他太太照顾。
이튿날 아침 한 농부가 그곳을 지나다가 얼어서 굳어버린 아기오리를 보고는 즉시 다가가서 나막신으로 얼음층을 두드려 깨고는 그를 안아 올렸습니다. 또한 그를 집에 데려가서 아내에게 돌봐 줄 것을 요청했습니다.

5-1. 다음날 아침, 한 농부가 그곳을 지나다가 꽁꽁 얼어버린 미운 오리새끼를 발견하였습니다. 농부는 다가가서 나막신으로 얼음을 깨뜨리고는 미운 오리새끼를 안았습니다. 농부는 미운 오리새끼를 데리고 가서 아내에게 맡겼습니다. 아내는 미운 오리새끼를 돌봐 주었습니다.

예문(5-1)에서는 여러 개의 짧은 문장으로 원문을 번역하고 대명사는 완전명사로 바꾸었다. '얼어서 굳어버린(冻僵的)'은 상징어 '꽁꽁'을 사용하여 '꽁꽁 얼어버린'으로 바꾸어 주는 것이 아동에게는 감성적으로 도움이 된다. 텍스트 중에 '(农夫)带回家交给他太太照顾'에는 겸어(兼语)구조가 들어가 있다. 이것을 우리말로 번역하면 '(농부는) 미운 오리새끼를 자신의 아내에게 돌보도록 맡겼다.'가 된다. 어디까지나 번역투의 문장이지 전통적인 우리말 표현은 아니다. 아동들이 이해하기에는 어려운 표현이다. 아동들에게 읽히기 위해서는 이 겸어구조를 두 개의 문장으로 분리하여 '농부는 미운 오리새끼를 데리고 가서 아내에게 맡겼습니다. 아내는 미운 오리새끼를 돌봐 주었습니다.'로 번역하는 것이 좋다.

아동용 글을 번역할 때 기억해 두면 좋은 원칙이 또 한 가지 있다. '-습니다'보다 더 구어적이고 마치 어린이에게 이야기를 들려주는 것 같은 느낌을 주는 '-어요'체를 선호한다는 점이다. 다음의 예문을 보며 '-어요'체의 묘미를 느껴보자.

ex **6.** 之后没过几天,狮子不小心掉进了猎人挖的陷阱里,它挣扎着想从陷阱里跳出来,可是它越挣扎,绳子绑得越紧。狮子无计可施,只能在陷阱里乱吼乱叫。正在附近觅食的老鼠,听到了狮子的叫声。
며칠이 지났어요. 사자는 그만 실수로 사냥꾼이 파놓은 함정에 빠지고 말았어요. 사자는 함정에서 빠져 나오려고 몸부림쳤어요. 그러나 몸부림치면 칠수록 밧줄은 사자를 조여 맸어요. 사자는 꼼짝도 못하고 함정에서 "으허헝" 울부짖기만 했어요. 마침 그때 근처에서 먹이를 찾던 들쥐가 사자의 비명소리를 들었어요.

아동용 글의 한중대역 감상

|원 문|

아주머니는 잉어를 석쇠에 놓고 지글지글 구웠어.
한 마리는 한입에 꿀꺽 삼키고,
또 한 마리는 꼭꼭 씹어 먹고,
마지막 한 마리는 배가 불러서 꾸역꾸역 먹다가 반쪽만 먹었어.
그런데 남은 잉어 반쪽을,
그만 날쌘 고양이가 한 입에 날름 먹어버렸대.
얼마 뒤에 아주머니는 아들 셋을 낳았어.
그런데 큰아들, 둘째 아들은 멀쩡한데
셋째 아들이 그만 반쪽이야.
눈도 하나, 귀도 하나, 팔도 다리도 하나씩.
입도 반쪽, 코도 반쪽.
(『반쪽이』, 이미애 글)

|번역문|

大嫂把鲤鱼放在蒸架上烤了，
一口吃掉一条，
然后又勉强吃掉一条，
最后肚子饱了，只吃掉一半。
剩下的半条鲤鱼，
被敏捷的猫一口吞吃了。
不久以后，大嫂生了三个儿子，
大儿子、二儿子都是好好的，
三儿子却只有一半，
一只眼睛，一只耳朵，胳膊和腿也只一条，
嘴是一半，鼻子也是一半。
(高宗文 译)

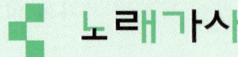 노래가사   04

　일반 번역에서는 흔히들 자연과학 쪽의 번역이 어렵다고 한다. 특정분야에 대한 전문용어가 많이 나오기 때문이다. 하지만 이 방면에 대한 기초지식이 없는 번역자라도 전문용어사전 하나만 있으면 어느 정도 번역을 소화해낼 수는 있다. 그러나 노래가사 번역의 경우는 다르다. 번역자는 음악적 감각뿐만 아니라 특히 시에 소질이 있어야만 제대로 번역할 수 있다. 한중번역의 경우에는 중국어로 시를 발표할 정도의 실력을 갖춰야 한다. 그렇기 때문에 번역 중에 가장 어려운 번역이 노래가사 번역이 아닌가 싶다.
　이 단원에서는 먼저 조선족 3세로 중국 젊은이들의 인기를 한몸에 받았던 대중음악가수 崔健의 '一无所有'를 통해 노래가사의 번역을 배우기로 한다.

〈一无所有〉

我曾经问个不休　你何时跟我走
可你却总是笑我　一无所有
我要给你我的追求　还有我的自由
可你却总是笑我　一无所有

噢……　你何时跟我走
噢……　你何时跟我走

脚下这地在走　身边那水在流
可你却总是笑我　一无所有
为何你总笑个没够　为何我总要追求
难道在你面前　我永远是一无所有

脚下这地在走　身边那水在流
脚下这地在走　身边那水在流
告诉你我等了很久　告诉你我最后的要求
我要抓起你的双手　你这就跟我走

这时你的手在颤抖 这时你的泪在流

다음은 인터넷에 올라 있는 번역문을 그대로 옮겨온 것이다.

〈아무것도 가진 것이 없어〉

난 일찍이 쉬지 않고 물었지, 넌 언제 나랑 함께 갈 거냐고.
하지만 넌 오히려 줄곧 내가 아무것도 가진 게 없다고 웃었지.
너에게 내가 추구하는 걸 줄게, 내 자유 또한 줄게.
하지만 넌 오히려 줄곧 내가 아무것도 가진 게 없다고 웃었지.
오, 넌 언제 나랑 갈 거니! 오, 넌 언제 나랑 갈 거니!

발 아래 이 땅이 지금 가고 있네, 내 주위로 이 물이 지금 흐르고 있네.
하지만 넌 오히려 줄곧 내가 아무것도 가진 게 없다고 웃었지.
어째서 넌 끝내 만족 못한 웃음만 웃니? 어째서 내가 맨날 널 추구해야 하니?
설마 너의 면전에서 내가 영원히 아무것도 가진 게 없겠니.
오, 넌 언제 나랑 함께 갈 수 있니! 오, 넌 언제 나랑 함께 갈 수 있니!

번역이라기보다는 원문의 의미를 직역의 형태로 옮긴 것으로 보는 것이 좋을 것 같다. 물론 어학공부를 위해 가사를 보는 경우라면 이처럼 직역의 형태가 더 적합하다고 할 수 있다. 하지만 번역가로서 노래가사를 번역하는 경우는 상황이 다르다. 노래가사에 맞게끔 문장을 다듬어 보자.

我曾经问个不休 你何时跟我走
언제 날 따라가냐고 늘 졸라댔건만

可你却总是笑我 一无所有
가진 게 없다며 늘 날 비웃었어

我要给你我的追求 还有我的自由
네게 주려 했는데 내 꿈을 자유를

可你却总是笑我 一无所有
가진 게 없다며 늘 날 비웃었어

噢…… 你何时跟我走
오…… 언제 날 따라 갈래

噢…… 你何时跟我走
오…… 언제 날 따라 갈래

脚下这地在走　身边那水在流
밟은 길이 가네 곁의 물이 흘러

可你却总是笑我　一无所有
가진 게 없다며 늘 날 비웃었어

为何你总笑个没够　为何我总要追求
나를 왜 비웃기만 해 난 왜 따라야만 해

难道在你面前　我永远是一无所有
정말 네 앞에선 영원히 없는 걸로 보니

脚下这地在走　身边那水在流
밟은 길이 가네 곁의 물이 흘러

告诉你我等了很久　告诉你我最后的要求
너를 오래 기다렸어 마지막 부탁 들어 줄래

我要抓起你的双手　你这就跟我走
너의 두 손 쥐어야겠어 날 따라 가자고

这时你的手在颤抖　这时你的泪在流
이땐 네 손이 떨려 이땐 네 눈물이 흘러

이번에는 한중번역의 예를 보자.
〈J에게〉라는 노래는 한때 국내에서 히트 친 곡으로 대만에서도 번안되어 음반으로 나온 적이 있다. 이 곡의 중국어가사를 보면 노래가사 번역이 얼마나 어려운지 실감할 수 있다.

〈J에게〉

J 스치는 바람에 / J 그대 모습 보이면
난 오늘도 조용히 / 그댈 그리워하네
J 지난밤 꿈속에 / J 만났던 모습은
내 가슴 속 깊이 / 여울져 남아있네
-후렴-
J 아름다운 여름날이 / 멀리 사라졌다 해도

♪ 나의 사랑은 / 아직도 변함없는데
♪ 난 너를 못 잊어 / ♪ 난 너를 사랑해
♪ 우리가 걸었던 / ♪ 추억의 그 길을
난 이 밤도 쓸쓸히 / 쓸쓸히 걷고 있네
쓸쓸히 걷고 있네

♪-风带来微笑 / ♪-雨带来思念
♪-风带来问声 / 带来一片真情
♪-轻轻地呼唤 / ♪-默默地等待
♪-静静地拥抱 / 带来真实的爱

-副歌-
♪-在那明媚的夏日里 / 和你我和你在一起
♪-这一切已过去 / 而我依然爱着你
♪-我的心给了你 / ♪-我的爱属于你
♪-你还记得那小路 / ♪-你走的那小路
它伴随过我们俩 / 而如今只有小路
只有留下孤独的我

이 중국어 가사를 다시 한국어로 번역하면 다음과 같다.

♪ 바람은 미소를 가져오고 / ♪ 비는 그리움을 가져오고
♪ 바람은 안부를 가져오고 / 정을 가져오네
♪ 살며시 부르네 / ♪ 말없이 기다리네
♪ 조용히 껴안네 / 진실된 사랑을 가져오네
♪ 아름다운 여름날에 / 너와 함께 있으면
♪ 모든 것이 흘러가도 / 나는 아직도 너를 사랑해
♪ 내 마음 그대에게 / ♪ 내 사랑 그대에게
♪ 그 길이 생각 나 / ♪ 네가 걸었던 그 길
우리가 함께 했던 그 길 / 지금 그 길만 남아있네
나만 쓸쓸히 홀로 있네

이 가사를 원래의 한국어가사와 비교해 보면 의미가 상당히 차이가 있음을 알 수 있다. 의미전달보다는 리듬과 음절을 맞추는 데 더 신경을 썼기 때문이다. 원문의 의미를 최대한 살리면서 리듬과 음절, 운미(韵尾)까지 고려하여 가사를 다시 만들어 보자.

〈献给J〉

J-若是从 吹过的 / J-清风里能 看到你
我-今天仍 默默地 / 默默 地思念着你
J-在昨夜 睡梦里 / J-曾经梦 到的你
已-化作 浅水滩 / 长留在 我的心底

-副歌-
J-那明媚的 炎炎夏日 / 即使 已经远远消失
J-我对 你的爱 / 依然会 坚定不移
J-我无法 忘记你 / J-我真心 爱着你
J-在你我 漫步过 / J-且难忘 的小路
我-今夜仍 苦苦地 / 苦苦地 把你寻觅
苦苦地 把你寻觅

노래를 번역하고자 할 때 또 하나 짚고 넘어가야 하는 것이 '압운'이다. 중국 노래가사는 고대시가에서 사용하는 압운을 자주 사용한다. 압운을 사용한 '징글벨'의 번역가사를 한번 보자.

〈铃儿响叮当〉

大风雪我们 坐在雪橇上
奔驰过田野 欢乐又歌唱
铃儿响叮当 精神多欢畅
今晚滑雪多快乐 把滑雪歌儿唱
叮叮当 叮叮当 铃儿响叮当
我们滑雪多快乐 把滑雪歌儿唱 嘿
叮叮当 叮叮当 铃儿响叮当
我们滑雪多快乐 把滑雪歌儿唱

각 구의 맨 끝 글자마다 압운을 사용하였다. '上', '唱', '畅', '当'의 운미는 모두 [ang]으로 끝난다. 이처럼 노래가사 번역에 시의 압운을 사용하면 가사를 좀더 흥겹고 음악적이게 만들 수 있다.

 영화   05

영화 번역에는 대본 번역, 자막 번역, 더빙 번역 그리고 영화제목의 번역 등이 포함된다. 이 단원에서는 먼저 영화 번역에 필요한 사전 지식들을 배우고, 张艺谋 감독의 영화『인생』을 통해 대본 번역과 자막 번역의 차이를 비교해 보자.

 문법상의 문제

영화 번역의 가장 큰 특징은 '문법에 얽매일 필요가 없다'는 점이다. 영화자막의 경우 가능한 짧은 문장 안에 대사를 다 포함시켜야 하기 때문에 많은 요소들이 삭제된다. 그렇다면 삭제 가능한 요소들로는 어떤 것들이 있을까?
삭제 가능한 첫 번째 요소가 조사이다.

> ex 1. 당신의 화원에서 비를 감상했죠.
> ⇒ 당신 화원에서 비를 감상했죠.
>
> 2. 꽃을 팔던 아이로군!
> ⇒ 꽃 팔던 아이로군!

조사 외에도 불필요한 동사나 어미는 생략하는 것이 좋다.

> ex 3. 그림자극을 공연해서 사람들을 격려하도록 하자고.
> ⇒ 그림자극으로 사람들을 격려하자구.

영상매체는 영상과 함께 소리나 글이 제공된다. 따라서 영상이 표현하고 있는 인물,

즉 호칭이나 주어를 가리키는 대명사를 생략할 수 있다.

> ex **4.** 爹, 娘, 这就是妇产科的王教授。这儿的头一把手。
> 아버님, 어머님, 이 사람이 산부인과의 王 교수예요. 산부인과에서는 가장 유능한 사람입니다.
> ⇒ 산부인과의 왕 교수인데 최고 권위자예요.
>
> **5.** 王大夫, 您别害怕。刚才我说的那些话都是编的。
> 王 선생, 두려워 마십시오. 아까 제가 한 말은 모두 꾸며낸 것입니다.
> ⇒ 겁내지 마세요. 아까 한 말은 거짓이에요.
>
> **6.** 你过去问问。
> 당신이 가서 좀 물어 봐요.
> ⇒ 가서 말 좀 해 봐요.

이 외에도 시청자가 화면을 통하여 알 수 있는 주제는 생략할 수 있다.

> ex **7.** 很多人还不知道这个情况。
> 아직은 사람들이 많이 모르고 있어요, 이 상황을.
> ⇒ 이 상황은 아직 사람들이 많이 모르고 있어요.
> ⇒ 아직은 사람들이 많이 모르고 있어요.

특정 성분의 생략 외에도 영화 대본이나 자막의 번역에는 주어와 핵심 술어 부분을 가깝게 둔다는 특성이 있다.

청각언어는 기록성이 없기 때문에 대사가 길 경우 주어는 의미의 중심이 되는 술어 부분에 가까이 두는 것이 좋다. 그래야만 핵심 내용을 시청자에게 정확하게 전달할 수 있다. 대사가 길 경우 수식어 부분을 생략하거나, 단어나 문장의 순서를 바꾸는 것도 같은 이유에서다. 특히 한국어는 핵심 술어가 문장 끝에 오고 주어와 술어 사이에 많은 내용을 넣을 수 있는 구조적 특징이 있기 때문에 번역할 때 주의해야 한다.

> ex **8.** 챔피언은 지금 다음 방어전이 가까워져서 신경이 아주 날카롭다구.
> ⇒ 다음 방어전이 얼마 남지 않아 챔피언은 지금 신경이 날카로워.
>
> **9.** 넌 갈수록 따분한 소리만 한다.
> ⇒ 갈수록 따분한 소리만 한다, 넌.
>
> **10.** 大夫, 让我进去看看, 我是他爹呀。

의사선생님, 들어가서 보게 해 주세요. 제가 아버지입니다.
⇒ 아이 아버지예요. 보게 해 줘요.

11. 你们俩个, 先到厂里去, 弄辆车来。等会儿凤霞就该出院啦。
둘은 우선 먼저 공장에 가서 차를 가져와. 凤霞가 회복되면 퇴원해야 하니까.
⇒ 퇴원할 때 쓰게 차 좀 준비해 줘.

12. 你这话也不是没有道理。
네 말이 일리가 없는 것은 아니지.
⇒ 네 말도 일리는 있다만. (이중부정을 긍정으로)

방송언어는 반복의 특성이 있다. 청각언어는 일단 한 번 지나가면 기억하기 어렵기 때문이다. 따라서 대상을 지칭할 때는 '이, 그, 저' 등의 지시어를 사용하지 말고 완전명사를 사용해야 한다.

13. 저는 그곳에서 자랐습니다. 그들이 그곳을 파괴해 버렸어요.
⇒ 저는 난징에서 자랐습니다. 일본군들이 시내를 파괴해 버렸어요.

일반적으로 '-과/-와'는 구어에서는 잘 쓰이지 않기 때문에, 접속조사를 사용할 때에는 '-하고/-하구'로 바꾸어 주는 게 좋다.

14. 그래 김서방과 그 의논 좀 하려고 오라고 했다.
⇒ 그래 김서방하고 그 의논 좀 하려고 오라고 했다.

15. 길에서 우연히 영남이와 마주쳤다.
⇒ 길에서 우연히 영남이하고 마주쳤다.

16. 너처럼 못생긴 녀석과는 아무도 안 놀아 준다구.
⇒ 너처럼 못생긴 녀석하고는 아무도 안 놀아 준다구.

대사 길이 맞추기

영상 번역은 등장인물의 행동 길이와 번역 대사의 길이가 비슷해야 한다. 따라서 번역문의 길이가 길 경우 불필요한 단어를 삭제하여 대사를 짧고 명료하게 해 준다.

ex 17. 무관의 제왕이라고 불리우는 남미의 세계적인 선수
⇒ 무관의 제왕 남미의 세계적인 선수

18. 나야말로 속이 시원하단 말야.
⇒ 나두 속이 시원해.

길이를 맞추기 위해 부득이 어휘를 첨가해야 할 경우도 있다.

ex 19. 제가 이 집을 나가겠어요.
⇒ 엄마, 제가 이 집을 나가겠어요.

긴 대사는 둘로 나눈다. 대사가 짧아야 정확하게 의미 전달을 할 수 있다.

ex 20. 只要你抬抬腿, 往食堂门里一跨, 鱼啦肉啦, 撑死咱们。
몇 발자국만 움직여 식당으로 들어가기만 하면 생선이며 고기를 배가 부르도록 먹을 수 있다고.
⇒ 식당으로 가. 배 터지도록 먹을 수 있어.

21. 이제 곧 여름방학이 끝나기 때문에 밀린 숙제 하느라 정신이 없답니다.
⇒ 지금 전 밀린 숙제를 하느라 정신이 없습니다. 이제 곧 여름방학이 끝나거든요.

다음으로, 준말을 잘 사용해야 한다.

ex 22. 하여서 ⇒ 해서

23. 되었습니다 ⇒ 됐습니다

24. 하였습니다 ⇒ 했습니다

25. 우리는 ⇒ 우린

26. 그것은 ⇒ 그건

27. 그것을 ⇒ 그걸

이 외에 '-고'는 '-구'로 표현한다.

ex 28. 자네도 가자고 ⇒ 자네두 가자구

긴박한 상황의 대사에서는 주어, 수식어, 조사, 동사 등을 생략한다. 위기 상황, 격앙된 감정일 때 주어, 수식어, 조사를 붙이면 대사가 늘어져 긴박감이 없어지기 때문이다.

ex 29. 快, 从这门跑!
빨리 이 문으로 도망치세요!
⇒ 빨리 이 문으로!

30. 살려 줘! 나 수영 못 해! 나 좀 꺼내 줘!
⇒ 살려 줘! 수영 못 해! 나 좀!

 자막 처리하기

대사를 자막으로 번역할 때는 어휘를 많이 누락시킨다. 눈으로 보는 시간이 듣는 시간보다 늦기 때문이다.

대체로 자막 편집에서 시청자가 읽기 좋은 글자수는 빈칸까지 포함해서 한 줄에 13자 이내로, 두 줄까지 표현이 가능하다.

ex 31. 애들 싸움인데 어른들 끼어들이지 말라고.(대사 번역)
⇒ 애들 싸움이니 그만둡시다 (자막 번역)

32. 내가 보니까 제련 현장에 학생악단이 온통 서양악기를 불고 있더군. 그림자극을 공연해서 사람들을 격려하도록 하자고. 뜯지 말고 남겨두도록 하지. (대사 번역)

⇒ 다른 철강 공장에는 학생악단이 있더군. 우린 그림자극을 보여 주자. 뜯지 말고 그냥 두게 (자막 번역)

33. 내가 왕이 될 거다! 나한테 복종해. 그러면 다시는 굶주리지 않을 테니깐. (대사 번역)
⇒ 내가 왕이 될 거다! 나를 따르면 배불리 먹여 주마 (자막 번역)

한 화면에 두 사람의 대사 처리는 '-'표를 대사 앞에 각각 두거나 한 인물의 대사 다음에 '/'표를 둔다.

 34. a. 철이 있나? / 없어요
b. -철이 있나?
-없어요

문장부호는 쉼표, 물음표, 느낌표만 사용한다. 대사 끝에 오는 마침표는 사용하지 않아도 된다. 웃음, 울음 등의 대사는 생략한다.

영화 및 드라마 제목의 번역

영화 제목 붙이기는 영화의 흥행과 직접적으로 관련이 있는, 대단히 중요한 마케팅 전략의 하나이다. 그런 의미에서 영화 제목 번역은 매우 중요하다. 일반적으로 중국영화 제목은 『아비정전』, 『동사서독』, 『열혈남아』처럼 네 글자로 된 것이 많다. 국내서는 제목만 봐도 그 국적을 알 수 있게끔 하기 위해서인지는 모르지만 한자어로 읽어 그대로 쓰는 경우가 많다. 한자어이기 때문에 그 뜻이 쉽게 이해되지 않을뿐더러 묘한 신비감까지 준다. 간혹 『아이니 아이워(爱你爱我)』, 『친니친니(亲你亲你)』처럼 중국어 발음을 그대로 옮긴 제목도 있고 흥행을 노려 원제와는 완전히 다른 제목으로 바꾸

중국에서 『蓝色生死恋』이라는 제목으로 방영된 우리 나라 드라마 『가을동화』

는 경우도 있다.

최근 韓流 열풍의 주역 중의 하나가 한국 드라마이다. 중국에 방영된 한국 드라마 제목을 한번 보자.

> 가을동화 ⋯▶ 蓝色生死恋
>
> 토마토 ⋯▶ 忽然情人
>
> 해바라기 ⋯▶ 妙手情天

한국어 제목에서는 드라마의 내용을 추정하기가 어렵지만 중국어 제목에서는 줄거리가 어떤 내용인지 조금은 알 수 있을 것 같다. '蓝色生死恋'에서는 가을을 나타내는 남색(蓝色)에 비운의 종말을 담고 있는 생사(生死)의 사랑(恋)이란 뜻을 내포하고 있다. '忽然情人'은 '갑작스럽게 나타난 여인'이란 뜻을 나타내고, '妙手情天'에서 '妙手'는 '절묘하고 기묘한 손을 가진 의사'를, '情天'은 '애정의 나날'을 뜻한다. 즉, 의사들의 일과 사랑을 그린 이야기임을 알 수 있는 것이다.

『황제의 딸』은 국내에서 인기리에 방영된 중국 드라마로 원제는 『环珠格格』이다. '环珠'는 공주의 이름이고 '格格'는 공주란 뜻의 만주어를 음역한 것이다. '환주공주'라는 제목보다 '황제의 딸'이라는 제목이, '환주공주'가 누구인지를 전혀 모르는 국내 시청자들의 관심을 훨씬 더 끌 수 있다.

중국에서 『妙手情天』이라는 제목으로 방영된 우리 나라 드라마 『해바라기』

대본 번역과 자막 번역의 비교

다음은 张艺谋 감독이 余华의 소설 『活着』를 개작하여 만든 영화 『인생』의 일부이다. 이를 통해 대본 번역과 자막 번역의 차이를 비교해 보자.([ ] 안은 자막 번역, [/]는 한 장면 안에 두 인물의 대사.)

(집에서)

福 贵: 어머니 임종도 모르고, 헤아려 보니까 그때쯤 나하고 春生은 어느 곳에선가 해방군에게 노랠 불러 주고 있었군. 어머니한테 불러 준 셈이 됐어.
[1: 어머니 임종도 못 보다니
 2: 춘생과 해방군 앞에서 그림자극을 했었는데 어머니에게 바친 셈이군]

家 珍: 어머닌 임종까지 눈을 감지도 않으셨어요. 항상 문을 바라보시면서 당신이 돌아올 수 있을 거라고 말씀하셨죠. 어떻든 간에 당신도 편지라도 보내셨어야죠.
[1: 어머님께선 임종 때까지 당신 오기만 기다리셨어요
 2: 편지라도 쓰셨어야죠]

福 贵: 편지 얘기는 하지도 마. 그렇게 많은 죽은 사람들을 보고서, 난 감히 살아서 돌아올 수 있으리란 생각조차 하지 못했어. 외지에서 난 늘 집안의 어머니며 애들, 당신 혼자 어떻게 살아가나 생각했다고.
[1: 그때는 편지가 아니라 살아서 못 돌아올 줄 알았어
 2: 밖에서 집을 그리워했고 당신도 어떻게 사나 걱정했어]

家 珍: 정부의 보살핌 덕분에 어머니를 묻어 드릴 수 있었어요. 또 저한테 물 배달하는 일도 주었죠. 단, 아침에 일찍 일어나야 해요. 아침엔 물을 필요로 하는 사람이 많거든요. 몇 번 더 배달하면 돈을 그만큼 더 벌 수 있어요. 凤霞하고 有庆이가 고생했어요. 늘 한밤중에 일어나서 푹 잔 적이 한 번도 없어요.
[1: 정부에서 어머니를 묻어 줬고 물 배달 일도 줬어요
 2: 아침에 물을 많이 써서 부지런하면 그만큼 벌죠
 3: 봉하와 유경이가 일찍 일어나서 고생이 많죠]

福 贵: 凤霞는 어쩌다가 벙어리가 되었지? 갈 때는 괜찮았는데, 와 보니까 아빠라고 부르지도 못하네.
[1: 봉하가 왜 벙어리가 됐지?
 2: 내가 갈 땐 괜찮았는데 이젠 아버지 소리도 못 하잖아]

家 珍: 그래도 명이 길다고 할 수 있어요. 이레 동안 내내 온몸이 불덩이처럼 열이 났어요. 다들 이 애를 구할 수 없다고 했죠. 나중에 간신히 열은 내렸지만 말을 못 하게 되었어요.
[1: 7일 간 몸이 불덩이 같아서 모두들 죽을 거라고 했어요

2: 나중에 열은 내렸지만 말을 못 하게 됐어요]

(镇长이 福贵의 집에 들어선다.)

牛镇长: 家珍! 家珍! 여기에 있군!
[여기 있었군]

아　낙: 福贵씨 돌아왔군요.
[남편이 왔다면서요]

家　珍: 福贵, 이분이 우리 镇长님이세요, 牛镇长님요.
[읍장님이세요]

福　贵: 牛镇长님, 그럼 이곳의 간부시군요.
[읍장님, 이곳 간부시군요]

家　珍: 앉으세요.

镇　长: 듣자하니 날도 밝기 전에 돌아왔다지?

福　贵: 예.
[날이 밝을 때 왔다면서? / 예]

镇　长: 난 자네한테 무슨 어려운 점이 있나 살펴보러 왔네.

福　贵: 이것 좀 보세요.
[무슨 어려움이 있나 보러 왔네 / 보세요]

(증명서를 꺼낸다.)

镇　长: 자네 해방군을 도왔군?

福　贵: 예.
[해방군을 위해 일을 했어? / 예]

镇　长: 그럼 자네도 혁명에 참가했구만.
[그럼 혁명에 참가했군]

福　贵: 대포나 좀 옮기고 그림자연극 좀 한 것뿐인데요, 뭐.
[대포나 옮기고 그림자극을 했죠]

镇　长: 그것도 혁명을 한 셈이야.
[그것도 혁명이지]

镇　长: 물어볼 게 있는데, 자네와 함께 있었던 春生이라고 있지. 그 사람은 왜 돌아오지 않았나?
　　　　[춘생은 왜 안 돌아왔어?]

福　贵: 春生은 해방군에 가담해 차를 몰아요. 남쪽으로 갔어요.
　　　　[해방군의 운전병이 되서 남쪽으로 갔어요]

镇　长: 그럼 당장은 못 돌아오겠군? 福贵! 당신 이번에 마침 잘 돌아왔어. 이틀 후에 정부에서 인민대회를 열어서 龙二을 공개재판한다네. 자네 꼭 참석해서 따끔한 맛을 보여주도록 하지!
　　　　[1: 그럼 당분간 못 오겠군
　　　　 2: 마침 잘 왔어
　　　　 3: 곧 용이를 재판할 건데 꼭 참석해서 배우게나]

福　贵: 龙二이 왜요?
　　　　[용이가 어쨌는데요]

家　珍: 당신의 그 집 때문이 아니겠어요. 龙二을 地主로 지목했다구요.
　　　　[그 집 때문에 지주로 낙인 찍혔어요](피동으로 번역)

镇　长: 지주가 된 것 때문만은 아니야. 정책에 따라 정부가 그 집을 나누려고 했는데 그가 싫다고 하면서 간부를 때렸지 뭐냐. 불을 질러 그 집도 태워 버렸다고. 이건 反革命的인 파괴가 아니고 뭐겠어?
　　　　[1: 꼭 지주 때문만은 아냐
　　　　 2: 정부에서 집을 원했는데 거절하고 간부까지 때렸어
　　　　 3: 또 집까지 불 질렀지. 반혁명적인 행동이야]

福　贵: 그 집을 태워 버렸다구요?
　　　　[집을 불 질렀다구요?]

镇　长: 몇 날 며칠을 탔다네. 자네 집 목재 정말 좋더군.
　　　　[며칠 밤낮을 계속 탔지. 자네 집 목재는 참 좋더군]

福　贵: 그건 우리 집 목재가 아니라, 反革命분자의 목재라구요.
　　　　[저희 집 목재가 아니라 반혁명적인 목재죠]

家　珍: 그럼요, 反革命의 목재구 말구요.
　　　　[반혁명적인 목재예요]

镇　长: 그거야 당연하지, 자넨 자네고, 그 놈은 그 놈이지.
　　　　[물론이지, 아무 사이도 아냐]

- 중략 -

(福贵의 집)

家　珍: 凤霞야! 자! 좀 쉬자꾸나! 힘들지?
　　　　[1: 좀 쉬어라
　　　　 2: 힘들지]

镇　长: 福贵! 福贵! 자네 집에서 철을 헌납할 차례네.
　　　　[부귀! 어서 철을 헌납해]

福　贵: 하루 내내 기다렸어요. 镇长님!
　　　　[오래 기다렸어요. 읍장님]

镇　长: 다 준비되었나? 이건 남겨 두지. 제련 현장에선 자네 집에서 물 배달하길 바라고 있거든. 사람은 불을 보면 갈증이 나잖아. 이건 남기자구.
　　　　[1: 다 준비됐나
　　　　 2: 이건 남겨두지
　　　　 3: 철강공장에도 물이 필요해. 사람은 물을 마셔야 하지
　　　　 4: 이거 가져가]

家　珍: 이 솥을 녹여버리면 밥을 지을 수 없을 텐데 앞으로 무얼 먹죠?
　　　　[솥이 없으면 밥을 못하는데 뭘 먹고 살아요?]

镇　长: 이것 봐 家珍. 공산주의를 향해 달려가는데 우리들 먹을 게 없을까 걱정하나? 읍내에 공동식당을 지었어. 앞으로 배가 고플 땐 몇 발자국만 움직여 식당으로 들어가기만 하면, 생선이며 고기를 배가 부르도록 먹을 수 있다고. 福贵, 자네 집에 또 뭐 철이 될만한 게 있나?

福　贵: 없어요, 없어.
　　　　[1: 공산주의에서 굶을 거 같아?
　　　　 2: 마을에 공동식당이 생겼어
　　　　 3: 배가 고프면 식당으로 가. 배터지도록 먹을 수 있어]
　　　　 4: 또 철이 있나? / 없어요]

(有庆이 그림자극 도구상자를 가리킨다.)

有　庆: 있어요.
　　　　[있어요]

福　贵: 그건 나무상자잖아.
　　　　[그건 나무 상자야]

有　庆: 여기 쇠붙이도 있고, 철사도 있어요.
　　　　[1: 여기 철이 있잖아요 (장면 바뀜)
　　　　 2: 또 철사도 있어요]

福　贵: 그까짓 걸 가지고 뭘 할 수 있겠니.
　　　　[별 소용 없을 거예요]

镇　长: 자네 의식이 자네 아들만큼 높지 못하군 그래. 왜 이게 철이 아닌가? 이 철로 최소한 총알 두 개는 만들 수 있다고. 대만 해방 막바지에 총알 두 발이 모자랄 수도 있잖은가. 이 상자하고 그림자극 도구를 다 뜯어내라고.
　　　　[1: 자네는 아들만도 못하군. 이걸로 총알 2개는 만들지
　　　　 2: 그게 대만을 해방시키는 데 쓰일 수도 있지
　　　　 3: 상자를 뜯어라]

家　珍: 镇长님, 제련하는 곳에서는 노래를 안 합니까?
　　　　[공장에서 그림자극은 안 해요?]

福　贵: 맞아요! 제가 해방군을 위해 공연한 적이 있다구요. 그 사람들은 제 공연을 보고 나서 하루에 산봉우리 두 개를 점령했었어요.
　　　　[1: 해방군에게 제 그림자극을 보여준 적이 있는데 그걸 보고
　　　　 2: 하루에 산을 2개나 점령했어요]

镇　长: 좋은 생각이군, 좋은 생각이야. 내가 보니까 제련 현장에 학생악단이 온통 서양악기를 불고 있더라고. 그림자극을 공연해서 사람들을 격려하도록 하자고. 뜯지 말고 남겨 두도록 하지.
　　　　[1: 좋은 생각이야. 다른 철강공장에는 학생악단이 있더군
　　　　 2: 우린 그림자극을 보여 주자
　　　　 3: 뜯지 말고 그냥 두게]

福　贵: 그래, 그래! 뜯지 마! 뜯지 마!
　　　　[그래요, 뜯지 말아요]

镇　长: 가지, 다음 집에 가자고.
　　　　[다른 집으로 가자]

有　庆: 그럼 대만은 해방시키지 않나요.
　　　　[그럼 대만은 해방 안 시켜요?]

张艺谋 감독의 영화
『인생』의 포스터

福　贵: 해방시킬 거야. 대만은 틀림없이 해방될 거야.
　　　　[대만은 꼭 해방시켜야지]

- 중략 -

주방장A: 아직도 부족해? 좋아, 좋아. 가득 채워 줄게. 조그만 녀석이 대단하구만. 저팔계도 너한텐 안 되겠구나. 식당에 있는 게 다 면이니까 가져다 먹으렴. 직접 조미료 넣고.
　　　　[1: 그래도 부족해? 좋아, 가득 채워 주마
　　　　 2: 어린 녀석이 패기가 있군. 국수는 많으니까 실컷 먹어]

주방장B: 내가 섞어 주마. 이렇게 많이 먹어? 고추도 이렇게나 많이 넣고.
　　　　[1: 내가 비벼 줄까? 이렇게 많이 먹어?
　　　　 2: 너무 맵지 않겠어?]

家　珍: 有庆아. 이렇게나 많이? 다 못 먹으니까 아빠 드리렴.
　　　　[그렇게 많이 먹니? 못 먹으면 아버지 드려라]

(有庆이가 싸웠던 친구 머리에 면을 붓는다.)

꼬마아빠: 有庆이, 너 뭐하는 거야? 너 왜 면을 머리에다 엎는 거냐?
　　　　[1: 무슨 짓이야?
　　　　 2: 왜 국수를 머리에 부어?]

(福贵와 家珍을 향하여)

꼬마아빠: 福贵, 家珍, 애들 교육 좀 잘 시키라구, 응!
　　　　[애 교육 좀 잘 시켜!]

家　珍: 有庆아 너, 밥이나 먹지 않고 뭐 하러 갔어.
　　　　[거긴 왜 갔어?]

福　贵: 무슨 일이야?
　　　　[무슨 짓이야]

꼬마아빠: 좀 보라고! 고추를 이렇게! 어디 눈 좀 보자, 눈 좀 봐. 웃기지도 않네. 사람 잡으려고 하는 거야? 이 고추들을…….
　　　　[1: 고추가루가 이렇게 많으니. 어디 눈 좀 보자
　　　　 2: 말도 안 돼

　　　　　3: 누굴 죽일 셈이야?]

주방장B: 애들이잖아요, 그만둬요. (자막에서 빠짐)

꼬마아빠: 애들은 이런 일을 할 수가 없어! 누가 가르친 거지?
　　　　　[애가 어떻게 이런 짓을?]

福　贵: 애들 싸움인데 어른들 끼어들이지 말라고. 나와 家珍은 몰랐어.
　　　　　[애들 싸움이니 그만 둡시다. 우린 몰랐어요]

꼬마아빠: 알았는지 몰랐는지 누가 알아? 이 일을 파괴하는 것은 바로 대약진을 파괴하는 거라구. 아무튼 애들은 이런 일을 할 수 없다고.
　　　　　[1: 그걸 어떻게 믿어
　　　　　 2: 이 일은 파괴야. 바로 대중 식당을 파괴한 거야
　　　　　 3: 그럼 대약진도 파괴하는 거지
　　　　　 4: 아이는 이런 짓을 못해]

福　贵: 有庆아. 너 지금 뭘 한 거냐? 가서 아저씨한테 사죄하고 잘못했다고 말씀드려. 어서 가! 가라고 하잖아! 안 들려? 갈래 안 갈래?

有　庆: 안 갈래요!
　　　　　[1: 유경아, 뭘 보고만 있어? 어서 가서 사과해
　　　　　 2: 가
　　　　　 3: 아버지 말 안 들려?
　　　　　 4: 어서 가 / 싫어요]

福　贵: 다시 한 번 말하겠는데, 갈래 안 갈래?

福　贵: 안 간다구요.
　　　　　[다시 한번 말하겠다. 가 / 싫어요]

- 중 략 -

二　喜: 아버님, 어머님. 이 사람이 산부인과의 王 교수예요. 산부인과에서는 가장 유능한 사람입니다. (王斌에게) 王 선생, 두려워 마십시오. 아까 제가 한 말은 모두 꾸며낸 것입니다. 오늘 비판하려고 하는 것이 아니고, 내 부인이 아이를 낳으려고 하니까 만일에 무슨 일이 생기면 좀 도와주시기 바랍니다.
　　　　　[1: 산부인과의 왕 교수인데 최고 권위자예요
　　　　　 2: 겁내지 마세요. 아까 한 말은 거짓이에요
　　　　　 3: 오늘 제 처가 출산하는데 무슨 일이 생기면 도와줘요]

(목에 걸고 있는 반동분자라고 쓴 표지판을 二喜가 벗겨주려 한다.)

王　斌: 걸고 있는 게 더 나아요. 걸고 있을게요.
　　　　[쓰고 있는 게 좋아요]

家　珍: 당신이 가서 좀 물어 봐요.
　　　　[가서 말 좀 해 봐요]

- 중략 -

간호사: 들어갈 수 없어요.
　　　　[못 들어가요]

二　喜: 간호사님, 들어가서 보게 해 주세요. 제가 아버지입니다.
　　　　[아이 아버지예요. 보게 해 줘요]

간호사: 누구의 아버지라도 안 돼요. 모두들 그렇게 보면 끝도 없다구요. 밖에서 기다리세요. 우리가 잘 처리해서 빨리 퇴원하면, 퇴원한 후에 많이 보세요.
　　　　[1: 누구의 아버지라도 안 돼요.
　　　　 2: 조금만 기다리세요. 치료를 마치고 퇴원하면 그땐 얼마든지 볼 수 있어요]

모두같이: 예! 예!

福　贵: 그럼 퇴원해서 실컷 보도록 하죠.
　　　　[그래요. 그때 보죠]

(二喜의 동료들이 병원으로 들어선다.)

동료들: 二喜, 二喜! 사내아이야?

二　喜: 사내아이야. 3.6kg이래. (2斤=1kg/중국1斤=500g, 한국1斤=600g)
　　　　[이희, 아들이야? / 그래, 3.6kg이래]

동료들: 그래? 잘됐군. 아이는 어때?
　　　　[1: 잘됐다
　　　　 2: 아이는 어때?]

福　贵: 산모와 태아 모두 좋대요.

[둘 다 건강하대]

동료A: 넌 복도 많군.
[자네는 복도 많아]

동료B: 전에 우리 아이를 낳았을 때는 겨우 2.5kg이었어. 자네는 3.6kg이라니 잘된 거야!
[내 아들은 2.5kg이었는데 3.6kg이라니 대단해!]

二　喜: 둘은 우선 먼저 공장에 가서 차를 가져와. 凤霞가 회복되면 퇴원해야 하니까.
[퇴원할 때 쓰게 차 좀 준비해 줘]

동료들: 좋아. 그럼 우리가 먼저 가지.
[알았어]

家　珍: 二喜, 괜찮으니 王 선생을 돌려보내지.
[1: 이희
2: 산모와 아이가 괜찮으니 의사를 돌려보내게]

참고자료　『인생』대본

福　贵: 娘临死都不知道，我在什么地方，算起来那天我跟春生，正给解放军唱戏呢！就算是给娘唱的吧。

家　珍: 娘一直到临死都没合上眼，一直盯着门口说你能回来，再怎么着，你也应该来个信呀。

福　贵: 别说来信了。看见那么多死人，我都不敢想能活着回来。在外头我老想着，家里老的小的，你一个人怎么过。

家　珍: 多亏政府照顾，帮着把娘入了土。又给了我一个送水的活儿。只是每天要早起，早上要水的人多。多送几趟能多挣点钱。就是苦了凤霞跟有庆了。老是半夜爬起来，没睡过一个整觉。

福　贵: 凤霞怎么就成哑了呢？走的时候还好好的。回来就喊不成爹了。

家　贵: 这就算命大了。整整七天浑身烧得跟火一样。都说这孩子没救了。后来总算退了烧，可是说不成话了。

牛镇长: 家珍！家珍！在这儿呀！

村　女: 福贵回来啦！

家　珍: 福贵，这是咱们镇长，牛镇长。

福　贵: 牛镇长，那算是咱们这儿的干部啊。

家　珍：坐坐。
镇　长：听说，你天不亮就回来啦？
福　贵：回来了。
镇　长：我过来看看，看看你有什么困难。
福　贵：你看。
镇　长：你给咱们解放军当过民夫啊？
福　贵：是。
镇　长：那你是干了革命了。
福　贵：也就是拉拉大炮，唱唱戏什么的。
镇　长：那也是干革命呀。我问你，跟你在一块有个叫春生的，他怎么没回来？
福　贵：春生参加解放军，开汽车去了。往南边儿走了。
镇　长：那一会儿半会儿回不来啦？福贵！你这会儿回来的正好。过两天政府要开大会，公审龙二。你可得参加，受受教育。
福　贵：龙二怎么了。
家　珍：还不因为你家那院房。给龙二定了个地主。
镇　长：不光是因为他定地住的事。按政策，政府要分那院房。他不肯，动手打了干部。放火把那院房给烧了。这不成了反革命破坏了。
福　贵：把那院房给烧啦？
镇　长：烧了好几天好几夜。你们家的木头可真好。
福　贵：那不是我们家的木头。那是反革命的木头。
家　珍：是反革命的木头。
镇　长：那当然了，你是你，他是他。

- 중략 -

家　珍：凤霞！来！歇会儿。累不累呀？
镇　长：福贵！福贵！该你们家献铁啦！
福　贵：都等了半天了。镇长！
镇　长：都准备好啦？这些留下。炼钢工地还指望着你们家送水呢。人一见火就想喝水。这些拿走。
家　珍：把这锅都砸了做不成饭，往后吃什么呀？
镇　长：你看，你看，往共产主义跑，还愁没咱吃的呀？咱们镇上成立了集体大食堂啦。往后你肚子饿了，只要你抬抬腿，往食堂门里一跨，鱼啦肉啦，撑死咱们。福贵，你们家还有什么带铁的吧？
福　贵：没了，没了。
有　庆：有。

福　贵: 那是木头箱子。

有　庆: 这里还有铁。这里还有铁丝。

福　贵: 这些铁算什么呀。

镇　长: 你这觉悟就不如你儿子高了。这怎么不是铁？这铁只少可以造两颗子弹。兴许解放台湾，打到最后就差这两颗子弹。把这箱子跟皮影拆了。

家　珍: 镇长，这炼钢工地上唱不唱戏呀？

福　贵: 对！我给解放军唱过戏。他们听完我唱的戏，一天就攻两个山头。

镇　长: 好主意，好主意。我见人家钢铁阵地上，都是学生队洋鼓洋号的，咱们就唱皮影给大家鼓劲儿。别拆了，给他们留着吧。

福　贵: 对对对！不拆了，不拆了。

镇　长: 走，到下一家。

有　庆: 那不解放台湾啦？

福　贵: 要解放，要解放，台湾是一定要解放的。

- 중략 -

厨师A: 还不够！好好好。给你加满。真是人小志气大！猪八戒都不如你。咱公社大食堂有的是面。拿吃，自己佐料。

厨师B: 我帮你搅和搅和。吃这么多呀！还加这么多辣子。

家　珍: 有庆，这么一大碗呀？吃不了，给爹吃呀！

男孩爹: 有庆，你干什么？你怎么拿面条往头上倒？福贵和家珍，管管你们的孩子好不好？

家　珍: 有庆，你不好好儿吃饭，干么去了？

福　贵: 怎么回事？

男孩爹: 你看，弄这些辣子！我看眼睛。我看眼睛。太不像话了。这不要人命么？弄这些个辣子。

厨师B: 小孩啊，算了。

男孩爹: 孩子干不出这种事！谁教的呀？

福　贵: 孩子打架，别把大人扯进去。那个，我跟家珍都不知道。

男孩爹: 谁知道你们和知道不知道？这事就是搞破坏，就是破坏大食堂。对，破坏大食堂就是破坏大跃进。反正，孩子干不出这种是来。

福　贵: 有庆，看你干什么呢？去给人家道个歉，说做得不对。去。我叫你，听见了没有？去不去？

有　庆: 不去！

福　贵: 我再问你一遍，你去不去？

有　庆: 不去！

- 중략 -

二　喜: 爹，娘，这就是妇产科的王教授。这儿的头一把手。王大夫，您别害怕。刚才我说的那些话都是编的。今天不是批斗的，是因为我老婆要生孩子，万一有点儿什么事，您给帮个忙。
王　斌: 还是带着好。带着吧，带着吧！
家　珍: 你过去问问。

- 중략 -

护　士: 来，不能进。
二　喜: 大夫，让我进去看看，我是他爹呀。
护　士: 谁的爹也不行，都那么看没完啦。你们在外边儿等一等，我们处理完了。
　　　　很快就出院，出院以后再好好看。
众　人: 好！好！
福　贵: 那回去再好好看，回去再好好看。
二喜同事们: 二喜，二喜！是男孩么？
二　喜: 是男孩！七斤二两呢。
同事们: 太好啦！孩子怎么样？
福　贵: 大人孩子都好。
同事A: 二喜，你可真有福气。
同事B: 当年我那个儿子，出生的时候才五斤多。你这个七斤二两，可以呀！
二　喜: 你们俩个，先到厂里去，弄辆车来。等会儿凤霞就该出院啦。
同　事: 好，那我先走啦。
家　珍: 二喜，大人孩子都没事。就把人家王大夫送回去吧。

06 인터넷 채팅용어

今天 GG, MM 都上哪儿了?
一个没来, 我只好也 886！

위의 예문은 중국 학생들이 흔히 사용하는 인터넷 채팅용어를 쓴 문장이다. 과연 무엇을 뜻하는 것일까?

한국어에서 '반가워 ⇒ 방가', '조그만 ⇒ 쬐만', '한 번 가봐 ⇒ 함 가봐'로 표현하듯이 중국에서도 젊은 사람들은 채팅을 할 때 다양한 축약표현을 쓴다. 예를 들어 중국어의 '这样子'를 채팅에서 말하고자 할 때에는 '酱子'로 표현한다. '这样子'를 빨리 발음하면 '酱子'가 되기 때문이다. 이러한 축약표현을 익혀두면 인터넷상의 글이나 가벼운 문장을 번역할 때 도움이 될 수 있다.

그럼 인터넷 채팅을 할 때 사용하는 언어의 특징 몇 가지를 살펴보자.

A. 비슷하거나 같은 음을 사용(谐音字)한다.
- 妹妹 ⇒ 美眉(예쁜 여자)
- 嘻嘻[xīxī] ⇒ 西西
- 版主[bǎnzhǔ] ⇒ 斑竹[bānzhú](웹사이트 관리자, 홈페이지 주인. 한어병음으로 [ban zhu]를 치면 '斑竹'가 '版主'보다 앞쪽에 위치하기 때문에 빨리 치기 위해서 이것을 사용한다.)
- 大侠 ⇒ 大虾[dàxiā](통신의 고수. ①한어병음으로 [da xia]를 치면 '大虾'가 가장 먼저 나온다. ② 인터넷 고수는 늘 컴퓨터 앞에 허리를 굽히고 앉아 있어 왕새우 같이 허리가 굽었다는 의미로 이 용어를 사용한다.)
- 网虫[wǎngchóng] ⇒ 王充[wángchōng]
- 男 ⇒ 蓝
- 女 ⇒ 绿
- 俊男[jùnnán] ⇒ 菌男[jùnnán]
- 美女 ⇒ 霉女
- 韩国 ⇒ 汗国

- 教皇 ⇒ 觉皇
- 我来了 ⇒ 我来乐
- 气死我了 ⇒ 气死我乐

'妹妹'를 '美眉'로 바꾸어 쓴 것은 '예쁜 여자'라는 뜻이 담겨있기 때문이다. '嘻嘻'를 '西西'로 바꾼 것은 글자 획수가 훨씬 적기 때문이다. '版主'는 '홈페이지 주인'을 뜻하는데 '斑竹'로 우스꽝스럽게 표현하였다. 왕충(王充)은 한대(汉代)의 유명한 사상가이자 문학가이다. '벌레 충(虫)'자를 쓰는 것보다 훨씬 품위가 있다.

B. 첫 번째 자모(字母)를 사용한다.
- GG ⇒ 哥哥
- MM ⇒ 妹妹
- JJ ⇒ 姐姐
- TMD ⇒ 他妈的
- BB ⇒ 宝贝[bǎobèi](孩子, 情人)
- LL ⇒ 姥姥
- GM ⇒ 哥们
- DD ⇒ 弟弟
- NN ⇒ 奶奶

C. 같은 음의 글자나 숫자를 영어 단어 대신에 사용한다.
- CU ⇒ See You
- me2 ⇒ Me too
- BB ⇒ Bye-bye
- B4 ⇒ Before
- VG ⇒ Very Good
- BBL ⇒ Be Back Later (过一会儿就回来)

D. 숫자를 사용한다.
- 55555 ⇒ 呜[wū](엉엉 울다)
- 886 ⇒ 拜拜啦[bài bài la] (再见)
- 56 ⇒ 无聊[wúliáo](무료하다)
- 7456 ⇒ 气死我了(화나 죽겠다)
- 94 ⇒ 就是
- 8147 ⇒ 不要生气

- 520 ⇒ 我爱你
- 530 ⇒ 我想你
- 268 ⇒ 脑子慢

D. 부호를 사용한다

한국의 채팅용어에서 ㅠ_ㅠ(T_T)가 눈물을 표시하고 ^ ^가 웃는 것을 표시하듯이, 중국 젊은이들도 대화에서 문자 대신 부호를 사용한다.

- -# ⇒ 입에 반창고를 붙이다(=抱歉)
- :-) ⇒ 기분이 좋다
- :-)) ⇒ 아주 기분이 좋다
- - ‖ ⇒ 화나다
- |-O ⇒ 하품하다
- |-X ⇒ 비밀을 지키다
- : O ⇒ 놀라다
- : D ⇒ 크게 웃다
- ! :-) ⇒ 상상하다

다음은 인터넷 관련 문장들이다. 먼저 원문을 스스로 번역해 보고 주어진 번역문을 참조하기 바란다.

ex **1.** 我的帖子可都是老实话，请版主多保留些日子。
제가 올린 글은 모두 사실이니 관리자께서는 며칠 더 놔두세요.

2. 要是哪一天连皮皮这样的菜鸟都打不过的话，那可就惨了。
언젠가 皮皮 같은 초보자도 이기지 못할 날이 온다면 정말 비참할 것이다.
(菜鸟 왕초보)

3. 7456！怎么大虾、菜鸟一块儿到我的洪培机上乱灌水？
[⇒气死我了！怎么超级网虫和网络新手一块儿到我的个人主页上留言？]
미치겠네! 아니 어떻게 고수, 왕초보 할 것 없이 다 내 홈페이지에 들어와서 같잖은 글을 올리지?

4. 用户在接通国际互联网后，只要在浏览器上键入http://www.cei.go.cn，就可以进入"经济要闻"进行阅读。
User들은 인터넷에 접속한 뒤 브라우저에 'http://www.cei.go.cn'을 입력하기만 하면 '经济要闻' 사이트로 들어가 내용을 읽을 수 있다.

5. 现在，我们这里上网冲浪已成为时尚，人们越来越喜欢触"网"，坐在电脑前，用一只"猫"(modem)，一只"鼠"(鼠标)，便开始了"点击"生活，把自己的全部愿望托付给电脑：物质上缺什么，上网购物；需要精神食粮，浏览网上书店；寂寞了，去网上聊天室排遣孤寂；需要爱情，求助于网上红娘。人们一"网"情深地步入虚拟世界流连忘返。

   지금 중국에서는 인터넷에 들어가 사이트를 방문하는 것이 유행이며 인터넷 접속 횟수 또한 점점 늘어나고 있다. 사람들은 컴퓨터 앞에 앉아 모뎀과 마우스를 가지고 클릭만 하면 자신이 원하는 모든 것을 컴퓨터에 맡길 수 있다. 물건이 필요하면 쇼핑몰에 들어가고 정신적인 양식이 필요하면 인터넷 서점에 들어간다. 외로우면 인터넷 대화방에 들어가 풀고 사랑을 원하면 인터넷 중매사이트의 도움을 받는다. 사람들은 인터넷이라는 가상의 세계에 푹 빠져 헤어나오지 못하고 있다.

6. 我为什么建立一个电子信箱来接收一大堆垃圾信件？我为什么天天坐在电脑前检验自己的耐心(上网速度慢得使西方人对维网www有了新的读解法："等待！等待！再等待！"因为英文和德文"等待"的第一个字母都是 W-wait, warten)，我的生活为什么让电脑一"网"打尽？一些有识之士甚至发出了"下网"(offline，离线)的呼吁。

   나는 왜 이메일을 만들어 한더미나 되는 스팸메일을 받아야 하는가? 나는 왜 매일 컴퓨터 앞에서 나 자신의 인내심을 테스트해야 하는가?(인터넷 접속 속도가 늦다보니 서양 사람들은 'www'를 '기다리고! 기다리고! 또 기다리고!'의 의미로 해석하기도 한다. 영어와 독일어에서 '기다리다'라는 의미의 'wait', 'warten'의 첫 번째 자모가 'w'이기 때문이다.) 왜 컴퓨터에게 내 생활을 전부 빼앗겨야 하는가? 일부 문제의식을 가진 사람들은 아예 인터넷을 하지 말자고 호소하기도 한다.

참고자료   기본적으로 알아 두어야 할 인터넷 관련 용어

- 主页 [zhǔyè] : 홈페이지(=洪培机 [hóngpéijī] =洪培鸡)
- 电子函件 [diànzǐ hánjiàn] : E-mail (=电子邮件=伊妹儿=小妹儿)
- 电子商务 [diànzǐ shāngwù] : 전자상거래
- 黑客 [hēikè] : 해커
- 鼠标 [shǔbiāo] : 마우스. 대만에서는 '滑鼠'
- 笔记本电脑 [bǐjìběn diànnǎo] : 노트북

- 网民 [wǎngmín] : 네티즌
- 单击 [dānjī] : 클릭 (双击 [shuāngjī] : 더블 클릭)
- 联网 [liánwǎng] : 네트워크 연결
- 键入 [jiànrù] : 키보드로 입력하다
- 网上 [wǎngshàng] : 온라인
- 上网 [shàng wǎng] : 인터넷에 접속하다
- 网络 [wǎngluò] : 네트워크
- 下载 [xiàzài] : 다운받기
- 因特网 [yīntèwǎng] (=互联网络) : 인터넷
- 网吧 [wǎngbā] : 인터넷카페, PC방
- 黄色网站 [huángsèwǎngzhàn] : 성인 인터넷사이트
- 浏览 [liúlǎn] : (이곳저곳) 들어가 보다
- 键盘 [jiànpán] : 키보드
- 只读光盘 [zhǐdúguāngpán] : CD-ROM
- 视窗98 [shìchuāng jiǔbā] : 윈도우98
- 文件 [wénjiàn] : 파일
- 离线 [líxiàn] : offline (=断开=下网=脱线)
- 赛博 [sàibó] : cyber (=赛柏)
- 瘟到 [wēndào] : Windows
- 瘟酒吧 [wēn jiǔbā] : Windows98 (=酒吧=视窗98)
- 瘟酒屋 [wēn jiǔwū] : Windows95 (=酒屋)
- 大虫 [dàchóng] : 인터넷중독자 (=网虫)
- 猫 [māo] : Modem (=猫得母)
- 新浪 [xīnlàng] : www.sina.com.cn
- 搜狐 [sōuhú] : www.sohu.com

번역 연습

(1) 今天GG, MM都上哪儿了？一个也没来。我只好也886！
(2) 按一下滑鼠左键，便看见该网页的原始码。

(3) 女人一般爱用男人的名字在网上出现，然而网上伪装得再好，仍然能够让我们一睹她们的芳容。她们具有女性特征的"吗"、"呢"、"啦"、"哇"、"人家"、"死相"、"坏蛋"之类的词语。

(4) 好东东不敢独藏，拿出来与大家分享。[东东=东西]

(5) 在网上冲浪了一整天的某位学生突然意识到，他还有家庭作业没有完成，但是已经来不及了，因为对他来说几个小时内想出问题的答案是困难的。所以他就在网络留言板上张贴出一条消息："谁能帮我想出解决方案？越快越好。"第二天他收到了来自老师的警告信。

쉬어가는 페이지

번역이야기 3 | 영상 번역

1 | 영상 번역에 대하여

책 번역이 (시를 제외하고는) 작가의 생각을 정확하게 전달하기 위해 말을 늘여서 설명하거나, 역주를 달아가면서까지 상세화시킬 수 있는 텍스트라면, 영상 번역은 작품 전체의 맥락에 어긋나지만 않는다면, 말을 바꾸는 한이 있더라도 시간을 반드시 맞춰주어야 하는 텍스트이다.

영상 번역의 시간 제한은 작품 전체의 길이에도 적용되지만, 배우들의 대사에도 적용된다. 특히 자막이 들어가지 않고 더빙을 하는 작품일 경우, 성우들이 배우의 입과 어느 정도 비슷하게 움직이도록 맺고 끊는 것을 잘 해주어야 한다. 성우는 아직 대사가 남아 있는데 배우는 이제 할 말을 다하고 다른 연기를 하고 있다거나, 배우는 계속 입을 움직여 말을 하고 있는데, 성우의 대사가 다 끝났다면 그야말로 우스운 화면이 될 것이다.

따라서 영상 번역을 할 때 제일 중요한 점이 바로 간결한 구어체 표현을 쓰는 것이다.

책을 번역할 때는 괄호를 열어 내가 선택한 용어 외에 다른 유사한 용어를 하나 더 집어넣어 의미의 정확성을 더할 수 있지만, 영상 번역은 '괄호'가 허용되지 않는다. 때로는 문장도 압축하기도 하고, 어떤 때는 두 문장 이상을 다시 조합하여 새로운 문장으로 만들기도 한다. 그렇다고 의미의 정확성을 떨어뜨려서는 안 되기 때문에 긴장을 요구하는 일이다.

그러나 한편으로는 영상 번역이 책 번역보다 쉬울 수도 있다. 어투가 구어체이고 대개가 현대어이기 때문이다. 대중적인 언어를 사용하는 만큼 대사의 의미만 파악하면, 한국 사람들이 상황을 가장 쉽게 그리고 잘 이해할 수 있는 말로 바꿔 주면 된다.

스크립트의 번역은 항상 비디오 화면과 비교하면서 해야 한다. 그렇게 하면 스크립트의 문자에 매이지 않고 화면에 보다 적합한 표현을 찾는 데 도움이 된다. 또한 시간을 맞춰야 하기 때문에도 반드시 그렇게 해야 한다. 초역이 끝난 후에는 화면과 스크립트를 비교하면서 갓 작성한 한글 대본이 동작과 대사, 그리고 전체 작품과 잘 맞는지를 확인해야 한다. 정리 과정에서 직접 성우가 되어 소리내어 읽어 보는 것도 중요하다.

2 　영화 감상시 참고할 점

영화사로부터 번역 의뢰를 받은 영화번역작가는 영화사에서 혼자 영화를 본다. 영화사 시사회실에서 자막이 없는 영화를 보고 난 후, 대본을 받아들고 와서 작업을 한다.

작품 분석에서 먼저 본인이 본 영화 감상을 적어본다. 공포면 공포영화, 애정이면 애정영화라고 결정한 뒤 주요장면을 그려 본다. 영화 스토리전개에서 중요한 부분, 주인공들의 성격과 작품을 판가름할 수 있는 대사들. 그러고 나서 어떤 식으로 번역을 해야할지 고민한다.

이 과정에서 커다란 백지를 준비해 놓고, 아래 순서대로 적어 본다.
① 작품줄거리
② 주요 등장인물 성격 분석
③ 스토리전개
④ 영화에서 이해하기 힘든 장면들
위 사항은 영화번역작업이 다 끝날 때까지 항상 참조해야 한다.

3 　더빙 번역과 자막 번역

영상예술의 번역은 더빙 번역과 자막 번역 두 가지로 나뉘어진다.

말 그대로 더빙(Dubbing) 번역이란 외국어로 녹음되어 있는 대사에 우리말을 입혀주는 더빙(우리말 녹음) 작업을 위한 번역으로서, 영화의 주인공들의 움직임과 일일이 일치시켜야 하기 때문에 고도의 기술이 요구된다. 이 작업이 요구하는 고도의 숙련성을 갖추기 위해서는 10년 이상의 훈련이 필요하다. 영화의 경우 생생하고 자연스러운 우리말 대사로 작중 인물의 성격이 그대로 살아숨쉬게 해야만 한다. 경우에 따라서는 우리 정서와 문화에 맞도록 상당부분 각색을 하여 심한 문화적인 이질감을 줄여 줘야 한다. 그러나 지나치게 토속적인 냄새를 풍기면 화면과 유리되어 넌센스코미디가 되므로 원작의 향기를 잃지 않도록 그 한계를 지켜야 한다.

대체로 대본이 완벽하게 짜여져 있는 'Full Script'의 경우, 대사뿐만 아니라 그에 대한 자세한 해설까지 곁들여져 있는 경우가 많으므로, 완벽한 대본은 번역을 하는 데 큰 도움이 된다. 대본이 아예 없는 경우를 'Optical Translation'이라 하는데, 이 경우 번역에 소요되는 시간이 대본이 있는 경우보다 두 배 이상 걸린다. 대본이 없기 때문에 화면에 의존할 수밖에 없고, 잘 알아듣기 힘든 대사는 화면을 앞뒤로 여러 번 돌려 봐야 하기 때문이다. 그래서 대본이 없는 작품은 일반 번역료보다 약 50% 가량 더 비싸다.

자막 번역은 제한된 화면에다 절제되고 함축적인 문장으로 내용을 소화해야 하기 때문에 축약하는 데 많은 어려움이 따른다. 화면을 감상하는 데 지장을 받지 않도록 가능한 한 짧게 번역하되 의미를 전달하는데 소홀함이 없어야하며 시구(詩句)처럼 군더더기 없이 다듬어져야만 한다. 짧은 문장 속에 함축적인 의미를 담는다는 것은 결코 쉬운 일이 아니기에 더빙 번역과 다름없는 노력을 해야 한다.

더빙용이든 자막용이든 시청자에게 미적인 감흥을 주기 위해선 번역이 단지 의미의 전달에 그치지 않고 뉘앙스를 살리고 원작의 향기를 보존시키는 문학으로 승화되어야 한다. 그러므로 영상예술의 번역은 소통의 미학을 추구하는 고도의 예술적·지적 작업이다.

더빙 번역을 위한 소지식

① 대사와 대사 사이의 호흡의 장단은 /, //, /// 등으로 표시한다. 즉, 일반적인 끊기는 /, 대사와 대사 사이의 호흡이 약간 길 때는 //, 장면이 바뀐다든지 혹은 액션장면이 오래 계속되어 대사가 없다든지 하는 부분에는 ///로 구분해 주면 성우들이 녹음할 때 대단히 유용하다.

   예 제가 …… / 혼자 떠나려고 했었죠 / 하지만 이젠 다 틀린 일이 되어 버렸군요 // 좋아요 / 우리 같이 가요///

② 더빙용 대사는 완벽한 구어체로 번역해야 한다.

   예 당신을 진정 사랑하는 이 마음을 알아주세요(×)
   내가 널 얼마나 사랑하는지 알아?(○)

③ 더빙 번역이 끝나면 작가 자신이 성우가 된 느낌으로 대사의 장단, 호흡을 맞추어 보아야 한다. 번역된 대사가 화면상의 원어와 어감이나 호흡이 잘 맞는지 직접 대사를 화면에 맞추어 발성해 봄으로써 최종 점검하는 것이다. 이렇게 실제 발성을 해 보면 '번역투'가 많이 있음을 느낄 수 있다.

④ 가능하면 입 모양까지 맞추어 대사를 다듬어 준다. 배우의 표정과 입놀림이 시청자에게 보여지는 경우에는 번역에서 음절과 발음에 주의해야 한다. 특히 입술소리는 화면상의 배우의 입 놀림과 맞추어 주면 훨씬 자연스럽다.

   예 来就来呗, 怕什么?
   오라면 오라지. 겁날 게 뭐야?(×)
   오라지 뭐. 겁 안나.(○)
   ('呗[bei]'와 '뭐'에는 둘 다 입술소리 'ㅂ'과 'ㅁ'이 있어 더 자연스럽게 느껴진다.)

나도 프로번역가처럼

1

　　在几千年的封建社会里，中国人的恋爱、婚姻一直受到许多限制，青年男女不能自由恋爱，他们的婚姻要由父母决定。①社会地位高的，有钱人家的儿子要找有钱人家的女儿。社会地位低的，穷人的女儿只能嫁给穷人的儿子。结婚以前男女双方不能见面，更不能谈话，结婚以后，不管有没有②感情都不能离婚。如果妻子死了，丈夫可以再一次结婚。但是如果丈夫死了，即使妻子很年轻也不能再结婚。因此，在中国"家庭"一直非常③稳定，但是，这种稳定需要牺牲个人的④感情。

예시 번역

　　몇 천 년의 봉건사회에서 중국인의 연애와 혼인은 줄곧 많은 제한을 받아왔다. 젊은 남녀는 자유연애를 할 수 없었으며 그들의 혼인은 부모가 결정하였다. 사회 지위가 높고 돈 있는 집의 아들은 돈 있는 집의 딸을 찾았다. 사회 지위가 낮고 가난한 사람의 딸은 가난한 사람의 아들에게 시집갈 수밖에 없었다. 결혼 전에 남녀는 서로 만날 수 없었으며 이야기는 더욱이 할 수 없었다. 결혼 후 감정이 있든 없든 이혼은 할 수 없었다. 아내가 죽으면 남편은 재혼할 수 있었지만 남편이 죽으면 아내가 아무리 젊어도 재혼할 수 없었다. 그래서 중국의 가정은 지금까지 안정되었다. 하지만 이러한 안정에는 개인의 감정을 희생시켜야만 했다.

설명

① '社会地位'에서 '社会'와 '地位'는 연합관계가 아니고 수식관계이다. 따라서 '사회 지위'가 아니고 '사회적 지위'로 번역해야 한다.
② '感情'은 '애정'으로 번역하는 것이 좋다.
　　예 他们夫妻俩个人感情很好。
③ '가정이 안정되다'란 표현은 원문의 내용에 맞지 않으므로, '稳定'을 '안정되다'가 아닌 다른 말로 번역해야 한다. 사전에 다른 대응어가 없을 경우 문

맥과 字意에 근거해서 번역한다.
④ '感情'은 '其他追求的生活'를 의미한다. 한국어로 마땅한 대응어가 없을 경우 번역에서 삭제해도 무방하다.

필자 번역

수천 년간 지속되어 온 봉건사회에서 중국인의 연애와 혼인은 줄곧 많은 제약을 받아왔다. 결혼 당사자들은 서로 자유로이 사귈 수 없었고 결혼은 부모들이 결정하였다. 사회적으로 지위가 높고 부유한 집 남자는 부유한 집 여자를 찾아야 했다. 사회적으로 지위가 낮고 가난한 집 여자는 가난한 집 남자에게 시집갈 수밖에 없었다. 결혼 당사자들이 결혼식을 올리기 전에 서로 만나거나 이야기를 나누기는 어려웠다. 결혼한 뒤에 애정이 식어도 이혼할 수 없었다. 결혼 당사자 중 상대방이 먼저 죽으면, 남자는 쉽게 재혼할 수 있었지만 여자는 아무리 젊더라도 그렇게 할 수 없었다. 그 때문에 중국의 '가정'은 줄곧 흔들리지 않고 유지될 수 있었다. 하지만 가정의 안정에는 개인의 희생이 따라야 했다.

2

① 从本世纪中期开始，父母决定婚姻的情况有了根本的改变，青年人可以自由恋爱，自由结婚了。但是传统的婚姻观念还存在，找对象时还必须看对方的社会地位，结婚后不幸福也不愿意离婚，怕别人笑话、看不起，老年人的恋爱会受到子女和周围人的反对。② 不同的人仍然在用不同的方式压抑自己的感情。进入八十年代以后，随着经济的不断发展，③ 人们的思想得到了很大的解放，再也不用压抑自己的感情了，可以勇敢地追求爱情和幸福。于是，大学生找农民企业家，老年人第二次结婚，协议离婚等事 ④ 越来越多，可以说，中国人保守的婚姻观念终于发生了变化。

예시 번역

본 세기 중엽부터 시작해서 부모가 혼인을 결정하는 상황에는 근본적인 변화가 있었다. 젊은이들은 자유로이 사귈 수 있었으며 자유로이 결혼할 수 있게 되었다. 그렇지만 전통적인 혼인관념은 여전히 남아 있어 상대를 찾을 때는 반드시 상대방의 사회적 지위를 보아야 하고 결혼 후 행복하지 않더라도 다른 사람들이 비웃고 무시할까봐 이혼하기를 원하지 않았으며 노인들의 교제는 자녀와 주위 사람들의 반대에 부딪혔다. 서로 다른 사람은 여전히 서로 다른 방식으로 자신들의 감정을 억압하고 있었던 것이다. 80년대에 들어선 이후 경제의 끊임없는 발전으로 사람들의 사상은 큰 해방을 맞이하여 더 이상 자신의 감정을 억누를 필요가 없게 되었으며 용감하게 애정과 행복을 추구할 수 있게 되었다. 그래서 대학생들이 농민기업가를 찾는다든지 노인들이 재혼을 한다든지 협의이혼을 한다든지 하는 일들이 점점 더 많아지고 있는데, 중국인들의 보수적인 혼인관념이 마침내 변하고 있다고 말할 수 있다.

설명

① '本世纪'는 '20세기'로 번역.
② 직역의 방식으로 번역해서는 무슨 말인지 알기 어렵다. 독자가 읽고 이해할 수 있는 뜻으로 바꾸어 주어야 한다.
③ '사상이 해방을 맞이하다'란 표현은 한국어 표현으로는 맞지 않다.
④ '……越来越多，可以说，……'는 '可以说' 앞에서 끊어 줄 수 있다. (원문에서도 앞의 내용을 총괄하여 '这可以说'로 표현할 수 있다.)

필자 번역

20세기 중엽에 들어서면서 남녀간의 혼인을 부모가 결정하는 상황에 질적인 변화가 일어나기 시작했다. 젊은이들은 서로 마음대로 사귀기 시작했고 결혼도 본인들이 원하는 대로 할 수 있게 되었다. 그렇지만 전통적인 결혼관 또한 완전히 사라지지는 않았다. 배우자를 구할 때에도 그 사람의 사회적인 지위를 고려하기 일쑤였고, 결혼 후에는 결혼 생활이 행복하지 않더라도 다른 사람들의 눈을 의식한 나머지 쉽사리 이혼하려고 하지 않았다. 또한 노인들끼리의 교제는 자녀와 주위 사람들의 반대에 부딪히기 십상이었다. 이 무렵에는 누구든지 각자의 처지에 따라 자신들의 감정을 억압하고 있었던 셈이다. 80년대 들어 지속적인 경제 발전으로 사람들의 생각 또한 훨씬 자유로워졌다. 이제 사람들은 더 이상 자신의 감정을 억누를 필요가 없게 되었고 자신 있게 사랑과 행복을 추구하기 시작했다. 그래서 대학생들이 농민기업가와 결혼을 하기도 하고, 노인들이 재혼을 하거나 협의이혼을 하는 일들도 부쩍 늘어나고 있다. 이는 중국인들의 보수적인 혼인관이 변하고 있음을 말해 준다.

3

①恋爱婚姻方面的挫折,往往在事业上得到了补偿,她们中间有不少人一心扑到事业上,取得突出的成就,并从中得到心理的满足。看着别人恋爱、结婚、生男育女,她们也许会有几分羡慕。但自己那无牵无挂的自由自在的生活,以及②超脱于世人的精神方面的追求与满足,似乎又抵得上家庭生活的缺憾了。

예시 번역

연애결혼에서의 좌절은 종종 일에서 보상받는다. 이들 중에는 오로지 일에만 몰두하여 뛰어난 성과를 거두고 그리고 여기에서 심리적인 만족을 얻는 사람도 많다. 이들은 다른 사람이 연애하고 결혼하고 자식을 낳는 것을 보면 아마도 조금은 부러움을 느낄 수도 있을 것이다. 그러나 자신들의 거리낌 없는 자유로운 생활, 그리고 세인에 얽매이지 않는 정신적인 면에서의 추구와 만족으로 가정생활에서의 부족함을 채우는 것 같았다.

설명

① 우선 '恋爱婚姻'을 '연애결혼'으로 번역하면 자칫 '중매결혼'과 대비되는 용어로 이해될 수 있기 때문에 '연애나 결혼'과 같은 식으로 분리하여 번역해야 한다. 그리고 '恋爱婚姻方面的挫折, 往往在事业上得到了补偿'에서 명사구 '연애나 결혼에서의 좌절'은 '연애나 결혼에서 겪은 좌절'과 같이 동사를 첨가하여 번역할 수도 있고 '연애나 결혼에서 좌절을 겪다'와 같이 술어로 풀어 번역할 수도 있다. 부사어 '往往'은 술어 '많다'로 번역할 수 있다.

② '超脱于世人的'의 번역에서 '세인에 얽매이지 않는'은 단어를 첨가하여 '세인의 삶에(世人的生活) 얽매이지 않는'으로 번역하면 의미가 더욱 명확하다.

필자 번역

연애나 결혼에서 겪은 좌절을 일을 통해 보상받는 사람들도 많다. 이들은 오로지 일에 몰두하여 뛰어난 성과를 거두고 여기에서 심리적인 만족을 얻는다. 다른 사람들이 연애하고 결혼하고 자식을 낳는 것을 부러워할 수도 있을 것이다. 그러나 이들은 주변일에 신경 쓰지 않고 자유롭게 생활하고, 세인의 삶에 얽매이지 않는 정신적인 면을 추구하면서 만족해한다. 그럼으로써 가정을 이루지 못한 데 따른 아쉬움을 달래려고 하는 것 같다.

4

进入八十年代，在开放的浪潮中社会习俗也发生了变化，老人再婚已不是稀奇的事了。人们对这样的事有了新的看法，采取了欢迎的态度。不过更① <u>深刻的原因在于实际的需要</u>：中国以前的大家庭已被小家庭所代替，儿女结婚以后多半离开父母单独生活，老夫老妻相依为命，一旦丧偶，生活和精神都会出现很多问题，需要再找一个老伴儿。② <u>但也正因为许多老人再婚是出于这种实际的需要，相对说来爱情的因素不多，所以造成不少问题。</u>③ <u>男的再婚为了找个人照料自己的生活，女的再婚为了得到经济的保障</u>，④ <u>结婚后一旦感到不满足就会再离婚</u>。他们从相识到结婚，时间短；从结婚到离婚，时间也短。匆匆结婚，匆匆离婚，这样的事很多。

예시 번역

80년대 들어 개방의 물결 속에 사회의 풍속이나 습관에도 변화가 일어났다. 노인들의 재혼은 더 이상 희귀한 일이 아니었다. 사람들은 이러한 일에 대해 새로운 견해를 가지고 환영하는 태도를 취했다. 그렇지만 더욱 심각한 원인은 실제적인 필요성에 있었다. 중국의 이전의 대가정은 이미 소가정으로 대체되었고 자녀들은 결혼 후 태반이 부모를 떠나 단독으로 생활하였다. 노부부는 서로 의지하며 살아가다 일단 배우자를 잃게 되면 생활과 정신면에서 많은 문제가 발생하게 되어 다시 반려자를 찾게 된다. 그러나 많은 노인들의 재혼이 바로 이러한 실제적인 필요성, 즉 애정적인 부분이 상대적으로 많지 않은 데서 나왔기 때문에 많은 문제를 낳게 된다. 남자 쪽의 재혼은 자신의 생활을 돌봐 줄 사람을 찾기 위해서이고 여자 쪽의 재혼은 경제적 보장을 얻기 위해서이다. 결혼 후 일단 불만을 느끼면 다시 이혼하게 된다. 그들이 서로 알기부터 결혼할 때까지의 시간은 짧고 결혼에서 이혼까지의 시간 또한 짧다. 그렇게 성급하게 결혼하고 성급하게 이혼하는 일이 많다.

① 중국어의 '深刻', '实际'는 한국어 한자어와 동일하기 때문에 학습자는 사전을 찾아보지도 않고 '심각한', '실제적인'의 뜻으로 번역하기 쉽다. 그러나 이들 단어가 사용된 문맥을 보면 '심각한', '실제적인'으로 번역해서는 독자가 전혀 이해할 수가 없다. 문맥에서는 노인들의 재혼이 늘어난 '근본적인' 원인은 '현실적인' 필요성 때문임을 설명하고 있다.

② '但也正因为许多老人再婚是出于这种实际的需要, 相对说来爱情的因素不多, 所以造成不少问题。'에서는 삽입어 '相对说来爱情的因素不多'를 어떻게 처리하여 번역하느냐가 관건이다. '현실적인 필요성' 앞에 두어 '그러나 많은 노인들의 재혼문제가 바로 이처럼 애정적인 요소 없이 현실적인 필요성에서 나왔기 때문에 많은 문제를 낳게 된다.'로 번역하면 무난하다.

③ '男的再婚为了找个人照料自己的生活, 女的再婚为了得到经济的保障'의 경우, 원문의 구조대로 '남자 쪽의 재혼은 ~을 찾기 위해서이고 여자 쪽의 재혼은 ~을 얻기 위해서이다.'로 번역할 수도 있다. 하지만 '남자 쪽은 ~을 위해서 재혼하고 여자 쪽은 ~을 위해서 재혼한다.'처럼 '再婚'을 동사로 번역해도 된다.

④ 해석 부분을 보면 앞문장과의 연결에서 접속사가 빠진 느낌이다. 문장간의 연결을 매끄럽게 하기 위해 '그래서'라는 접속사를 첨가하는 것이 좋다. 물론 접속사를 사용하지 않고 '남자 쪽의 재혼은 자신의 생활을 돌봐 줄 사람을 찾기 위한 것이고 여자 쪽의 재혼은 경제적 보장을 얻기 위한 것이기 때문에 결혼 후 일단 불만을 느끼면……'처럼 연결시켜 줄 수도 있을 것이다.

필자 번역

　　80년대 들어 개방의 물결 속에 사회적인 관습에도 변화가 일어났다. 노인들의 재혼은 더 이상 희귀한 일이 아니었다. 사람들은 이에 대해 생각을 바꾸어 환영하는 태도를 취했다. 그렇지만 이러한 변화의 주된 원인은 현실적인 필요성에서였다. 중국사회는 이전의 대가족에서 핵가족으로 바뀌었고, 대부분의 자녀들은 결혼하면 부모 곁을 떠나 분가해서 산다. 그러다 보니 노부부는 서로 의지하며 살아가다 일단 배우자를 잃으면 생활과 정신면에서 많은 어려움이 생겨 다시 반려자를 찾게 된다. 그러나 많은 노인들의 재혼문제가 바로 이처럼 애정적인 요소 없이 현실적인 필요성에서 나왔기 때문에 문제가 많이 생길 수밖에 없다. 남자 쪽의 재혼은 자신의 생활을 돌봐 줄 사람을 찾기 위해서이고 여자 쪽의 재혼은 경제적 보장을 얻기 위해서이다. 이 때문에 이들은 결혼한 후 일단 불만을 느끼면 다시 이혼한다. 이들은 만남에서 결혼까지의 시간도 매우 짧고 결혼에서 이혼까지의 시간도 매우 짧다. 빨리빨리 결혼하고 빨리빨리 이혼하는 일이 많아지는 것이다.

5

　　老人再婚最大的障碍是双方的儿女，有些儿女觉得父母再婚自己脸上无光，有些儿女怕父母再婚失去继承权，他们常常采取反对的态度。有的老人虽然想再结婚，但被儿女管住了，只好作罢。① 有的老人虽然不顾儿女反对结了婚，但婚后和儿女的关系又成为一大问题。"黄昏恋"这名称很好听，许多老人 ② 确实也因此得到了晚年的幸福，但有些情况并不像这个好听的名称这样美好。其中的麻烦问题还需要 ③ 进一步加以解决。

예시 번역

　　노인들 재혼의 가장 큰 장애는 양쪽 자녀들이다. 어떤 자녀는 부모의 재혼이 자신들 얼굴에 먹칠을 하는 것으로 여기는가 하면, 어떤 자녀는 부모의 재혼으로 인해 상속권을 잃을 것을 걱정하여 항상 반대의 태도를 취한다. 어떤 노인들은 비록 재혼하고 싶으나 자녀들의 간섭으로 인해 그만둘 수밖에 없었다. 어떤 노인들은 자식들이 반대하는 것에 상관하지 않고 결혼하나, 혼인 후 자식과의 관계가 또한 큰 문제가 된다. '황혼 사랑'이란 이 명칭은 대단히 듣기가 좋다. 그리고 확실히 많은 노인들 또한 이로 인해 만년의 행복을 얻었다. 하지만 이 듣기 좋은 명칭만큼이나 그렇게 아름다운 경우만 있는 것은 아니다. 그 중 골치 아픈 문제들은 더욱 적극적으로 해결해야 할 필요가 있다.

설명

① 원문의 구조대로 '어떤 노인들은 자식들이 반대하는 것에 상관하지 않고 결혼하나'로 번역할 수도 있고 술어 부분을 '어떤 노인'을 수식하는 관형어형으로 바꾸어 '자식들의 반대에 상관하지 않고 결혼하는 노인들도 있으나'로 번역할 수도 있다.
② 부사어 '确实'를 술어 '분명하다', '확실하다'로 번역할 수도 있다.

필자 번역

노인 재혼의 가장 큰 장애는 양쪽 자녀들이다. 어떤 자녀는 부모의 재혼으로 자신들 체면이 깎인다고 생각하는가 하면 어떤 자녀는 자신들의 상속권을 잃을까봐 반대하기도 한다. 어떤 노인들은 재혼을 하려다가 자녀들의 간섭으로 그만두기도 한다. 자식들의 반대에 상관하지 않고 결혼하는 노인들도 있으나, 재혼 뒤 자식과의 관계가 큰 문제로 남는다. '황혼 사랑'이란 말이 듣기에도 좋을 뿐더러 많은 노인들이 재혼으로 만년의 행복을 얻은 것도 확실하다. 하지만 이 듣기 좋은 말만큼 아름다운 경우만 있는 것은 아니다. 그 때문에 생기는 골치 아픈 문제들은 앞으로 해결해야 할 필요가 있다.

6

　　1840年以后的中国近现代史，实质上是中国人民为实现中国现代化而奋斗的历史。① <u>建成现代化社会，跻身于世界先进民族之林，这是中国几代人的理想。</u>② <u>1978年以来，我国实行以经济建设为中心的方针，实行改革开放，使这个理想正在逐步变为现实。</u>80年代初，我国制定了实现现代化分三步走的发展战略。第一步，实现国民生产总值 ③ 比1980年翻一番，解决人民的 ④ 温饱问题。这个目标在1987年就 ⑤ 基本达到了；第二步，到本世纪末，使国民生产总值再增长一倍，人民生活达到 ⑥ 小康水平；第三步，再奋斗30…50年，使人均国民生产总值达到 ⑦ 中等发达国家的水平，人民生活比较富裕，基本建成现代化社会。现在，我们正在为2000年实现小康社会而建设着，21世纪的上半叶，将是我国全面建成有中国特色的社会主义现代化的历史时期。

—陆学艺, 『21世纪中国的社会结构』—

예시 번역

1840년 이후 중국의 근현대사는 사실상 중국의 현대화를 실현하기 위한 투쟁의 역사이다. 현대화된 사회의 건설과 선진국 대열 진입이 바로 중국이 역대로 추구해 온 이상이다. 1978년 이래 중국은 경제 건설을 중심 방침으로 개혁개방(改革開放)을 실행하여 이런 이상은 현실로 점차 변화하고 있다. 80년대 초에는 현대화를 실현하기 위한 3단계 발전 전략을 제정했다. 첫 단계는 국민총생산액을 1980년보다 배로 증가시켜 국민의 생계문제를 해결한다. 이 목표는 1987년에 기본적으로 달성했다. 2단계는 이번 세기 말까지 국민총생산액을 다시 배로 증가시켜 국민 생활의 수준을 높이고, 3단계는 다시 30~50년간 분투하여 국민총생산액이 중등선진국 수준에 달해 국민 생활은 비교적 부유하여 현대화 사회를 기본적으로 달성하는 것이다. 현재 우리는 2000년 소강사회(小康社會: 중산층이 중심세력이 되는 사회)를 실현하고자 노력하는 중이고 21세기 전반기는 중국특색의 사회주의의 현대화를 본격적으로 건설하는 역사적 시기이다. (번역서에서 발췌)

설명

① '현대화된 사회의 건설과 선진국 대열 진입'처럼 병렬관계의 '~하고 ~하다'로 번역하는 것보다 '~해서 ~하다'로 번역하는 것이 좋다.

② 이와 같이 번역할 수도 있고 '이 이상은 1978년 이래 중국이 경제 건설 중심의 방침을 정하고 개혁·개방정책을 실시함으로써 점차 현실로 되어가고 있다.'로 번역할 수도 있다. '实行……方针'을 '방침을 실행하다'로 번역하면 한국어 호응관계가 맞지 않다. 그래서 '实行'을 '정하다'로 번역하였다.

③ 번역을 '1980년보다 2배 증가되었다'로 한다면 이는 틀린 표현이다. '1980년보다 배로 증가되었다'로 표현하거나 '1980년의 2배로 증가되었다'로 표현해야 한다.

④ '温饱问题'를 '기본생계문제'로 번역할 수도 있으나 여기서는 좀더 구체적인 의미로 '먹고 입는 문제'로 번역하였다.

⑤ '这个目标在1987年就基本达到了.'를 '이 목표는 1987년에 기본적으로 달성되었다.'로 번역하면 독자는 무슨 말인지 알 수가 없다. 한국어에서 '기본'은 '사물의 기초와 근본'이란 뜻을 나타낸다. 반면 중국어의 '基本'은 명사 '根本'의 뜻 외에 부사 '大体上'의 뜻으로도 쓰인다. 예를 들어 '7月上旬学校的工作就基本结束了.' 역시 '基本'이 이러한 의미의 부사어로 쓰인 경우이다. 따라서 본문의 '基本'은 '거의 완성되었음'을 뜻하는 단어로 번역해야 한다.

⑥ '小康水平'은 역주를 달아 주어야 한다. 역주가 있기 때문에 원문대로 '소강수준'으로 번역해도 되고 아예 독자가 알기 쉽게 '넉넉한 수준'으로 번역해도 된다.

⑦ '中等发达国家'는 '중진국', 혹은 '개발도상국'의 의미가 아니고 '중등급 선진국'의 의미다.

필자 번역

1840년 이후 중국의 근현대사는 본질적으로 현대화 실현을 위한 중국인민들의 투쟁의 역사이다. 현대화사회를 건설하여 선진국 대열에 진입하는 것이 바로 중국이 몇 세대에 걸쳐 추진해 온 이상이다. 1978년 이래 중국이 경제 건설 중심의 방침을 정하고 개혁·개방정책을 실시함으로써 이 이상은 점차 현실화되어 가고 있다.

1980년대 초 중국은 현대화 실현을 위한 3단계 발전전략을 세웠다. 그 첫 번째 단계는 국민총생산액을 1980년보다 배로 증가시켜 국민의 먹고 입는 문제를 해결하는 것이다. 이 목표는 1987년에 거의 달성하였다. 두 번째 단계는 20세기 말까지 국민총생산액을 다시 배로 증가시켜 국민생활을 소강수준(小康水平:1인당 국민소득 800달러 정도 - 역주)에 이르도록 하는 것이다. 세 번째 단계는 다시 30~50년간 계속 노력해서 1인당 국민총생산액을 중등선진국 수준으로 끌어올려 국민 생활을 비교적 풍요롭게 함으로써 현대화사회를 거의 이룩하는 것이다.

중국은 바야흐로 2000년까지 소강사회(小康社會)를 이룩하기 위해 노력하고 있으며, 21세기 전반기는 중국 특색의 사회주의 현대화를 전면적으로 달성하는 역사적인 시기가 될 것이다.

7

① <u>1978年以来的改革开放，给中国社会带来了巨大的进步和深刻的变化。</u>中国目前正处在社会转型时期，正在由传统社会向现代化社会转化，由农业社会向工业社会转型，由乡村社会向 ② <u>城镇</u>社会转化，由封闭半封闭社会向开放社会转化。由传统社会向现代化社会转化的社会结构转型并不是社会主义社会发展中的特有现象，而是所有经济发达的现代化国家都经历过的现代化过程中的一个过渡性阶段。但是由于中国社会在历史背景、文化背景、经济背景、资源背景等方面的特殊性，使中国社会结构转型表现出若干不同于一般社会转型的特点，③ <u>具有中国特色的一个重要方面是目前我们在实现向现代化社会转型的时候，同时要实现由计划经济体制向社会主义市场经济体制转变，首先要进行一系列的体制性的改革。</u>

예시 번역

1978년 이래의 개혁개방은 중국사회에 거대한 진보와 중대한 변화를 가져다 주었다. 현재 중국은 사회 전환 시기에 있다. 전통사회에서 현대화사회로, 농업사회에서 공업사회로, 향촌(鄉村)사회에서 향진(鄉鎭)사회로, 폐쇄사회에서 개방사회로의 전환 중인 것이다. 전통사회에서 현대화사회로 전환하는 사회구조의 전환은 사회주의의 사회 발전에서만 있는 특수한 현상이 아니라 경제가 발달한 모든 현대 국가가 거치는 현대화 과정 중의 한 과도기적 단계이다. 그러나 중국사회는 역사적, 문화적, 경제적, 자원적 배경 등 각 방면의 특수성으로 인해 사회구조 전환이 일반적인 사회 전환의 특징과는 약간 다르게 표현된다. 중국 특색을 갖춘 중요한 면은 현재 현대화사회로의 전환을 실현해야 함과 동시에 계획경제체제를 벗어나 사회주의 시장경제체제로의 전환을 실현하기 위한 일련의 체제 개혁을 진행해야 한다는 것이다.

설명

① 첫 번째 줄은 원문의 무생물 주어를 번역문에서도 그대로 주어로 번역해도 되고, 무생물 주어를 꺼리는 한국어의 특성을 고려하여 '1978년 이래의 개혁·개방으로 중국사회는 큰 발전과 함께 중대한 변화를 맞이하였다.'로 번역해도 된다. '深刻的变化'를 '심각한 변화'로 번역해서는 안 된다.
② '城镇社会'는 우리 행정구역에서 보면 대도시가 아닌 군이나 읍, 면에 해당하지만 그래도 '乡村社会'와 대비시켜 '도시사회'로 번역하는 게 좋다.
③ "但是由于中国社会在历史背景、文化背景、经济背景、资源背景等方面的特殊性, 使中国社会结构转型表现出若干不同于一般社会转型的特点, / 具有中国特色的一个重要方面是目前我们在实现向现代化社会转型的时候, 同时要实现由计划经济体制向社会主义市场经济体制转变, / 首先要进行一系列的体制性的改革。"

이 문장은 세 개의 문장으로 끊어서(/ 부분) 번역해야 한다. 두 번째 문장과 세 번째 문장과는 인과관계이다. 그래서 세 번째 문장 '首先要进行一系列的体制性的改革' 앞에 '所以'를 첨가하여 번역하면 앞뒤 문장간의 의미 연결이 보다 분명해진다. '首先' 앞에 '무엇보다도'라는 말을 첨가하여 번역하면 훨씬 한국어 표현답다. 또한 마지막 절의 '进行'은 '진행하다', '하다'로 번역해도 무방하지만 '서두르다'로 번역하는 것이 훨씬 역동적이고 구체적인 느낌을 줄 수 있다.

필자 번역

1978년 이래의 개혁·개방은 중국사회에 커다란 발전과 중대한 변화를 가져다 주었다. 중국은 지금 사회 전환기에 놓여 있다. 즉, 전통사회에서 현대화사회로, 농업사회에서 공업사회로, 농촌사회에서 도시사회로, 폐쇄·반폐쇄사회에서 개방사회로 전환하고 있다. 전통사회에서 현대화사회로 이행하는 사회구조 전환은 사회주의 사회 발전 과정 중에서만 나타나는 특수한 현상이 아니라 경제가 발달한 모든 현대화 국가들이 이미 다 거쳤던 현대화 과정 중 하나의 과도기적인 단계이다. 그러나 중국사회의 역사적 배경, 문화적 배경, 경제적 배경, 자원적 배경에서의 특수성 때문에 중국 사회구조 전환에는 일반 사회의 전환과는 다른 몇 가지 특징이 나타난다. 중국 특색을 지닌 중요한 것 중 하나가 바로 현재의 중국이 현대화사회로 전환함과 동시에 계획경제체제에서 사회주의 시장경제체제로 전환해야 한다는 점이다. 때문에 무엇보다도 먼저 일련의 체제 개혁을 서둘러야 한다.

8

① <u>社会结构转型和经济社会体制改革如此密切地联系在一起</u>, 这在其他国家的现代化过程中是很少见的。② <u>从传统社会向现代化社会转变，从计划经济体制向社会主义市场经济体制转轨</u>, 结构转型和体制改革同时进行, 使得转型过程中出现的结构冲突, 体制摩擦, 多重利益矛盾, 角色冲突, 价值观念冲突交织在一起, 使得情况更加复杂, 增加了转化的难度, 何况, 这场变革又是在拥有12亿人口、③ <u>发展很不平衡</u>的大国中进行, 所以进行这场变革的困难、复杂、艰巨程度是可以想见的。这也是我们在实现社会结构转型、体制改革的过程中要特别强调稳定机制, 协调机制和创新机制的作用的 ④ <u>原因所在</u>。1978年以来, 我国实行的改革开放政策, 有力地推动了这一伟大的历史性转变的进程。⑤ <u>实践证明, 改革开放既是社会主义制度的自我完善, 又是建设有中国特色的社会主义, 实现中国社会现代化的必由之路</u>。

예시 번역

사회구조의 전환과 경제체제의 개혁은 이런 밀접한 관계가 있고, 이것은 다른 나라의 현대화 과정 중에서는 극히 드문 일이다. 전통사회에서 현대화사회로의 전환, 계획경제체제에서 사회주의 시장경제체제로의 전환은 구조적 전환과 체제 개혁을 동시에 진행한다. 전향의 과정 중 구조적 충돌은 불가피하며 체제 마찰, 이익 모순, 시각의 충돌, 가치관의 충돌이 교차적으로 발생해서 상황을 더욱 복잡하게 한다. 더욱이 이런 개혁이 12억의 인구를 갖고 있고, 매우 불균형한 발전의 길을 걷는 나라에서 진행되고 있다고 생각한다면, 개혁의 어려움과 복잡함, 그리고 난이도는 가히 상상할 수 있다. 사회구조의 전향과 체제 개혁을 실현하는 과정에서 특히 안정 기제(機製), 협조 기제, 그리고 창조 기제의 작용을 우리가 특별히 강조해야 하는 원인이 바로 여기에 있다. 1978년 이래 중국이 실행한 개방정책은 이 위대한 역사적 전환의 대 역사를 강력하게 추진시켰다. 개혁개방은 바로 사회주의의 제도적 자아 완성이고 중국 특색의 사회주의를 건설하고 중국 사회의 현대화를 실현하는 필수적인 길임을 우리의 실천이 증명하고 있다.

설명

① 첫 번째 복합문은 '합하여 번역하기'를 해야 한다. 즉, 원문의 '……, 这……'를 '……한 것은 ……'으로 번역해야 한다.

② '从传统社会向现代化社会转变, 从计划经济体制向社会主义市场经济体制转轨, 结构转型和体制改革同时进行'은 네 개의 어구가 동등한 관계로 병렬된 것이 아니다. '结构转型和体制改革'는 앞 어구의 내용을 다시 설명한 것이기 때문에 '……, 즉 ……'으로 번역하는 게 적합하다.

③ '무엇에 대한 불균형한 발전'인지의 개념이 모호하기 때문에, 원문에는 없지만 '지역간의'란 말을 보충해 준다.

④ '이는 ……을 강조하는 원인이기도 하다'로 번역할 수도 있고 '원인이 바로 여기에 있다'로 번역할 수도 있다.

⑤ '①社会主义制度的自我完善/②建设有中国特色的社会主义/③实现中国社会现代化的必由之路'는 병렬 관계로 이루어진 구조가 아니고 '①社会主义制度的自我完善/②建设有中国特色的社会主义/③实现中国社会现代化'가 모두 '必由之路'를 꾸며주는 구조로 이루어졌다. '自我完善'은 '자아 완성'으로 번역해서는 안 되고 '자체 보완'으로 번역해야 한다.

필자 번역

사회구조 전환과 경제・사회 체제의 개혁이 이처럼 밀접하게 연계되어 있는 것은 다른 나라의 현대화 과정에서는 아주 보기 드문 일이다. 전통사회에서 현대화사회로의 전환과 계획경제체제에서 사회주의 시장경제체제로의 전환, 즉 구조 전환과 체제 개혁을 병행함으로써, 전환 과정에서 나타나는 구조적인 충돌, 체제간의 마찰, 여러 집단간의 이익 모순, 역할

간의 충돌, 가치관의 충돌을 서로 뒤엉키게 하고 일을 더 복잡하게 만들어 전환이 더욱 어려워졌다.

더구나 이 개혁은 12억 인구를 가진, 지역간의 불균형한 발전의 길을 걷고 있는 대국에서 진행되고 있는 것인 만큼 그 개혁의 어려움과 복잡함, 힘듦을 미루어 짐작할 수 있다. 중국이 사회구조의 전환과 체제 개혁을 실현하는 과정에서 안정적 메커니즘, 조화적 메커니즘과 창의적 메커니즘의 역할을 특별히 강조해야 하는 원인이 바로 여기에 있다.

1978년 이래 중국은 개혁·개방 정책의 실행으로 이 위대한 역사적 전환(전통사회에서 현대사회로) 과정을 가속화시켰다. 그동안의 실천 과정에서 이미 증명된 바와 같이, 중국의 개혁·개방은 사회주의제도 자체의 보완이자 중국 특색의 사회주의 건설이며 중국사회의 현대화 실현에서 반드시 가야 할 길이다.

1 | 한국어 문장 바로 쓰기
2 | 번역능력인정시험에 대하여
3 | 모범답안
4 | 참고문헌

> 부록 1

한국어 문장 바로 쓰기

1. 문장의 적절한 길이

　일반적으로 짧은 문장은 강하면서 쾌활하고 분명한 느낌을 준다. 반면에 문장이 건조해지기 쉬운 단점이 있다. 긴 문장은 주제를 중심으로 여러 가지 내용을 포섭하는 듯한 부드러운 인상을 줄 수 있지만, 지루하고 난해한 문장이 되기 쉽다. 또한 완결성과 통일성을 잃기 쉽고, 자칫하면 주어와 술어가 호응이 깨지거나 내용이 무엇인지 파악하기도 어려워진다. 따라서 문장의 길이는 글의 성격이나 내용에 따라 번역자가 적절히 조절해야 한다.
　다음의 예문들을 보면서 긴 문장과 짧은 문장의 특징을 직접 느껴 보자.

(1) 많이 사귄다고 무조건 좋은 친구가 아니라, 한 둘이라도 좋으니 자기의 생각을 부담 없이 털어놓을 수 있는 진정한 친구가 진짜 친구지, 양적으로는 많아도 자기의 생각을 털어놓고 얘기할 만한 친구가 없는 사람은 정말 외롭고 불쌍한 사람이다.
　⇒ 친구를 많이 사귄다고 무조건 좋은 것은 아니다. 한 둘이라도 좋으니 자기의 생각을 부담 없이 털어놓을 수 있는 진정한 친구가 있어야 한다. 양적으로 아무리 많아도 자기의 생각을 털어놓고 얘기할 만한 친구가 없는 사람은 정말 외롭고 불쌍한 사람이다.

(2) 행정의 정치적 중립성을 강화하자는 뜻에 따라 법 개정에 앞장섰던 여당도 정당법을 위반한 고위공직자에 대한 처벌을 미루는 등 위법 행위에 대해 책임지고 규명할 의지가 없다고 지적받고 있다.
　⇒ 여당은 행정의 정치적 중립성을 강화하자는 뜻에 따라 법 개정에 앞장섰다. 그러나 고위공직자가 정당법을 위반했는데도 처벌을 미루고 있다. 이로 인해 여당은 위법 행위를 책임지고 규명할 의지가 없다고 지적받고 있다.

(3) 물질적으로는 풍요롭지만 정신적으로는 그렇지 못한 서구인들이 정신적인 해탈과 마음의 평화를 얻기 위해 종교에 귀의한다는 것은 물질적인 행복 추구만으로는 인간이 만족할 수 없다는 것을 의미한다.
　⇒ 물질적으로는 풍요롭지만 정신적으로는 그렇지 못한 서구인들은 정신적인 해탈

과 마음의 평화를 얻기 위해 종교에 귀의한다. 이것은 물질적인 행복 추구만으로는 인간이 만족할 수 없다는 것을 의미한다.

(4) 시는 언어를 매체로 하고 있는 문학 가운데서도 가장 대표적인 언어 예술로서 독특한 정리와 조합에 의하여 재구성된 언어, 함축적이고 운율적인 언어를 필요로 하며, 다양하고 암시적이며 상징적인 의미를 지니도록 언어의 기능을 심화시켜 사용할 뿐만 아니라, 모든 요소를 유기적으로 압축시킨 구조와 형식을 요구하는 문학의 한 양식이라 하겠다.
⇒ 시는 가장 대표적인 언어 예술이다. 시가 문학의 다른 장르와 구별되는 점은 독특한 정리와 조합에 의하여 재구성된 언어, 함축적이고 운율적인 언어를 필요로 한다는 사실이다. 따라서 시인은 다양하고 암시적이며 상징적인 의미를 지니도록 언어의 기능을 심화시켜 사용한다. 이처럼 시는 언어를 유기적으로 압축시켜서 구조와 형식을 구축하는 문학의 한 양식이라 하겠다.

(5) 우리에게 있어서 가장 가치 있는 것은 무엇일까 하는 데 대해서는 여러 가지 대답이 나올 수도 있겠지만 대부분의 사람들은 생명의 가치를 최우선으로 거론한다.
⇒ 우리에게 있어서 가장 가치 있는 것은 무엇일까. 이에 대해서는 여러 가지 대답이 나올 수 있을 것이다. 하지만 대부분의 사람들은 생명의 가치를 최우선으로 거론한다.

(6) 모든 범죄의 일차적인 원인과 책임은 개인에게 있으며 자신의 능력과 노력이 욕망을 따라가지 못하면 극단적인 형태의 범죄 심리가 발동할 수도 있는데, 특히 현실도피적이고 비이성적인 사람이 도덕적 자제력을 잃게 되면 위험하다.
⇒ 모든 범죄의 일차적인 원인과 책임은 개인에게 있다. 사람은 누구나 자신의 능력과 노력이 욕망을 따라가지 못하면 극단적인 형태의 범죄 심리를 가질 수 있다. 그 중에서도 특히 현실도피적이고 비이성적인 사람이 도덕적 자제력을 잃게 되면 위험하다.

(7) 컴퓨터기술은 인접한 기술 분야와 결합되거나 응용되어 각 분야에 걸쳐서 큰 변화를 불러일으키고 있는데 통신기술과의 결합은 정보통신의 혁명을 낳았고, 기계공학과의 결합은 로봇을 탄생시켰다.
⇒ 컴퓨터기술은 인접한 기술 분야와 결합되거나 응용되어 각 분야에 걸쳐서 큰 변화를 불러일으키고 있다. 통신기술과의 결합은 정보통신의 혁명을 낳았고, 기계공학에서는 로봇을 탄생시켰다.

(8) 철학은 고대로부터 모든 학문의 근본으로 간주해 왔지만, 우리의 일상 생활에서 철학은 여전히 관념적이고 사변적인 어려운 학문으로 여겨지고 있으므로 철학이 어떤 점에서 우리 생활에 필요한 것인지를 절실히 느끼기는 어렵다.

⇒ 철학은 고대로부터 모든 학문의 근본으로 간주되어 왔다. 하지만 우리의 일상 생활에서 철학은 여전히 관념적이고 사변적인 어려운 학문으로 여겨지고 있다. 그렇기 때문에 철학이 어떤 점에서 우리 생활에 필요한 것인지를 절실히 느끼기는 어렵다.

(9) 사회과학은 과학적이고 합리적인 인식을 추구한다는 점에서 자연과학과 유사하지만, 사회과학의 분석 대상이 자연이 아니라 인간 관계의 그물망으로 이루어진 사회라는 점에서 자연과학과 구별된다.
⇒ 사회과학은 과학적이고 합리적인 인식을 추구한다는 점에서 자연과학과 유사하다. 하지만 사회과학의 분석 대상은 자연이 아니라 인간 관계의 그물망으로 이루어진 사회이다. 이런 점에서 사회과학은 자연과학과 구별된다.

2   수식어와 피수식어의 거리

우리말의 문장구조에서는 수식어가 수식을 받는 피수식어의 바로 앞에 오는 것이 일반적이다. 여러 개의 수식어가 이어지는 문장에서는 수식어와 피수식어의 관계가 잘 드러날 수 있도록 그 위치를 잘 고려해야 한다. 수식어의 위치가 적합하지 않으면 문장의 의미가 불분명하거나 어색하게 느껴지는 경우가 있다. 동일한 관형사형의 수식어가 거듭 이어지는 경우에도 부자연스러운 문장이 되기 쉽다.

(1) 나는 훔볼트의 언어는 유한한 수단을 무한하게 부려보는 것이라는 언어관에 공감하게 되었다.
⇒ 나는, 언어는 유한한 수단을 무한하게 부려보는 것이라는 훔볼트의 언어관에 공감하게 되었다.

두 개 이상의 수식어가 이어져서 하나의 피수식어를 꾸며줄 때, 수식어가 긴 것을 앞에 두는 것이 자연스럽다. 예문(1)에서는 '훔볼트의'와 '언어는'이 직접 연결되어 있어서 의미의 혼란을 불러일으키지만, 수식관계의 위치를 예문(2)처럼 바꾸면 의미전달이 보다 분명해진다.

부사어의 경우, 문장부사를 제외하고는 피수식어와 가장 가까운 위치에 부사어를 두는 것이 효과적이다. 다음의 예에서는 부사어가 술어와 너무 떨어져 있어 문장이 어색하게 느껴진다.

(2) 나는 꾸준히 젊은 사람 못지않은 봉사활동을 하였다.
⇒ 나는 젊은 사람 못지않은 봉사활동을 꾸준히 하였다.

(3) 영수는 열심히 학교에서 공부를 한다.
⇒ 영수는 학교에서 공부를 열심히 한다.

(4) 청소년의 가출은 단적으로 우리 사회의 크고 작은 여러 가지 문제점을 보여 주는 현상이라고 할 수 있다.
⇒ 청소년의 가출은 우리 사회의 크고 작은 여러 가지 문제점을 단적으로 보여주는 현상이라고 할 수 있다.

(5) 이런 경찰의 주장은 전혀 설득력이 없다.
⇒ 경찰의 이런 주장은 전혀 설득력이 없다.

수식 – 피수식의 관계가 모호할 때에는 반점(,)을 이용하여 그 관계를 구별해 줄 수 있다.

(6) 여자의 미에 대한 관심은 거의 본능에 가깝다.
⇒ 여자의, 미에 대한 관심은 거의 본능에 가깝다.
⇒ 미에 대한 여자의 관심은 거의 본능에 가깝다.

예문(6)은 중의적인 문장이다. 수식어와 피수식어의 관계가 명확하게 파악되지 않기 때문이다. '미'에 대해서 본능에 가까운 '관심'을 갖는 주체가 여자인지, 아니면 '여자의 미'에 대해서 타인 혹은 남성이 갖는 '관심'이 본능적이라는 뜻인지 불분명한 것이다. 전자의 의미라면, '미에 대한 여자의 관심은 거의 본능에 가깝다.'라고 써야 하고, 후자의 의미라면, '여자의 미에 대한 타인/남자의 관심은 거의 본능에 가깝다.'라고 써야 한다.

다음은 수식어가 잘못된 위치에 놓여 문장의 해석에 오해를 불러일으키는 경우이다.

(7) 학생을 가르쳐야 하는 선생님이라면 누구나 많은 여러 분야의 지식을 갖추어야 할 것이다.
…… 누구나 여러 분야의 많은 지식을 갖추어야 한다.

(8) '허생전'의 허생은 수많은 현실의 비합리성을 목격한다.
⇒ '허생전'의 허생은 현실의 수많은 비합리성을 목격한다.

(9) 경제 혼란에 대비하여 철저한 합리적 여건을 조성하여야 한다.
⇒ 경제 혼란에 대비하여 합리적 여건을 철저히 조성해야 한다.

예문(7)의 '많은 여러 분야'는 수식 관계에 따라 '많은 분야'와 '여러 분야'로 나누어진다. 그런데 '많은'은 문맥상 '분야'가 아니라 '지식'을 수식하고 있다는 걸 알 수 있다. 그렇다면 당연히 수식어를 피수식어 바로 앞에 두어서 '여러 분야의 많은 지식'으로 써야 한다.

예문(9)의 경우, '철저한 합리적 여건'이 어색하다. '여건'이 '철저'하다는 뜻으로 읽혀지기 때문이다. 역시 수식어와 피수식어의 거리가 적절하지 않아 초래된 결과이다. 이 문장에서 '철저한'은 어떠한 상황을 가리키고 있는 것이 아니라, '행위'에 초점을 둔 단어라고 보아야 할 것이다. 따라서 관형어 '철저한'을 피수식어 '여건' 뒤로 보내 부사어로 바꾼다.

3 관형어형 줄이기

한국어에서는 용언이나 한 문장 끝에 관형사형 어미 '-는', '-(으)ㄴ', '-(으)ㄹ', '-던'을 붙여 관형절(안긴 문장)로 만들고, 그 관형절로 명사(체언)를 수식한다. 예를 들어 '밥을 먹은 기억이 없다'는 '밥을 먹다'에 '-은'을 붙여 관형절을 만들어 뒤에 있는 '기억'을 수식한 문장이다. 일반적으로 한국어에서는 절이 관형어로 쓰일 때 주로 짧은 관형절을 이용한다. 만약 상황이 많아 문장이 길어질 때는 관형사형 어미를 쓰지 않고, 연결어미 '-고', '-(으)며', '-지만', '-려고', '-도록' 따위를 붙여 상황을 연결한다.

그러나 영어는 작은 문장을 묶어 겹문장을 만들 때 관형절이 많이 섞이면서 수식-피수식 관계가 복잡해진다. 한 문장에서 앞 관형절이 뒤 체언을 꾸며주기도 하며, 뒤 문장이 앞 체언을 꾸며주기도 한다. 이런 영어의 영향을 받아 번역문에서도 관형절을 많이 넣어 표현하는 경우를 흔히 볼 수 있다. 심지어 관형절 몇 개를 연속적으로 묶어 다른 말을 꾸며 준다. 하지만 이런 경우는 문장을 짧게 끊어 연결어미를 사용하여 이어주는 게 좋다. 혹은 관형어를 부사어나 술어로 바꿔 줄 수도 있다.

(1) 인간에 대한 전통적 정의의 하나인 "인간은 이성적 동물이다."가 논리적으로 만족스러운 정의일 수 있는가에 대해 제기된 다음의 비판적 의문 중에서 적절하지 못한 것은?
⇒ 전통적으로 "인간은 이성적 동물이다."라고 정의한다. 이것이 논리적으로 만족스러운지에 대한 다음 비판적 의문 중에서 적절하지 못한 것은?

(2) 기회 있을 때마다 각료의 잦은 경질을 비판해 온 대통령으로서 집권 14개월 만에 두 번째 총리를 그것도 넉 달 만에 갈아치운 데 대한 진지하고도 솔직한 설명이 있어야 한다.
⇒ 기회 있을 때마다 대통령은 각료가 자주 바뀌는 것을 비판했으면서, 집권 14개월 만에 두 번째 총리를 그것도 넉 달 만에 갈아치웠으니, 그 까닭을 진지하고 솔직하게 설명해야 한다.

예문(1),(2)는 문장이 긴 편이다. 따라서 예문(1)에서는 문장을 끊어 두 문장으로 만들어 주었고, 예문(2)에서는 연결어미를 붙여 주었다.

(3) 직업훈련에 대한 정부투자가 적은 편이다.
⇒ 직업훈련에 정부투자가 적은 편이다.

(4) 증인으로 채택되면 정치 생명에 적지 않은 타격을 받는다.
⇒ 증인으로 채택되면 정치 생명에 적지 않게 타격을 받는다. [관형어⇒ 부사어]

(5) 마감시간 전에 문의하지 않았다는 이유로 접수하지 않았다.
⇒ 마감시간 전에 문의하지 않았다고(않았다며) 접수하지 않았다.
['-다고(-다며)'에 '이유'라는 의미가 담겨 있다]

(6) 남녀 차별로 인한 피해를 입지 않으려면
⇒ 남녀 차별로(때문에) 피해를 입지 않으려면

(7) 월드컵대회 출전을 기념하기 위한 체육복권을 발행하였다.
⇒ 월드컵대회 출전을 기념하려고 체육복권을 발행하였다.

(8) 수원시청에서 제작한 15분짜리 홍보비디오를 시민들에게 보여 주었다.
⇒ 수원시청에서 15분짜리 홍보비디오를 제작하여 시민들에게 보여 주었다.

4   주어와 술어의 호응

한국어는 주어를 비교적 자유롭게 생략할 수 있는 특성을 지니고 있지만 글을 쓸 때는 주어를 함부로 생략해서는 안 된다. 다만 주어를 생략해도 의미 전달에 아무런 문제가 없는 경우에는 적절히 생략해서 쓸 수도 있다.

(1) 어디 가니? / 친구 만나러.

(2) 그는 부모님의 말씀을 거스른 적이 없다. 친구들과 어울리다가도 정해진 귀가시간에 반드시 들어오곤 했다.

예문(1)과 같은 대화에서는 주체가 누구인지를 화자가 미리 알고 있기 때문에 주어를 생략할 수 있다. 문장에서도 바로 앞에서 주어를 언급하여 의미상으로 주어가 회복될 수 있을 때에는 예문(2)와 같이 생략하는 것이 오히려 자연스럽다. 예문(2)에서는 '친구들과' 앞에 주어 '그는'이 생략되었다.

(3) 피로연은 성대하게 치루어졌다. 신랑과 신부는 결혼식을 마치고 신혼여행을 떠났다. 하례객들이 식당 안으로 옮겨 앉으면서 시작되었다.

예문(3)은 '무엇이' 시작되었다는 것인지 분명하게 드러나 있지 않아서 전체문장이 모호하다. 따라서 세 번째 문장 앞에 주어 '피로연'을 구체적으로 제시하는 것이 좋다. 예문(4)의 경우도 마찬가지이다.

(4) 춘원 이광수는 1917년에 『무정』을 발표했는데, 국문학사상 최초의 근대장편소설이다.
⇒ 춘원 이광수는 1917년에 『무정』을 발표했는데, 이 작품은 / 『무정』은 국문학사상 최초의 근대장편소설이다.

다음은 주어와 술어가 중복되는 오류를 범한 경우이다.

(5) 문학은 인간의 사상과 감정을 언어를 통해 예술적으로 표현한 것이 문학이다.

(6) 확실한 것은 그들이 이제까지의 잘못을 반성하고 앞으로 진실한 국민으로 살아갈 것

은 틀림없습니다.

예문(5)는 개념설명 형식을 띠고 있다. 설명의 대상은 '문학'이다. 그런데 이 문장을 자세히 보면 '문학은 문학이다'의 구조로 이루어져 있다. 주어인 '문학은'을 아예 빼거나 '표현한 것이 문학이다'를 '표현한 것이다'로 고쳐 써야 한다. 예문(6) 역시 '확실하다'는 의미와 '틀림없다'는 의미가 중복되고 있다. 따라서 올바른 문장으로 만들어 주려면 '확실한 것은'을 없애거나, '확실한 것은 그들이 이제까지의 잘못을 반성하고 앞으로 진실한 국민으로 살아가야 한다는 것입니다.'로 고쳐야 한다.

(7) 작가의 독창성은 학교에서 배우는 공식화된 가르침을 그대로 적용하는 데서 가능한 것이 아니고 자신의 노력으로 자기의 화법에 맞는 기법을 만들어내야 하는 것이다.

주어 '작가의 독창성은'과 호응할 수 있는 술어는 '……가능한 것이 아니고 ……가능한 것이다'이다. 따라서 '기법을 만들어내야 하는 것이다'를 '기법을 만들어 냄으로써 가능한 것이다'로 바꾸어 주어야 한다.

(8) 쓰레기를 함부로 버리는 자는 100만원 이하의 과태료가 부과됩니다.
⇒ 쓰레기를 함부로 버리는 자에게는 100만원 이하의 과태료가 부과됩니다.
⇒ 쓰레기를 함부로 버리는 자는 100만원 이하의 과태료를 내야 합니다.

(9) 황현의 『매천야록』은 1864년의 대원군 집정에서부터 1910년의 일제 강점에 이르는 47년간의 역사적 사실을 기술하고 있다.
⇒ 황현은 그의 『매천야록』에서 …… 역사적 사실을 기술하고 있다.

(10) 여기서 우리는 우리 사회에서 차츰 소외되어 가고 있는 사람들에게 따뜻한 애정을 베풀어야 할 필요성이 요구된다.
⇒ …… 애정을 베풀어야 할 필요성을 느껴야 한다.

(11) 현대의 민주주의 복지국가들은 헌법에 국민의 인권을 보장하는 규정이 있다.
⇒ …… 보장하는 규정을 두고 있다.

예문(9)는 '황현이 쓴 『매천야록』'이 주어인 문장이다. 그런데 서술어 '기술하고 있다'에서 '기술'하는 행위는 사람인 '황현'이 하는 것이지 책인 『매천야록』'이 할 수는 없다. 이 문장을 다듬는 첫 번째 방법은 '황현의 『매천야록』에는 …… 역사적 사실이 기술되어 있다'라고 고치는 것이다. 하지만 한국어가 피동형보다 능동형을 선호한다는 점을 고려할 때, 이보다는 위 제시문처럼 '황현'을 주어로 삼는 게 좋다.

5 목적어와 술어의 호응

올바른 한국어 문장을 쓰는 데 주어와 술어의 호응 이상으로 신경 써야 하는 부분이 바로 목적어와 술어의 호응이다. 다음의 예들을 보자.

(1) 갖가지 대중매체의 영향으로 대중들은 객관적으로 바라보는 안목을 잃기 쉽다.
⇒ 갖가지 대중매체의 영향으로 대중들은 사회를 / 주위 사람들을 객관적으로 바라보는 ……

(2) 시대에 따라 사회규범이나 가치관이 달라지기 때문에 현재의 시각에서 다시 해석해 보는 작업이 필요하다.
⇒ …… 현재의 시각에서 이를 다시 해석해 보는 작업이 필요하다.

예문(1)에서는 대중들이 '무엇을' 객관적으로 바라본다는 건지 알 수 없다. 목적어가 빠져 있기 때문이다. 예문(2)의 경우에도 구체적으로 무엇을 '다시 해석해'야 하는지 알 수 없다. 문맥상으로는 '사회규범이나 가치관'을 지칭하는 것으로 이해된다. 하지만 다시 '사회규범이나 가치관'을 언급해 주면 앞의 내용과 중복되기 때문에 '이를' 정도의 목적어를 넣어주는 게 좋다.

다음의 예에서는 술어로 쓰인 동사의 문법적 특징을 염두해두지 않아 오류를 범하고 있다. 즉, 동사 '두다'는 '……을 ……에 두다'와 같이 목적격을 꼭 필요로 하는 타동사인데 그 목적격 명사구가 빠져 있다. 이때에는 술어에 해당하는 목적어를 적당한 위치에 넣어 문장을 다듬어야 한다.

(3) 교육부는 새 교과서를 편찬함에 있어 국민 정신 교육의 체계화, 과학기술 교육의 강화 및 전인 교육의 충실화에 두었으며 ……
⇒ …… 충실화에 그 목적을 두었으며 ……
⇒ 교육부는 새 교과서를 편찬함에 있어 그 목적을 국민 정신 교육의 체계화, 과학기술 교육의 강화 및 전인 교육의 충실화에 두었으며 ……

6   주어, 목적어를 서술어 가까이에 붙여 놓기

전체 문장 주어부가 술어와 멀리 떨어지면 어느 주어가 어느 술어와 호응하는지 판단하기 힘들다. 목적어가 술어와 멀리 떨어져도 마찬가지이다. 그러므로 가능하면 문장에서 주어와 술어 사이에, 혹은 목적어와 술어 사이에 수식어를 많이 넣지 말아야 한다. 겹문장에서는 주어가 나오고 '짧은 문장(절)'을 안고 맨 끝에 술어를 붙이니까, 전체 주어부와 술어가 멀어진다. 그럴 때는 주어와 목적어를, 짝이 되는 술어 쪽으로 가까이 옮겨 놓는 것이 좋다.

(1) 우리는 여성들이 더 적극적으로 사회 활동에 참여할 수 있도록 여성들의 능력을 인정해야 한다.
⇒ 여성들이 더 적극적으로 사회 활동에 참여할 수 있도록 우리는 여성들의 능력을 인정해야 한다.

(2) 공원은 시민들이 아직도 자기가 버린 쓰레기를 되가져 갈 줄 몰라서, 쓰레기로 몸살을 겪었다.
⇒ 시민들이 아직도 자기가 버린 쓰레기를 되가져 갈 줄 몰라서, 공원은 쓰레기로 몸살을 겪었다.

(3) 내 기억력이 그전 같지 않다는 것을 어제 가 본 집이 생각나지 않아 느꼈다.
⇒ 어제 가 본 집이 생각나지 않아 내 기억력이 그전 같지 않다는 것을 느꼈다.

(4) 그 나라는 경제협력을 석유가 안 나는 한국에 석유탐사를 의뢰하여 다지고 있습니다.
⇒ 그 나라는 석유가 안 나는 한국에 석유탐사를 의뢰하여 경제협력을 다지고 있습니다.

7   지시어의 사용

(1) 인간은 태어나는 순간부터 특정한 집단에 귀속되며, 그 집단 속에서 성장한다. 인간이 귀속된 특정한 집단 중에서 가장 기본적이며 중요한 것이 바로 가정이다.

(2) 인간의 성을 다룰 때 인간의 성이 미적으로 승화되었느냐 미적으로 승화되지 않았느

냐에 따라 예술이냐 외설이냐가 결정된다.

(1-1) 인간은 태어나는 순간부터 특정한 집단에 귀속되며, 그 속에서 성장한다. 그 중에서 가장 기본적이며 중요한 것이 바로 가정이다.

(2-1) 인간의 성을 다룰 때 그것이 미적으로 승화되었느냐 미적으로 승화되지 않았느냐에 따라 예술이냐 외설이냐가 결정된다.

위의 수정문처럼 지시어를 효과적으로 사용하면 문장의 질을 높일 수 있다. 하지만 적절히 않은 곳에 지시어를 사용하면 오히려 군더더기로 문장의 흐름이 방해받기도 한다. 예문 (3)은 영어의 표현을 그대로 옮겨 번역한 것이다. 이 경우처럼 지시어를 사용하지 않아도 앞뒤 흐름으로 충분히 알 수 있을 때에는 지시어를 빼버려야 한다.

(3) 한국의 조선산업이 일본의 그것에 비해 경쟁력이 강하다.
⇒ 한국의 조선산업이 일본에 비해 경쟁력이 강하다.
⇒ 한국은 조선산업에서 일본에 비해 경쟁력이 강하다.

8   압축한 문장 풀어 쓰기

한국어는 첨가어라는 특성 때문에 명사문보다 술어성 문장(동사문과 형용사문)이 더 풍부하다. 그리고 명사문을 써야 할 때와 술어성 문장을 써야 할 때가 따로 있다. 그런데 외국어의 영향으로 인해 한국어에서 술어성 문장을 명사문으로 바꾸는 경우가 많다. 다음의 예문을 통해 어색한 명사문을 술어성 문장으로 어떻게 바꾸는지 보자.

(1) 첫째는 계속되는 물가상승과 이에 따른 생활고 압박이다. 둘째는 농촌의 상대적 빈곤 심화이다. 셋째는 부정부패 만연과 사회가치관 붕괴이다.
⇒ 첫째, 물가가 계속 올라서 생활이 어렵다. 둘째, 농촌이 상대적으로 더 가난해졌다. 셋째, 부정부패가 널리 퍼졌고 사회가치관이 무너졌다.

(2) 원인은 정부의 재미교포에 대한 무관심이다.
⇒ 정부가 재미교포에 대해 무관심하기 때문이다.

(3) 문제는 장애자들을 위한 직업교육의 부재였다.

⇒ 문제는 장애자들을 위한 직업교육이 없다는 것이었다.

(4) 지금 이 시점에서 가장 주목받는 것은 이번 사건을 바라보는 대통령의 시각이다.
⇒ 지금 이 시점에서 이번 사건을 보는 대통령의 시각이 가장 주목받고 있다.

(5) 사람들이 궁금해하는 것은 종합유선방송시대가 언제 올 것인가이다.
⇒ 사람들은 종합유선방송시대가 언제 올 것인지 궁금해한다.

(6) 이러한 조치는 크게 환영할 대목이다. 그러나 좀더 근본적인 숙제는 획기적 정책의 마련이다.
⇒ 이러한 조치는 크게 환영할 만하다. 그러나 좀더 근본적으로는 획기적인 정책을 마련해야 한다.

(7) 소득증가와 생활수준 향상으로 생활환경에 대한 국민적 욕구가 고조되면서 쾌적한 도시환경 조성 필요성이 증대하고 있다.
⇒ 소득이 늘고 생활수준이 높아져 생활환경에 대해 국민들의 욕구가 높아지면서 도시환경을 쾌적하게 조성하자는 소리가 커졌다.

(8) 수출입화물의 수송에서 가장 애로를 겪고 있는 것은 항만시설의 부족으로 인한 통관의 지연, 수출입화물의 컨테이너화에 필요한 내륙 화물기지의 부족 등이다.
⇒ 수출입화물을 나르며 가장 힘든 것은 항만시설이 부족하여 통관이 늦어지는 것, 수출입화물을 컨테이너로 나르는 데 필요한 내륙 화물기지가 모자라는 것이다.

한국어는 서술어미를 붙여야(서술성을 살려야) 효율적으로 한국말답게 표현할 수 있다. 그런데도 영어처럼 명사와 조사를 묶어 표현하거나, 일본어처럼 조사끼리 묶어 문장을 압축하는 경향이 많다. 일본어의 영향을 받은 말로는 '와(과)의', '에(로)의', '……에 있어서(의)' 따위가 있다. 이 외에도 중국어의 영향을 받아 한자어와 조사만 묶어 표현해 서술성을 없애기도 한다.

(9) 수도권으로의 과도한 인구와 산업의 집중을 억제하고 있다.
⇒ 수도권으로 인구와 산업이 너무 집중하는 것을 억제하고 있다.

(10) 외국인 노동자들이 우리 나라에서의 차별을 견디고 있다.
⇒ 외국인 노동자들이 우리 나라에서 받는 차별을 견디고 있다.

(11) 성인용 영화를 새로 만들 시에 참고할 것이 확실시된다.
⇒ 성인 영화를 새로 만들 때에 참고할 것이 확실하다.

(12) 행정상 제도하에 분리수거를 하지 않는 한 그 속에 있는 수은은
⇒ 행정 제도로 만들어 분리수거를 하지 않으면 그 속에 있는 수은은

명사절 없애기

영어의 영향을 받아 홑문장 끝에 '-기', '-(으)'을 붙여 억지로 명사형(명사절)을 만들고 명사처럼 쓴다. '-기', '-(으)'을 붙여 '먹다'를 '먹음', '먹기'와 같은 명사절로 바꾸면, 활용어미의 서술성을 죽여 말뜻을 섬세하게 전달하지 못한다. 그래서 어떤 사람은 그 말에 조사를 붙이고, 그것도 불안하니까 한자 서술어를 붙여 서술성을 되살린다. 즉, '먹어서', '먹어도(먹는데도)', '먹으니까', '먹자마자'처럼 쉽게 쓸 수 있는데도, '먹음으로 인하여', '먹음에도 불구하고', '먹음에 의해', '먹음과 동시에' 같이 어렵게 쓴다.

한국어에서는 '-(으)ㅁ'보다 '-는(-ㄴ) 것'을 더 많이 썼다. 예를 들어 '그 사람 결백하다는 게(것이) 밝혀졌어.'라고 하지, '그 사람의 결백함이 밝혀졌어.'라고 하지는 않는다.

(1) 결국 불법건물임이 밝혀져 말썽을 빚고 있다.
⇒ 결국 불법건물로 밝혀져 말썽이 되고 있다.

(2) 한 고위 당국자는 별다른 문제가 없음을 주장했다.
⇒ 한 고위 당국자는 별다른 문제가 없다고 주장했다.

(3) 배 저장의 어려움으로 인해 제 값을 받지 못했다.
⇒ 배 저장이 어려워 제 값을 받지 못했다.

(4) 교통 소통의 원만함을 위해 21미터로 조정해 공사를 진행했다.
⇒ 교통을 원만히 소통하려고 21미터로 조정해 공사를 진행했다.

(5) 토론회를 너무 많이 개최함으로써 효율성을 떨어뜨렸다.
⇒ 토론회를 너무 많이 개최하여 효율성이 떨어졌다.

9 관형격조사 '의'의 남용

다음 밑줄 친 '의'는 군더더기로 빼는 것이 낫다.

(1) 그러나 오늘의 우리에게 더욱 절실한 것은
  ⇒ 그러나 오늘 우리에게 더욱 절실한 것은

(2) 단순한 디자인의 옷일수록 연출의 범위가 넓어
  ⇒ 단순한 디자인의 옷일수록 연출 범위가 넓어

(3) 서로의 안부를 묻고
  ⇒ 서로 안부를 묻고

(4) 우리의 교실
  ⇒ 우리 교실

(5) 한 송이의 꽃
  ⇒ 꽃 한 송이

(6) 식민지시대의 지식인의 사회진출의 통로는 일제의 문화정책의 영향으로 거의 막혀 있었다.
  ⇒ 식민지시대의 지식인들이 사회진출을 했던 통로는 일제의 문화정책에 의해 거의 막혀 있었다.

예문(6)에서는 관형격조사 '-의'가 지나치게 많이 사용되었다. 이는 영어 문장에 쓰이는 'of'를 직역한 형태이다.

이번에는 일본어의 영향으로 관형격조사 '의'를 주격조사나 목적격조사로 잘못 쓴 경우를 보자.

(7) 우리는 큰 기대를 가지고 군의 변하는 모습을 지켜볼 것이다.
  ⇒ 우리는 큰 기대를 가지고 군이 변하는 모습을 지켜볼 것이다.

(8) 그것은 현 정권의 개혁에 대한 가장 본질적 태도라고 말할 수 있다.
  ⇒ 그것은 현 정권이 개혁을 대하는 가장 본질적 태도라고 말할 수 있다.

(9) 군에 도사리고 있는 부조리의 척결을 위해
  ⇒ 군에 도사리고 있는 부조리를 척결하기 위해
  ⇒ 군에 도사리고 있는 부조리 척결을 위해

(10) 국가 예산의 1/3 가량을 군의 유지와 발전을 위해 아낌없이 써 왔다.
  ⇒ …… 군을 유지시키고 발전시키기 위해 아낌없이 써 왔다.
  ⇒ …… 군 유지와 발전을 위해 아낌없이 써 왔다.

다음은 두 가지 이상의 조사를 겹쳐 쓰는 경우이다. 이 역시 일본어 조사나 영어의 전치사를 직역한 표현에서 영향을 많이 받았다.

(11) 새로운 도약에의 길
  ⇒ 새로운 도약의 길
  ⇒ 새로운 도약으로 가는 길

(12) 스위스는 유럽공동체 가입과 새로 창설될 유럽경제권에의 참여 희망을 공식적으로 표명, 영세 중립국의 존재방식을 확실히 바꾸려 했다.
  ⇒ 스위스는 유럽공동체 가입과 새로 창설될 유럽경제권에 참여할 희망을 공식적으로 표명, 영세 중립국의 존재방식을 확실히 바꾸려 했다.

(13) 뇌사체 처리과정에서의 비리와 시행착오를 줄이기 위해서는 뇌사에 관한 법규를 정립하는 일이 급하다.
  ⇒ 뇌사체 처리과정에서 생기는 비리와 시행착오를 줄이기 위해서는 뇌사에 관한 법규를 정립하는 일이 급하다.

(14) 대통령 선거에서의 압승을 통해 제2의 경제도약을 이루자.
  ⇒ 대통령 선거에서 압승하여 제2의 경제도약을 이루자.

10 번역투 문장

(1) 나의 살던 고향에 나의 친척이 아직도 있다.
  ⇒ 내가 살던 고향에는 아직도 우리 / 내 친척이 살고 있다.

(2) 이런 짓은 사회 질서를 깨뜨리는 행동의 하나이다.
⇒ 이런 행동은 사회 질서를 깨뜨리는 짓이다.

(3) 그 사실은 나로 하여금 실망을 하게 하였다.
⇒ 나는 그 사실에 실망하였다.

(4) 현대를 살아가는 데 있어서 경제적 자립에 기초한 자유야말로 아주 소중하다.
⇒ 현대를 살아갈 때 경제적 자립을 바탕으로 하는 자유야말로 아주 소중하다.

(5) 유교사상의 철저한 이론적 정립과 실천을 필요로 한다.
⇒ 유교사상을 이론적으로 철저히 정립하고 실천해야 한다.

(6) 연구소에서는 고급인력의 부족으로 인해 전문적이고 다양한 연구를 할 수 없었다.
⇒ 연구소에서는 고급인력이 부족해서 전문적이고 다양한 연구를 할 수 없었다. ['-으로 인해'도 한국어 표현이 아니다.]

▎피동형 문장 표현 ▎

(1) 과거에 우리는 외래문화의 무분별한 수용에 의해 기형적인 문화 속에서 살아왔다.
⇒ 과거에 우리는 외래문화를 무분별하게 수용한 결과 기형적인 문화 속에서 살아왔다.

(2) 현상 모집에 응한 업체 중 '서울 건축'에 의해 설계된 박물관은 …….
⇒ 현상 모집에 응한 업체 중 '서울 건축'에서 설계한 박물관은 …….

'수용에 의해'는 영어의 수동문 표현이다. '외래 문화의 무분별한 수용' 역시 영어 'of'의 번역투이다. 하지만 지금은 예문 (1), (2)와 같이 '~에 의해 ~되다'라는 피동문을 흔히 쓴다.

(3) 우리의 물리교육이 한국인에게 적합한 것이 되기 위해서는 우리의 전통적 물리학사상과 의식구조를 고려한 교육과정이 만들어지고, 그에 따른 교육이 실시되어야 할 것이다.
⇒ 한국인에게 적합한 물리교육을 실시하려면, 우리의 전통적 물리학사상과 의식구조를 고려한 교육과정을 만들어야 할 것이다.

(4) 우리는 직업을 통해서 여러 가지 가치를 성취하게 되고, 그때마다 커다란 기쁨과 만

족을 얻게 되기도 한다.
⇒ 우리는 직업을 통해서 여러 가지 가치를 성취하기도 하고, 그때마다 커다란 기쁨과 만족을 얻기도 한다.

예문(3)에서 '되기 위해서는', '만들어지고', '실시되어야'는 모두 피동형 표현이다. 가급적이면 행위 주체를 명확히 밝히고, 그 행위 주체의 행위가 술어가 되는 문장을 써야 한다. 예문(4)에서 '성취하게 되고', '얻게 되기도' 역시 피동형 표현이다. 행위 주체인 '우리'의 행위가 능동적으로 드러나게 고쳐 써야 한다. 이처럼 우리말에 일본어나 영어의 영향으로 문장의 술어에 '~지다'라든지 '~되다'와 같은 말들이 자주 쓰이고 있다.

(5) 광주시 중외공원 안에 성리학의 대가 김인후 선생의 동상이 건립된다.
⇒ 광주시 중외공원 안에 성리학의 대가 김인후 선생의 동상을 건립한다

(6) 금강산과 설악산을 연결하는 개발계획이 검토될 수 있다고 말했다.
⇒ 금강산과 설악산을 연결하는 개발계획을 검토할 수 있다고 말했다.

(7) 정치 현실을 자세히 들여다보지 않고 여야를 차별 없이 매도하는 재야 일부의 관념적·급진적 경향은 시정되어야 마땅하다. 그런 태도로는 절대로 극우를 극복하기 어렵다. 극우가 극복되지 않고서는 진보적 운동은 그 전도가 매우 험난하다.
⇒ …… 시정해야 마땅하다. …… 극우를 극복하지 못하면 …….

(8) 통일 후에 반드시 일어나게 될 경제혼란에 대비하여 튼튼한 경제기반이 조성되어야 한다.
⇒ 통일 후에 반드시 일어나게 될 경제혼란에 대비하여 경제기반을 튼튼하게 조성해야 한다

(9) 이 조각품은 참으로 정교하게 만들어졌다.
⇒ 이 조각품은 참으로 정교하게 만들었다.

(10) 이러한 경제적 난관은 극복되어야 한다.
⇒ 이러한 경제적 난관을 극복해야 한다

'~되다'의 경우는 '해결', '마련', '정돈' 등과 같은 동사적 명사에 붙어 그 움직임이나 상태가 스스로 이루어짐을 나타내는 접미사이다.

11 시제

지나간 때를 가리키는 표지에 '~었~'과 '~었었~' 두 가지가 있으나 서로 다른 경우에 쓰인다. '~었~'은 과거에 있었던 일의 영향이 말하고 있는 현재까지 느껴진다는 것을 함축적 의미로 삼을 때 쓰인다. 그리고 '~었었~'은 과거에 있었던 일의 결과나 상태가 말하기 이전의 어떤 시점에서 단절된 일이 있음을 본연의 의미로 삼을 때 쓰인다.

(1) …나리따 공항을 한번 다녀오면 진이 빠지고 맥이 풀렸었다. …. 그런데 최근 나리따 왕래가 그전처럼 짜증스럽지만도 않아졌다는 느낌이다. 첫째, 길이 좋아져… 둘째, …디즈니랜드가 연변에 등장했고 셋째, ….

(2) 영숙이는 중학교 때 농구선수였었다.

예문(1)에서는 '…맥이 풀렸었다'를 써서 전에는 맥이 풀리곤 했는데 그 뒤 사정이 달라졌음을 나타내고 그 의미를 뒷받침하는 사건의 변화를 기술하고 있다. 예문(2)에서도 '~었었~'을 써서 '현재는 그렇지 않다'는 의미를 뚜렷이 한다. '~었~'보다 더 강한 단절감을 준다.

(3) 이건 '보르네오'댁이란 부인의 말이다. 그녀의 남편은 '보루네오'란 섬에 징용을 ①나가 있었다. 남자들이 징용간 곳에 따라 '보르네오'댁이니 '뉴기니아'댁이니 하는 새로운 택호들이 ②유행되고 있었던 것이다.

이 소설은 작가 관찰자 시점에서 현재의 상태를 서술하고 있다. 그러므로 ①은 '나갔다'나 '나가 있다'고 해야 한다. '나가 있었다'고 하면 과거엔 나가 있었지만 지금은 돌아와 있다는 말이 되는데, 작품 속에 상황은 여전히 '나가 있는 것'이기 때문이다. ②는 '유행하고 있다'고 해야 한다. 새로운 택호들이 유행하는 것이 지나가 버린 일이 아니라 현재 일어나고 있는 일이기 때문이다.

(4) 그의 선생님에 대한 존경과 그도 선생님과 같은 사람이 되어야겠다는 생각이 싹트기 시작한다.

(5) 그녀는 요즈음 소녀 시절의 순수한 마음을 잃어 가는 것 같은 느낌으로 슬퍼지는 때가 있었다.

전체 문장의 흐름으로 보아 '시작한다 ⇒ 시작했다'로, '있었다 ⇒ 있다'로 바꾸어야 한다.

12   '-이/-가'와 '-은/-는'의 쓰임의 차이

'-은/-는'은 대조의 의미를 가지고 있다.

(1) 나는 생물은 좋아했지만 화학은 싫어했다.

(2) 이 식물이 고산에서는 잘 자란다.

예문(1)에서는 생물과 화학이 대조되어 있다. 예문(2)는 '이 식물이 다른 데서는 어떨지 모르지만 고산에서는 잘 자란다'는 내용을 함축하고 있다. 즉, 대조되는 부분이 문맥 안에 잠재되어 있다. 또한 '-은/-는'은 주제를 표시하는 기능을 수행한다.

(3) 한국은 삼면이 바다로 둘러쌓인 반도다.

(4) 철수는 머리가 참 좋은 아이다.

(5) 컴퓨터는 그가 전문가다.

예문(3)~(5)처럼 문장 첫머리의 주격 자리에 '-은/-는'이 쓰이면 대조의 의미가 잘 드러나지 않는다. 이 '-은/-는'은 문장 첫머리에서 한정적(definite)이거나 총칭적(generic)인 명사에 연결되어 주제를 나타내는 기능을 한다. 예문(3)에서 '-은'은 무엇을 규정하고 정의를 내리는 데 사용한다. 예문(4), (5)에서 '-는'은 어떤 이야기를 이끌어 내는 기능을 한다. 즉 '철수에 대해서 말하자면', '철수로 말할 것 같으면', '컴퓨터라면' 등의 의미가 담겨 있는 것이다.
  '-이/-가'는 이야기에서 처음으로 등장하여 소개하고 있는 대상을 나타내는 데 쓰이고, 그 다음부터는 '-은/-는'이 쓰인다. 이야기의 단락이 바뀌고 새 장면이 펼쳐지면 다시 '-이/-가'가 쓰이기도 한다.

(5) 광해 임금 때, 한강 마포나루에 황봉이라는 사람이 살고 있었습니다. 그는 배로 강과 바다를 다니며 여러 지방에서 나는 물건들을 사고 파는 일을 하였습니다. 어느 해, 봉은 혼인한 지 얼마 안 되는 아내를 집에 혼자 남겨 두고, 멀리 황해 쪽으로 장삿길을 떠났습니다. 길을 떠난 지 며칠 뒤, 봉은 바다 한 가운데서 큰 바람을 만났습니다.

안은 문장의 주제어와 함께 나타나는 안긴 문장의 주어에는 '-이/-가'가 쓰인다. 왜냐하면 이 경우에 안긴 문장의 주어에 '-은/-는'이 오면 안은 문장의 주제어와 중복되어 문장을 이해하는 데 방해되기 때문이다.

(7) 우리는 철수가 귀국했다는 사실을 알았다.

(8) 나는 철수가 유능한 일꾼이라는 인상을 받았다.

주격조사 '-에서'

주격조사 '-에서'는 주어 구실을 하는 단체명사 뒤에 붙어 행위의 주체를 나타낸다. 주로 행동성의 의미를 지닌 술어와 함께 쓰인다.

(9) 이번 시합은 서울 중학교에서 이겼다.

(10) 미국 정부에서 환율을 올리라고 압력을 넣기 시작한 것이다.

(11) 당국에서는 부동산투기 억제정책을 강력히 펴 나가기로 했다.

행동의 주체를 나타내는 '-에서'는 '-이/-가'나 '-은/-는'으로 대체할 수 있다.

(12) 무엇보다 임시정부가 그의 귀국을 허락하지 않았다.

'-에서'는 유정명사에는 붙기 어렵다. 예를 들면, '이 사건은 정부에서 책임을 진다.'에서 '정부'는 단체를 가리키는 무정명사이기 때문에 '-에서'가 붙을 수 있다. 그러나 '이 사건은 간부에서 책임을 진다.'는 잘못된 문장이다. '간부'는 유정명사이므로 '-에서'가 붙지 못한다.

13 문장의 초점 표시

(1) 인류의 문화는 책을 중심으로 창조 발전되며, 전송 보존된다. 실로 문화라는 나무는 책을 통하여 자라고 꽃 피고 열매를 맺는다. ……

(2) 인류문화를 창조 발전시켜, 전송 보존하는 것은 책이다. 이 책을 통하여 문화라는 나무는 자라고 꽃 피고 열매를 맺는다. ……

'책'이라는 말을 강조하여 예문(2)와 같이 바꾸어 쓸 수 있다. 글의 초점은 문장의 맨 앞이나 맨 끝에 놓이기 때문에, 강조한 부분을 이 위치에 놓으면 전달효과가 높아진다.

14 접속사의 사용

접속사를 너무 자주 사용하면 문장의 자연스러운 흐름을 막을 수 있고, 문장이 번잡스러워지기 쉽다.

(1) 새해가 되었다. 그리고, 나는 나이 한 살을 더 먹었다. 그러나, 내 나이가 스무 살이 되었다는 것이 전혀 실감나지 않는다. 더구나 내가 대학생이 된다는 것이 믿어지지 않는다. 그러나, 나는 분명히 스물이고 대학에도 합격했다. 그렇지만, 나의 마음에는 무언가 말하기 어려운 두려움 같은 것이 자리잡고 있다.

예문(1)에서 '그리고', '그러나', '더구나'는 모두 생략해도 문장의 연결이 자연스럽다. 그러나 네 번째 접속사 '그러나'와 그 뒤의 '그렇지만'은 문장의 의미상 필요하다.

15 접속 구문

(1) 1일 부산 구덕경기장에서 벌어진 독일 프로팀 초청 한국 – 뒤셀도르프의 경기에서 국가대표팀은 1대 1로 비겼지만, 게임 내용면에서 불확실한 패스웍과 조직력이 뛰어나지 못해 지난 25일 청소년과의 평가전에 이어 또다시 팬들을 실망시켰다.

'불확실한 패스웍과 조직력이 뛰어나지 못하다'는 바로 '명사구와 절'의 연결로써 문법에 맞지 않다. 양쪽을 모두 절로 고쳐 '패스웍이 불확실하고 조직력이 뛰어나지 못하다'라고 해야 한다. 또는 '불확실한 패스웍과 빈약한 조직력으로'라고 해야 문법상 알맞은 표현이다.

(2) …… 프랑스혁명은 봉건제도에서의 탈피와 동시에 인간의 자유와 평등을 존중하는 민주제도를 형성하게 하였으며 사람들에게 생의 희망과 보람을 갖게 하였다.

우선 문법에 맞게 표현하려면 '봉건제도에서의 탈피와'를 '봉건제도에서 탈피하고'로 고쳐야 한다. 또는 '봉건제도에서 탈피하게 하고'로 고쳐 '인간의 …… 형성하게 ……'와 같은 술부범주가 오도록 고쳐야 한다. 만약 '봉건제도에서의 탈피와'를 살리려면 뒷부분을 '…… 민주제도의 형성을 가능케 하였으며'라는 명사범주로 고쳐야 한다.

(3) 이날 회의는 미성년자에게 술·담배를 팔거나 풍기문란 영업행위에 대한 벌칙강화를 내용으로 하는 미성년자보호법 개정안을 백지화, 이 법을 개정하지 않기로 했다.
⇒ …… 술·담배를 팔거나 풍기문란 영업을 하는 행위에 대한 ……

예문(3)은 술부(동사구) '-거나'로 시작하여 뒤에 명사구를 이어 놓은 것이 잘못이다. '거나' 뒤를 '풍기문란 영업을 하는 행위'로 바꾸면 뒷부분도 동사구가 되어 자연스러운 표현이 된다.

16 복수 표현

(1) 미국산 수입농산물들에서 다량의 농약성분들이 검출되었다는 보도들이 있었다.
⇒ 미국산 수입농산물에서 다량의 농약성분이 검출되었다는 보도가 있었다.

'-들'은 일반적으로 체언에 붙어서 복수를 나타내는 접미사이다. 이 문장에서 복수화된 것은 '수입농산물'과 '농약성분', 그리고 '보도'이다. 굳이 복수로 표현하지 않아도 '수입농산물'이 여러 종류라는 것은 누구나 아는 사실이다. '농약 성분' 역시 '다량'이라는 표현을 통해 이미 복수화되어 있다. '보도' 역시 마찬가지이다.

(2) 최서해의 소설에는 하층민들의 궁핍한 삶의 모습들이 사실적으로 그려지고 있다.

'하층민들'이라는 복수표현이 앞에 있으므로 '삶의 모습이'로 쓴다.

17 인칭대명사의 사용

한국어의 3인칭대명사는 비교적 최근에 발달한 범주다. 글에서 3인칭의 경우, 선행명사를 대신하는 기능이 현저히 제약받고 있다.

(1) 저희 어머님은 올해 마흔두 살이십니다. 어머님 / 그녀의 고향은 강원도의 한 소읍이십니다.

위 예문(1)에서 별색으로 처리된 부분을 인칭대명사 '그녀'로 쓰면 한국어답지 못한 어색한 문장이 된다. 영어에서는 인칭대명사를 의무적으로 사용해야 하지만 한국어에서 3인칭대명사는 문어에만 사용되고 그것도 상당한 제약을 받는다.

18 무주어문

일정한 집단 내부에서 일어나는 행동의 주체를 명확히 가리키지 않고 일반적으로 행동이 진행된다는 사실만을 나타낼 경우에 '…에서(는) …한다' 형식으로 무주어문을 사용한다.

(1) 회의에서는 공산청년단 길림성 제7기 위원회를 선출하였다.

19 어휘 중복

(1) 컴퓨터의 보급이 빠르게 늘고 있다.
    ⇒ 컴퓨터가 빠르게 보급되고 있다. ['보급', '늘다'는 의미상 중복됨]

(2) 해외여행 기간 동안에 많은 것을 보았다.
⇒ 해외여행 동안에 많은 것을 보았다. / 해외여행 기간에 많은 것을 보았다.

(3) 일반적으로 산업의 전문화란 대체로 제조업 부문을 5백여 항목 이상으로 분류했을 때
⇒ 일반적으로 산업의 전문화란 제조업 부문을 5백여 항목 이상으로 분류했을 때 ['일반적으로'와 '대체로'는 의미상 중복]

(4) 이 제품은 쓰이는 용도에 따라 다양하게 바꿀 수 있습니다.
⇒ 이 제품은 용도에 따라 다양하게 바꿀 수 있습니다. / 이 제품은 쓰임에 따라 다양하게 바꿀 수 있습니다.

20 문장부호

1. 반점(,)

여러 문장부호 중에서 쓰임새가 가장 다양한 것은 쉼표의 반점(,)이다. 반점은 문장 안에서 어떤 기능을 하며, 어떤 환경에서 사용되는지 살펴보자.

● 같은 자격의 어구를 열거할 때 쓴다.

(1) 근면, 검소, 협동은 우리 겨레의 미덕이다.

● 바로 다음말을 꾸미지 않을 때에 쓴다.

(2) 슬픈 사연을 간직한, 경주 불국사의 무영탑.

● 대등하거나 종속적인 절이 이어질 때에 절 사이에 쓴다.

(3) 흰 눈이 내리니, 경치가 더욱 아름답다.

● 제시어 다음에 쓴다.

(4) 용기, 이것이야말로 무엇과도 바꿀 수 없는 젊은이의 자산이다.

● 도치된 문장에 쓴다.

(5) 그럴 수는 없다. 적어도 우리가 민주 시민이라면.
⇒ 그럴 수는 없다, 적어도 우리가 민주 시민이라면.

● 문장 첫머리의 접속이나 연결을 나타내는 말 다음에 쓴다.

(6) 아무튼, 나는 집에 돌아가겠다.

● 일반적으로 쓰이는 접속어(그러나, 그러므로, 그리고, 그런데) 뒤에는 쓰지 않음을 원칙으로 한다.

(7) 그러나 너는 실망할 필요가 없다.

● 문장 중간에 끼어든 구절 앞뒤에 쓴다.

(8) 나는, 솔직히 말하면, 그 말이 별로 탐탁하지 않소.

(9) 나는 웃음을 지으며, 속으로는 울고 있었지만, 그녀와 작별했다.

(10) 우리 사회에 만연한 불신 풍조를 없애려면, 설령 그 일이 하루아침에 이루어질 수는 없다 해도, 국민 한 사람 한 사람이 정직하게 말하고 행동해야 할 것이다.

● 같은 구절을 되풀이하지 않기 위하여 한 부분을 줄일 때에 쓴다.

(11) 여름에는 바다에서, 겨울에는 산에서 휴가를 즐겼다.

● 문맥상 끊어 읽어야 할 곳에 쓴다.

(12) 갑돌이가 울면서, 떠나는 갑순이를 배웅했다.

(13) 갑돌이가, 울면서 떠나는 갑순이를 배웅했다.

(14) 남을 괴롭히는 사람들은, 만약 그들이 다른 사람에게 괴롭힘을 당해 본다면, 남을 괴롭히는 일이 얼마나 나쁜 일인지 깨달을 것이다.

2. 줄표(−)

(1) 판에 박힌 표현, 즉, 자신의 사고 내용에서 자발적으로 우러나온 것이 아니라, 남들에 의해 미리 작성되어 있는 표현의 사용은 피해야 한다.
⇒ 판에 박힌 표현 − 즉, 자신의 사고 내용에서 자발적으로 우러나온 것이 아니라, 남들에 의해 미리 작성되어 있는 표현의 사용 − 은 피해야 한다.

(2) 그 신동은 네 살에 – 보통 아이 같으면 천자문도 모를 나이에 – 벌써 시를 지었다.

'판에 박힌 표현은 피해야 한다.'라는 기본 문장에, '즉, 자신의 사고 내용에서 자발적으로 우러나온 것이 아니라, 남들에 의해 미리 작성되어 있는 표현의 사용'이 더해진 문장이다. 이처럼 기본 문장의 내용을 다른 말로 부연하거나 보충할 때는 그 다른 말의 앞과 뒤에 줄표(–)를 사용한다.

앞의 말을 정정 또는 변명하는 말이 이어질 때에 쓴다.

(3) 어머님께 말했다가 – 아니, 말씀 드렸다가 – 꾸중만 들었다.

3. 기타 문장 부호의 사용에서 주의할 점

특정한 내용을 강조할 경우 작은따옴표를 써야 한다.

(1) 우선 건강의 정의를 내려보면, 건강은 '육체와 정신의 조화있는 균형상태'를 말한다.

(2) 우리가 만일 오늘의 문명을 '에너지 문명'이라고 부른다면 내일의 문명은 마땅히 '네트로피 문명'이라고 해야 할 것이다.

남의 말을 인용할 경우에 큰따옴표를 사용한다.

(3) 세상에 나온 책의 반은 팔리지 않는다. 팔린 책의 반은 읽히지 않는다. 읽힌 책의 반은 제대로 이해되지 않는다라는 공익광고의 문구는 현대인의 독서생활의 실태를 적나라하게 표현하고 있다.
⇒ "세상에 나온 책의 반은 팔리지 않는다. 팔린 책의 반은 읽히지 않는다. 읽힌 책의 반은 제대로 이해되지 않는다."라는 공익광고의 문구는 현대인의 독서생활의 실태를 적나라하게 표현하고 있다.

서로 대등하거나 밀접한 관계를 이루는 단어를 열거할 때 가운뎃점을 사용한다.

(4) 더구나 청소년은 미래를 이끌어나가야 할 주인공이니만큼 이들은 사회, 국가적으로도 매우 중요한 세대이다.
⇒ ……사회·국가적으로도……

(5) 시, 소설, 희곡, 수필은 문학, 회화, 조각, 판화는 미술이다.
⇒ 시·소설·희곡·수필은 문학, 회화·조각·판화는 미술이다.

각각 문학과 미술에 해당하는 이 둘을 서로 구분하기 위해서는 가운뎃점을 사용한다.

(6) 전남,북의 방언을 조사, 연구한 결과를 요약, 정리한 논문이다.
⇒ 전남·북의 방언을 조사·연구한 결과를 요약·정리한 논문이다.

전남과 전북을 대등하게 연결하고 있으므로 '전남·북'으로 쓴다. '조사, 연구'나 '요약, 정리'도 마찬가지 이유로 가운뎃점을 사용한다.

(7) 개인들의 교통법규 위반 및 경범죄 행위, 부유층의 소비향락 행위, 부동산 점유, 자녀의 고액과외, 해외유학, 기업인들의 비윤리적 영리 행위, 부도덕한 정치인들의 부정부패 행위 등등.
⇒ 개인들의 교통법규 위반 및 경범죄 행위, 부유층의 소비향락 행위·부동산 점유·자녀의 고액과외·해외유학, 기업인들의 비윤리적 영리 행위, 부도덕한 정치인들의 부정부패 행위 등등.

'개인', '부유층', '기업인', '정치인', '지역민'을 항목별로 나누어 쓴 문장이다. 반점과 가운뎃점을 적절히 사용해야 한다.

상대에 대한 물음의 정도가 약한 경우에는 물음표를 쓰지 않는다.

(8) 어떤 작가의 생애를 제대로 파악하지 못한 채 그의 작품 세계를 제대로 이해할 수 있는가? 그것은 결코 불가능한 일이다.
⇒ …… 이해할 수 있는가. 그것은 결코 불가능한 일이다.

(9) 4.19(1960년)을 정당하게 평가하기 위해서는 그에 관한 충분한 정보(지식)이 필요하다.
⇒ 4.19(1960년)를 정당하게 평가하기 위해서는 그에 관한 충분한 정보(지식)가 필요하다.

괄호 다음의 조사로 '을'과 '이'를 쓴 것은 괄호 안에 있는 '1960년'의 '년'과 '지식'의 '식'과 연결해서 소리나는 대로 적었기 때문이다. 그러나 괄호 안에 들어 있는 단어는 발음하지 않는 형식으로 써야 한다. 괄호 안의 단어는 어디까지나 보충자료이기 때문이다.

연습해 봅시다

※ 다음 번역문을 좀더 한국어다운 표현으로 다듬으시오. (원문 대조 없음)

중국의 지식인에게 가장 큰 구속은 경직된 예교(礼教)이다. ①이는 남송(南宋)시대 이학(理学)에서 비롯되어 청조(清朝) 말까지 법도의 준수와 끊임없는 반성만을 강조함으로써, 법도에 어긋나는 것만 두려워하는 썩은 두뇌만을 양성하였고 표리부동한 거짓 도학, 거짓 군자를 양성했다.

그 다음은 명청(明清) 때의 과거제도이다. ②이는 사람들의 정신을 속박하였을 뿐만 아니라 일부 뜻이 있고 능력 있는 사람들을 공명 쟁취와 진정한 수양·격물치지(格物致知) 사이의 모순 속(『유림외사(儒林外史)』에서도 볼 수 있는)에서 배회하게 하였다.

그러나 이런 종류의 모순도 결코 근대 서양인의 모순처럼 그렇게 사람들의 심신을 다치게 하지는 않는다. ③__ 우리 사회의 발전이 늦게 이루어졌기 때문인데, 우리 사회에서는 자본주의 제도의 발전이 끊어진 듯 이어진 듯하다.

― (중략) ―

그래서 우리에게 현대식의 고민이 있기는 하지만, 그것이 그리 첨예하지는 않다. 그래도 우리는 오래된 동양사상과 동양철학을 가지고 있어서 ④__ 서양 문화에 대한 비판의 척도로 삼을 수 있다.

⑤물론 이상에서 언급한 것은 특별히 해방 이전까지로만 한정한 것이다. 해방 이후의 상황은 크게 변하였으니 한가한 시간이 나면 다시 이야기하기로 하자.

해방 이전 우리 세대(너보다 한 세대 앞선)의 사상들에서 너도 많은 영향을 받았다. ⑥나는 너의 서양예술, 서양사상, 서양사회에 대한 반응과 비평의 뼈대 속에 우리 세대의 사상적 뿌리가 담겨 있고, 또 해방 이후의 새로운 사회가 네게 준 이상도 담겨 있어, 네가 서양의 구 사회에 대한 또 다른 의견과 감각을 갖추게 되었다고 생각한다.

이런 나의 역사 분석(일면적이고 부정확하다 하더라도)을 통해 지금 네가 가진 사상과 감정을 분석해 보면, 첨예한 네 고민들을 많이 줄일 수 있을 것이다. 그리고 네 갈등이 심신의 건강과 평형에 영향을 미치지 않게 해 줄 것이다. 그렇지 않느냐?

사람에게 고민이 없고 갈등이 없으면 발전할 수 없다. 갈등이 있어야 네가 갈등을 해결하도록 재촉할 것이고, 그렇게 해서 너는 한 발 앞으로 나아가게 되는 것이다. 만년에 갈등이 감소된다는 것은, 생명이 곧 끝난다는 것의 다른 표현이다. 갈등이 없는 평온함은 단지 하나의 숭고한 이상일 뿐, 혹 실현된다 하더라도 좋은 일이 아니다. ─(중략)─

만약 고민이 있더라도 비관, 염세에 빠지지 않는다면 갈등이 있어도 해결 (적어도 이론적으로나 정신적으로 하나의 결론을 얻는다)할 수 있다. 그러니 고민과 갈등은 크게 무서운 것이 아니다. 피해야 할 것은, 고민 때문에 심신이 이상해지거나 세상을 냉소적인 태도로 대하거나, 인생을 유희적으로 대하는 것이다. ─(중략)─

그러나 이러한 종류의 고민도 지혜로 해결하고 또 적어도 고민하는 시간에는 목표를 잊지 않도록 해야만, 비관과 절망에 빠지지 않을 수 있다. 그래야 인생의 분투 속에서 건강한 마음을 계속 유지해 나갈 수 있는 것이다. 그리고 결국에는 자신이 가진 일개인의 고민을 ⑦일종의 살아있는 역량으로 바꿀 수 있다. 세상의 불합리한 모든 것들에 대해 분개하고 증오하기만 하는 소극적 태도로 살지 않게 되는 것이다. 분개하고 증오하는 태도로는 갈등을 해결할 수 없고 자기 발전을 이룩할 수 없는 법이다.

여기서 결론을 얻을 수 있다. 우리는 고민이나 갈등이 생기는 것을 두려워하지 않지만, ⑧이 고민과 갈등이 우리의 즐거운 마음을 방해하게 해서는 안 된다는 것이다.

--- 번역서에서 ---

분 석

① '남송 시대 이학에서 비롯한 예교에서는 ……'
② 지시사 대신 선행문의 완전명사를 대용어로 사용할 수도 있다.
③ 선행문과의 연결에서 대용어를 사용해야 한다.
④ '삼다'의 대상이 되는 목적어를 첨가해야 한다.
⑤ 첫 번째 문장은 한 문장에 '~ 것'을 두 번 언급하였다. '물론 지금까지는 특별히 해방 이전까지만 한정하여 언급한 것이다.'로 바꾸어 보자. '한가한 시간이 나면'은 '시간이 한가할 때'로 바꾸는 게 어떨까.
⑥ 구문 접속('담겨 있어')에서 인과관계를 나타내는 어미를 사용하자. 주어를 핵심 술어 가까이로 이동하는 게 어떨까.

⑦ 불필요한 어휘는 생략한다.
⑧ '이 고민과 갈등으로 우리의 즐거운 마음이 방해를 받아서는 안 된다.'로 바꿀 수도 있다.

부록 2

번역능력인정시험에 대하여

1 번역능력인정시험 이렇게 시행된다

	1급 (직업번역능력인정시험)	2급 (전문번역능력인정시험)	3급 (일반번역능력인정시험)
시험의 시행방법	번역실적물이 있는 자는 서류심사 전형, 번역실적물이 없는 자는 2·3급과 동일한 절차로 필기시험 응시. 매년 3회 실시. 서류심사시 이력서, 본인 명의 번역출판물 2권 이상(또는 이에 준하는 번역실적물)을 제출.	주관식 필기시험. 매년 3회 실시. 자신의 전문분야에 대해 '한국어⇒외국어'또는 '외국어⇒ 한국어' 중에서 택일. 1교시 및 2교시로 분리함.	
기 능	번역을 직업으로 수행할 수 있는 능력 여부를 검증하는 시험이다.	번역의 언어적인 특성만이 아닌 학문과 기술의 영역별 전문성을 검증하기 위하여 실시한다. 보다 전문화된 양질의 번역인을 발굴하기 위한 시험이다. 따라서 본 시험은 해당 외국어의 번역능력 뿐만 아니라 어떤 기술이나 학문의 전문영역에 관한 전문번역 능력을 테스트하는 시험이라 할 수 있다.	번역을 지망하는 신인들을 대상으로 일반적인 언어능력을 테스트하여 적절한 수련을 통해 전문번역가로 성장할 수 있는 소양을 갖추었는지 검증하는 시험이다.
접수시 제출서류	• 자필 응시원서 1부(반명함판 사진 1장 첨부) • 응시료 납입 지로영수증 (또는 사본) • 번역실적물 및 원전: 본인 명의로 출판된 150쪽 이상의 번역서 2권 또는 A4용지 500쪽 분량의 번역실적물	• 자필 응시원서 1부(반명함판 사진 2장 첨부) • 온라인 접수자는 반드시 시험당일에 반명함판 사진 2장 지참 • 응시료 납입 지로영수증(또는 사본)	
시험시간	1교시 - 50분. 사전참고 가능. 전문분야에 관계없이 공통문제 번역. 2교시 - 90분. 사전참고 가능. 전문분야에 대한 문제 번역.(1·2·3급 공통)		

(1) 주관: 한국번역가협회(KST)
(2) 응시자격: 학력, 경력, 연령 제한 없음
(3) 시험일정: 매년 3회
(4) 합격기준: 70점 이상

2 기출문제를 통해 보는 번역능력인정시험 문제유형

제9회 일반번역능력인정시험(3급) 중국어

필수문제 (한국어역)

※ 다음 2문제를 한국어로 번역하시오.
(답안 작성은 별도로 제공한 답안지에 하십시오.)

▶ 필수문제 1

　　五十五年前, 在世界反法斯战争取得伟大胜利之际, 联合国应运而生。半个多世纪以来, 依靠广大会员国的支持, 联合国为缓解地区冲突, 消除旧殖民主义, 促进世界和平, 合作与发展, 做了许多有益的工作。联合国作为世界上最有代表性、最具权威的主权国家间的国际组织, 在维护世界和平、促进共同发展, 建立公正合理的国际政治经济新秩序方面, 具有不可替代的作用。展望新世纪, 联合国肩负的任务更加艰巨。联合国的积极作用只能加强而不能消弱, 联合国的权威必须维护而不能损害。我们要坚决维护联合国宪章的宗旨和原则, 继续发挥联合国及其安理会在处理国际事务、维护世界和平方面的积极作用, 确保全体会员国平等参与国际事务的权利。任何国家或国家集团在处理国际事务中, 都不应对联合国采取需要时则利用之, 不需要时则抛弃之的态度。

제9회 일반번역능력인정시험(3급) 중국어

선택문제 (한국어역)

※ 다음 4문제 중 3문제를 선택하여 한국어로 번역하시오.
(답안 작성은 별도로 제공한 답안지에 하십시오.)

▶ 선택문제 1

　　毋庸讳言, 在我国, 宏观经济启动的关键在于政府投资拉动民间投资。政府增加投资能不能发挥应有的作用, 很重要的一个方面, 就是要看能不能对社会投资的增加起到拉动作用。社会投资占全社会固定资产投资的45%左右。改革开放二十余年来, 社会投资的年增幅达到28%以上, 它对国内生产总值增长的贡献率达到70%, 是经济增长中最活跃的部分。1998年国有经济的固定资产投资增长19%以上, 而社会投资的增长只有11%, 这是很不正常的情况。影响社会投资增长的原因, 一是受市场需要求的制约。在产品普遍过剩的条件下, 投资者看不到稳定的收益前景, 不敢贸然投资; 二是中小企业在贷款和融资方面的条件比国有企业差; 三是受全社会消费心理预期的影响。为了鼓励社会投资, 1999年全国人大修改了＜宪法＞, 给了"私营企业"应有的地位。目前有一半以上的省级地方政府已经制定了为小企业贷款提供信用担保的政策措施, 同时为小企业投资提供积极的政策指导和服务。

제9회 전문번역능력인정시험(2급) 중국어

▶ 필수문제 1 : 한국어역

※ 다음 중국어를 한국어로 번역하시오.
 (답안 작성은 별도로 제공한 답안지에 하십시오.)

在这离开故乡两三千里的陌生都市里, 我象被人类抛弃的垃圾一样了。成天就只同饥饿作了朋友, 在各街各巷寂寞的巡游。我心理没有悲哀眼中也没有泪。只是每一条骨髓中, 每一根血管里, 每一颗细胞内, 都燃烧着一个原始的单纯的念头, 我要活下去! 就是有时饥饿把人弄到头昏脑胀浑身发出虚汗的那一刻儿, 昏黑的眼前, 恍惚间看见了自己的生命, 彷佛檐头一根软弱的蛛丝, 快要给向晚的秋风吹短了的光景, 我也这样强烈地想着: 至少我得坚持到明天, 看见鲜朗的太阳, 晴美的秋空。工作找不到手, 食物找不到口, 就只得让饥饿侵蚀自己的肌肉, 让饥饿吮吸自己的血液了。不过这究竟还能把生命支持到某些时候的。然而, 当前最痛切而要立刻解决的问题, 却是夜来躲避秋风和白露的地方了。

▶ 필수문제 2 : 중국어역

※ 다음 한국어를 중국어로 번역하시오.
 (답안 작성은 별도로 제공한 답안지에 하십시오.)

우울증은 흔히 볼 수 있는 심리적 질병으로 여성의 발병률이 남성보다 2~3배정도 높으며, 환자의 경우 그 고통을 배로 당하고 있다. 우울증 환자들은 색안경을 낀 채 세상과 자신을 대하곤 한다. 이러한 잘못된 관념을 바꾸기 위해서 환자는 첫째, 자신이 정신적으로 우울증을 앓고 있다는 사실을 인정해야 한다. 둘째, 자신의 정서변화와 행동거지에 이상한 점이 있지 않은가 하는 주의를 기울이는 동시에 사고의 차

별성과 신체반응 등도 감지해야 할 것이다. 또한 잘못된 생각이 들 때마다 그때그때 잘 분류해서 기록하는 것을 배워야 할 것이다. 즉 자신의 잘못된 생각을 우선 적어두고 비교적 현실적인 답안을 선택하는 것을 잊지 말아야 할 것이다.

제9회 전문번역능력인정시험(2급) 중국어

선택문제 Ⅰ (한국어역)

※ 다음 선택문제 3문제 중 2문제를 선택하여 한국어로 번역하시오.
　(답안 작성은 별도로 제공한 답안지에 하십시오.)

▶ 선택문제 1

　　朝韩首脑认为, 这次会晤对增进相互理解, 发展南北关系, 实现和平统一具有重大意义。民族要和解合作, 祖国要自主和平统一, 这是朝鲜半岛南北人民的夙愿, 也是历史发展的必然。至于何时能实现统一, 至今谁也无法拿出一个时间表。因为半岛南北双方持续半个世纪的对峙以及错综复杂的内外矛盾, 决定了统一进程必然是长期和曲折的。在统一的进程上, 南北仍然面临着诸多难关。首先, 南北对峙半个世纪怨甚深积, 相互猜疑和互不信任的坚冰, 难以在短时间内消融, 要连接民族感情的纽带, 需要精心培育和耐心呵护, 没有情感和睦的基础, 统一便会成为无本之木。其次, 南北在国家体制, 意识形态, 经济实力等诸多领域差别巨大, 要实现求同存异, 和平共处, 最终达到统一, 难度可想而知。

제9회 전문번역능력인정시험(2급) 중국어

선택문제 Ⅱ (중국어역)

※ 다음 선택문제 2문제 중 1문제를 골라 중국어로 번역하시오.
　(답안 작성은 별도로 제공한 답안지에 하십시오.)

▶ 선택문제 2

　　대북 관계에서 한치의 흔들림도 없이 햇볕정책을 추진하는 가운데 50년간 쌓인 남·북한간의 적대감과 증오감을 해소하기 위해 많은 노력을 아끼지 않은 김대중 한국 대통령이 노벨평화상을 수상한 것은 전세계를 놀라게 한 것은 물론 한국전역을 뒤흔든 소식이었다. 김대중 대통령은 노벨상을 수여하기 시작한 이래 한국인으로서는 처음으로 수상했다. 김 대통령은 1987년 이래 매번 노벨평화상 수상자의 후보명단에 올랐었다. 김 대통령의 경력과 대통령 당선 후 수행한 모든 일은 그가 노벨평화상 수상자가 되기에 어떠한 손색도 없는 것들이었다. 김 대통령이 100년 전통의 노벨상 역사에 첫 번째 한국인 수상자가 된 사실에 온 국민이 기쁨의 환호성을 내질렀다.

제8회 일반번역능력인정시험(3급) 중국어

필수문제 Ⅰ (한국어역)

※ 다음 2문제를 한국어로 번역하시오.
  (답안 작성은 별도로 제공한 답안지에 하십시오.)

▶ 필수문제 1

下岗职工是中国当前特有的现象,完全无业或局部无业的下岗职工现时约有750万人,他们大部分都是学历低中的中年人,且以女性居多,这个问题需要在三五年内通过再就业工程的推行才能可以解决。既然下岗了还被称呼为职工,这种特殊现象在世界上恐怕是绝无仅有的,下岗职工是中国国有企业深化改革过程中的一种过渡产物。之所以下岗之后还称职工,是因为下岗人员与企业还保留名义上的劳动关系,下岗人员在企业按月能够领到一定数额的生活补贴。在中国推行计划经济体制时期,人们把能够在国有企业找到一份工作看成一生最大的幸运。因为在当时国有企业的收入不薄,而且是一次定终生。那时根本没有想到国有企业也会不景气,也会破产倒闭,也会被兼并,因此也就根本没有想到国有企业职工还会有失业的那一天。

제8회 일반번역능력인정시험(3급) 중국어

선택문제 Ⅱ (한국어역)

※ 다음 4문제 중 3문제를 한국어로 번역하시오.
  (답안 작성은 별도로 제공한 답안지에 하십시오.)

▶ 선택문제 1

土地荒漠化不仅仅使我们生存的环境日益恶化,更令人惊恐的是给我们带来了贫困、饥饿、流离失所和死亡。土地荒漠化总是和贫困联系在一起的。年复一年的水土流失,使土地生产率不断降低,为了生存,人们不得不付出更多的劳动,形成一种恶性循环。当代人幸运的是,土地荒漠化对人类生存环境和人类社会实现可持续发展的威胁已经受到国际社会的共同关注。由于土地荒漠化对人类生存环境、社会、经济带来严重后果,联合国已宣布把土地荒漠化作为世界上最严重的环境问题。1992年联合国环境与发展大会通过的"21世纪议程",把防治土地荒漠化列为国际社会优先采取行动的领域。假如我们不希望21世纪的同时也踩入荒漠,那么就让我们牢记自己的义务和责任共同行动起来，为防治土地荒漠化献出自己的力量吧。

제8회 전문번역능력인정시험(2급) 중국어

필수문제 (한국어역)

※ 다음 문제를 한국어로 번역하시오.

(답안 작성은 별도로 제공한 답안지에 하십시오.)

▶ 필수문제 1

实拖西部大开发战略，加快中西部地区发展，是我们党面向新世纪作出的重大决策。这对于扩大内需，推动国民经济持续增长；对于促进各地区经济协调发展，最终实现共同富裕，具有十分重要的意义。它又是我国改革开放和社会主义现代化建设进程中的重要一步，具有重大的标志性意义。早在80年代，我国改革开放之初，邓小平同志明确提出了"两个大局"的伟大构想：一个大局，就是东部沿海地区加快对外开放，使之较快地先发展起来，中西部地区要顾全这个大局。另一个大局，就是当发展到一定时期，比如本世纪末全国达到小康水平是，就要拿出更多的力量帮助中西部地区加快发展，东部沿海地区也要服从这个大局。我国地广人多，生产力发展相对落后，地区发展也不平衡，要在同一个时期实现同步富裕是不实现的。

제8회 전문번역능력인정시험(2급) 중국어

필수문제 (중국어역)

※ 다음 문제를 중국어로 번역하시오.

(답안 작성은 별도로 제공한 답안지에 하십시오.)

▶ 필수문제 2

경제의 세계화 속에서 한 국가의 금융위기는 다른 여러 국가들에게 더욱 강한 파급효과를 갖게 되었다. 경제가 세계화되면 될수록 개도국과 선진국은 날로 밀접한 경제관계를 수립할 것이다. 만약 세계화가 가져올 부정적인 요인들을 효과적으로 통제하지 못한다면 개도국들은 어려움에 빠질 것이며 선진국 역시 결국 그 영향으로부터 자신을 지키기 어려울 것이다. 세계화 추세의 영향으로 인해, 금융시장은 이미 통제할 수 없는 상황으로 변했다. 더 심각한 것은, 금융시장이 예측조차 할 수 없게 변해 버렸다는 것이다. 이것은 세계의 번영을 위해 매우 불리한 작용을 하고 있다. 금융의 관리감독을 강화하고 국제금융질서를 재건하는 것이 시급히 해결해야 하는 과제로 떠올랐다.

제8회 전문번역능력인정시험(2급)

선택문제 Ⅰ (한국어역)

※ 다음 3문제 중 2문제를 선택하여 한국어로 번역하시오.
　(답안 작성은 별도로 제공한 답안지에 하십시오.)

▶ 문제 1

　　要不要维护联合国在安全上的主导作用, 这是关于把一个什么样的国际安全机制和国际秩序带入21世纪的重大问题。"联合国宪章"名文规定："各会员国将维持国际和平及安全之主要责任, 授予安全理事会"。美国为首的北约未经联合国授权对南联盟动武, 这是明目张胆地将北约凌驾于联合国之上, 实际上强夺了联合国在维护和平和安全方面的特殊权力。难怪西方舆论称此为"联合国内部的政变"。北约企图以一个地区军事集团取代由世界上主权国家组成的联合国, 以军事强权取代普遍安全原则, 严重破坏了战后建立起来的以联合国为主的国际安全机制, 其后果是非常危险的。如果美国的霸权政策继续得以推行, 联合国将形同虚设, 国际和平与安全将缺乏保障机制, 对侵略和战争行为将失去制约手段, 世界会永无宁日。

제8회 전문번역능력인정시험(2급)

선택문제 Ⅱ (외국어역)

※ 다음 2문제 중 1문제를 선택하여 중국어로 번역하시오.
　(답안 작성은 별도로 제공한 답안지에 하십시오.)

▶ 문제 1

　　첨단과학기술이 급속하게 발전하고 국제간의 교류가 날로 빈번해지는 오늘날, 외국어는 이미 국제간에 없어서는 안될 교류수단이 되었다. 따라서 이런 국제화 추세는 외국어를 과연 어떻게 교육시켜야 할 것인가라는 심각한 의문을 21세기 외국어교육에 제기하고 있다. 21세기의 중국은 전세계 경제대국으로 부상할 것이며, 과학왕국은 우리가 고등학교를 통해 보다 많은 복합형, 국제형 인재를 배출하길 학수고대하고 있다. 여기서 외국어는 가장 핵심적인 지식이자 반드시 갖춰야 할 필수조건이다. 이런 맥락에서 21세기에 들어서는 우리는 외국어교육에 새로운 임무와 요구사항을 제시함으로서 전통적인 외국어교육방식에 꼭 필요한 개혁을 진행해야만 할 것이다.

부록 3

모범답안

제 1 장 번역의 기초 마스터하기

1 모든 언어에는 나름대로의 문화가 있다

| p.14 | 번역 연습 |
1. A: 장형, 어떻게 하면 좋을까요?
   B: 그거 별거 아니야. 바깥에서 기어 올라가 열쇠를 가져 오면 돼.
2. 너 마씨 그 사람 성격이 얼마나 고약한지 모르냐.
3. A: 1:0이야. 어때, 내 보기엔 황팀이 이길 것 같은데.
   B: 그건 알 수 없어. 아직 후반전이 남았잖아.
4. 지금이 몇 신데 아직도 일하니.
5. A: 나도 그 별을 보고 싶은데 어느 쪽에 있지?
   B: 저쪽에.
6. 你这么一说，我也不想去了。
7. 他们盖了一座高楼，听说它的面积有二万平方米。

2 우리는 긴 관형어형을 좋아한다

| p.17 | 번역 연습 |
1. 형 때문에 골머리를 썩은 아버지였건만 일이 이렇게 되고 보니 아버지도 형을 내버려 둘 수밖에 없었다.
2. 각 민족이 거둔 성과를 명시하고 국가의 기본제도와 기본임무를 규정한 본 헌법은 국가의 기본법으로서 최고의 법률적 효력을 지닌다.
3. 지금 중국 인민의 친선사절을 맞이한 우리 인민은 커다란 감격과 환희에 젖어 있다.
4. 『중국여성』(원제:『中国妇女报』)은 여성과 사회의 여러 사람들을 대상으로 한 중앙지로서 1984년 창간 이래 독자의 인기를 얻고 있다.
   여성과 사회의 여러 사람들을 대상으로 한 중앙지『중국여성』(원제:『中国妇女报』)은 1984년 창간 이래 독자의 인기를 얻고 있다.
5. 전 세계적으로 유명한 조선의 유리공예품
6. 다시 만난 전우
7. 1971년 9월 생인 안재욱은 한국에서 가장 인기있는 연예인으로 3편의 영화와

10여 편의 TV 드라마에 출연하였으며, 1995년에서 1997년까지 매년 한국 MBC TV 대상을 수상했다.

3 '不'와 '没有'

| p.21 | 번역 연습 |

1. 그들은 지난 일요일 전시회에 가지 않았다.
2. 나는 중국에 오고 나서 아직 그 친구에게 편지를 보내지 않았다.
3. 上星期日没学习, 玩了一整天。
4. 小明不去, 小田也不去。
5. 昨日, 在北京散步时, 不冷, 很开心。
6. 他年轻的时候不吸烟。
7. 以前这个地方不下雨。

4 연동문의 번역

| p.24 | 번역 연습 |

1. 우리는 나중에 다른 대학에 가서 전공 공부를 5년간 해 보려고 한다.
2. 공산당 내부의 모순을 해결하기 위해 이 방법을 채택했다.
3. 작년 여름 기근 때 향정부에서는 사람들을 구제하기 위해서 2백 킬로미터나 떨어진 궁퀘현에서 쌀을 운반해 왔다.
4. 우리들도 종종 그의 휴게실에 가서 질문한다.
   우리들도 종종 질문하러 그의 휴게실에 간다.
5. 나는 도서관에 가서 소설책을 한 권 빌린다.
   나는 소설책을 한 권 빌리러 도서관에 간다.
6. 每天晚上他都去夜校听课。
7. 我们每天去商店买东西。
8. 张老师到宿舍找我们来了。

5 관계 파악하기

| p.27 | 번역 연습 |

1. 학문을 하는 사람은 줄곧 '가난한 서생' 혹은 '가난한 지식인'으로 불렸다. 그러나 이들은 여전히 남들의 존경을 받았기 때문에 사람들의 부러움을 샀다.
2. 한국은 자원이 부족한 국가이기 때문에 살아남기 위해서는 지식에 의존할 수밖에 없다.
3. 나는 인민의 대표가 되었기에 잘 해야 한다.
4. 인민해방군은 비행기와 탱크가 없지만 국민당 군대를 능가하는 포병과 공병을

갖추게 된 뒤부터는 국민당의 방어체계가 —그들의 비행기와 탱크까지도— 보잘 것 없는 것이 되었다는 것을 잊지 말아야 한다.
5. 가족계획의 추진은 큰 저항에 부딪혔다. 특히 농촌이 그러했다. 중국 인구의 80%는 농촌에 있다. 농촌은 교육수준이 낮아 가족계획의 중요성을 알리기도 쉽지 않다. 한 집에 한 아이만 낳기를 주장하는 정책에 대해 납득이 되지 않는다.

6 약방의 감초 '搞'

| p.31 | 번역 연습 |

1. 우리 당에서는 결국 혁명을 성공시켰다.
2. 4개 현대화를 이룩하려면 잇달아 개혁을 감행해야 한다.
3. 한다고 설치더니만 이 정도 밖에 못 했나.
4. 문서 작성을 끝냈습니까? / 다 했습니다.
5. 다녀간 사회학자들은 왜 정상적이고 성실한 사람들이 그렇게도 많이 이런 악습에 물들었는지를 밝히려고 노력했다.

7 '使'의 번역

| p.33 | 번역 연습 |

1. 게다가 어제 祥林 아주머니를 만난 일을 생각하니 나는 여기에 편안히 머무를 수 없었다.
2. 더욱이 석유위기 이후 유조선 수주의 격감으로 일본 조선업 위기는 한층 더 장기화되고 심각해졌다.
3. 골프는 사회분위기를 해친다. 게다가 일반 국민들은 골프를 부를 과시하는 수단으로 여긴다.

8 '由'의 번역

| p.35 | 번역 연습 |

1. 들인 시간과 정력은 전적으로 향후 글을 쓰는 철저함과 속도에 의해 보상받을 수 있다.
2. 졸작의 가치는 결국 사회 실천에 의해 검증될 것이다.
3. 本书由邓关林翻译, 商务印书馆出版。

10 무생물 주어의 번역

| p.40 | 번역 연습 |

1. 1978년부터 시작한 개혁·개방으로 중국사회에는 큰 발전과 많은 변화가 있

었다.

1978년 이래의 개혁·개방은 중국사회에 큰 발전과 많은 변화를 가져다 주었다.

2. 당내에 이런 현상이 존재하는 데 대해 우리 당원들은 경각심을 크게 가져야 한다.

제 2 장 맛깔스러운 번역을 위한 테크닉

1 위치를 바꾼다

| p.52 | 번역 연습 |

1. 대학에 불어닥친 이 자퇴바람은 베이징대학뿐만 아니라 다른 대학에도 있다.
2. 현대사회에서 컴퓨터의 응용은 점점 더 많아질 것이다.
3. 상당한 연구 능력을 지닌 모든 공산당원.
4. 이것은 과학실험 전개에 대한 우리들의 초보적 발상이다.
5. 핵초강대국
6. 그들은 객관현실에 맞는 마르크스주의의 새로운 논단과 결정을 내렸다.
7. 미국에서의 중국 아이들
   미국에서 생활하는 중국 아이들
8. 여가시간에 대한 중국인들의 생각이 점차 바뀌고 있다.
9. 这是我们从经验中得到的观点。
10. 公司对两个外国人员工的要求太严格。

2 문장 성분을 바꾼다

| p.61 | 번역 연습 |

1. 그는 벌겋게 충혈된 두 눈을 부릅뜨고 토치카의 시멘트벽을 뚫어지게 쏘아보고 있었다.
2. 양씨의 방은 밤새도록 등불이 환하였다.
3. 그것도 그럴 것이 赵七 영감은 그 두루마기를 좀체 잘 입지 않았다.
4. 우리들은 이 아름다운 경치에 흠뻑 빠져들었다.
5. 이런 현상이 나타난 데는 여러 가지 원인이 있다.
6. 지방공업을 발전시켜 농업 지원에 도움이 되도록 해야 한다.
7. 우리 나라 문자가 어느 시기부터 존재했는지는 아직도 해결되지 않은 중요한 문제다.
   우리 나라 문자의 기원이 언제인가 하는 것은 아직도 미해결로 남아있는 중요한 문제다.

8. 이것은 지난 30년간 우리가 민족 공업 건설에서 거둔 성과다.
9. 우리는 핵무기 사용을 금지할 것을 시종일관 주장하고 있다.
   우리는 핵무기 사용 금지를 시종일관 주장하고 있다.
10. 한국어 문법에서 동사 연구는 매우 중요하다
11. 문법 분석은 글의 내용을 더 잘 이해하기 위해서도 매우 중요하다.
12. 모든 열람실은 청소년들로 꽉 찼고, 그들은 거기서 독서에 열중했다. / ……, 그들은 거기서 열심히 공부했다.
13. 한 언어의 통사구조가 다른 언어의 영향을 비교적 강하게 받을 때는 짧은 시간 안에 새로운 변화가 나타나게 된다.
14. 우리 청년들은 신중국 건설사업에 시급히 참여해야 한다.
15. 그녀는 춤실력을 향상시키기 위하여 일요일도 쉬지 않고 대부분의 시간을 거의 연습실에서 보낸다.
16. '황혼연애(黄昏恋)'라는 단어는 참 듣기 좋다. 많은 노인들이 이로 인해 노년의 행복을 얻은 것이 분명하다.
    / ……. 확실히 많은 노인들이 이로 인해 노년의 행복을 얻을 수 있었다.
17. 심지어 어떤 여성은 임금이 남편보다도 많았기 때문에 집에서 발언권이 더 센 것이 당연했다.
    / 심지어 어떤 여성은 임금이 남편보다도 많았기 때문에 당연히 집에서 발언권이 더 셀 수밖에 없었다.
18. 그는 재빨리 결정하여 집안에 값나가는 물건을 대부분 처분하고 은행에 저축한 돈을 모두 찾았다. 그리고 친척이나 친구에게 6만 위안을 빌려 18만 위안에 단층집을 샀다.
19. 首先对"什么是半导体", 有一个概括性的说明。
    首先对"什么是半导体", 概括地说明一下。
20. 在发展技术方面, 谁应该站在前面?
21. 实现理想, 不是一个容易的事。
22. 这种药品用来治疗传染病。
23. 制作和应用电子计算机, 大大地促进了工业、农业、科学的发展。
24. 要学外国语, 最好学老的拉丁文。

3 과감히 생략한다

| p.66 | 번역 연습 |

1. 노인들 재혼의 가장 큰 걸림돌은 양쪽 자녀들이다. 부모의 재혼으로 상속권을 빼앗길까봐 때론 반대 입장을 취한다.
2. 전에는 누가 대학원에 합격하면 온 집안식구가 영광으로 여겼다. 그러나 지금

은 대학원생들이 도리어 자퇴를 원하니 이상한 현상이 아닐 수 없다.
3. 공간범주의 표현방식을 빌려 시간적 개념을 표현하는 것은 여러 언어에서 나타나는 보편적 특징인 것 같다.
4. 늘 갈증이 나서 물을 마시지 않으면 안 되는 것은 당뇨병의 가장 흔한 증상이다.
5. 패전 후 점령 기간에 일본의 대내외 정책이 미국의 지배를 크게 받았던 것은 사실이다.
6. 단군이 역사적 인물이냐 신화적 인물이냐 하는 문제는 학계에서 줄곧 논쟁이 되고 있다.
7. 인체의 생명 현상을 망라한 우주의 모든 현상을 우리는 아직 너무도 모른다.
8. 도구로서의 언어는 사람들의 사상 교류와 상호 이해를 돕는다.
   언어는 사람들의 사상 교류와 상호 이해를 도와주는 도구다.
9. 各报社都竞争先恐后地请 L 先生当评审，这是一个惯例。
10. 考不上大学，当会计也不错。
    考不上大学, 当会计，这也不错。
11. 大学毕业却找不到工作，这就是当前各资本主义国家的现状。

4 제한적 구조로 바꾸어 번역한다

| p.70 | 번역 연습 |

1. 회의에는 전 중국의 모든 민주당파, 인민단체, 인민해방군, 각 지구, 각 민족 및 해외화교를 대표하는 600여 명의 대표들이 망라되어 있다.
   회의에는 600여 명의 대표들이 망라되어 있다. 이들은 전 중국의 모든 민주당파, 인민단체, 인민해방군, 각 지구, 각 민족 및 해외화교를 대표한다.
2. 여기서 나는 이런 정신으로 과학의 최고봉에 오른 많은 과학자들의 이름을 들 수 있다.
3. 이론의 중요성은 "혁명적 이론이 없이는 혁명적 운동이 있을 수 없다."는 레닌의 한 마디에서 잘 나타나고 있다.
4. 전등이나 전열기와 같은 우리들 주변의 전기기구를 잘 살펴보면 여러 가지 재료가 사용되었음을 알 수 있다.
5. 他还有一个缺点：凭自己的技术最好，不虚心接受别人的意见。

5 양보

| p.77 | 번역 연습 |

1. 위험한 일이 생기지 않도록 교통안전에 주의해야 한다.
2. 우리는 공산당 내부의 모순을 해결하기 위해 이 방법을 채택했다.
3. 중국공산당원은 이 방법을 배워야만 중국혁명의 역사와 현상을 정확하게 분석

하고, 아울러 혁명의 미래를 예측할 수 있다.
중국공산당원은 중국혁명의 역사와 현상을 정확하게 분석하고 혁명의 미래를 예측하기 위해서는 반드시 이 방법을 배워야 한다.

4. 小李는 체력단련에 신경을 쓰지 않아 몸이 좀 허약하다.
5. 다른 일 때문에 요 며칠 간 너를 보러 갈 수 없어.
6. 사회주의 건설에서 가장 중요한 과제 중 하나는 농촌문제를 옳게 해결하는 것이다.
7. 젊은이들이 담배를 못 피우도록 하는 것이 중요하다.
8. 지구 대기 중의 산소는 식물에 의해 만들어진 것임에도 불구하고 이 대기는 식물에 그다지 적합하지 않다는 점이 흥미롭다.
9. 물론 정신적 생산으로서의 문예는 두뇌의 산물인 만큼 더욱 복잡하고 파악하기 어렵다.
10. 플라스틱 같은 것은 합성수지를 주성분으로 하고 거기에 ……를 첨가해서 만든 고분자물질이다.
11. 군사학교에서는 교장과 교원을 선발하고 교육방침을 정하는 문제가 가장 중요하다.
12. …… 중국어의 관계사 '的'가 문두에 위치하지 않고 문장 안의 '是' 앞에 놓인다는 점이 다르다.
13. 현 위원회 서기 王华欣의 곁에는 인근 현에 사는 부녀연합회 주임이 앉아 있었다. 그 여자의 이름은 陶小桃이며 아주 매력적으로 생겼다.
14. 이 노래의 첫 부분은 모두 고향길의 봄 경치를 노래하는 것이다.
15. 그가 사업에 실패한 것은 경험 부족이 아니라 보수적인 일처리 방식 때문이다.
16. 교통기관이 늘 노력을 게을리해서는 안 될 과제 중 하나가 속도향상이다.
17. 중국인들이 자주 말하는 '妇女是半边天'이란, 여성이 사회에서 절반의 일을 맡고 있다는 것을 뜻한다.
18. 길가 풀 위에 조그마한 종이 봉투가 눈에 띄었다. 주워 보니 돈 5만 위안이 들어있는 헌 편지봉투였다.
19. 의무교육에서 첫 번째로 개선해야 할 점은 '차별화'이다.
20. 가장 선진적인 계급인 노동계급의 역사적 사명을 처음으로 밝힌 것은 마르크스의 중요한 공적 중 하나이다.
마르크스의 중요한 공적 중 하나는 가장 선진적인 계급인 노동계급의 역사적 사명을 처음으로 밝혔다는 점이다.
21. 그 친구 골칫거리가 생겼다.
22. 어제 본지에는 다나카의 총리 재임 시절인 73년 발생한 '김대중 납치 사건'을 무마하기 위해 한국 정부가 특사 이병희를 보내 거금 4억원을 뇌물로 건넸다는 소식이 보도됐다.

23. 过了这座山就能看见平原。
24. 你能看见这个字吗?

6 나누어 번역한다

| p.82 | 번역 연습 |

1. 여인들은 현모양처로서의 책임을 다해야만 한다. 집안일을 잘 하고 남편을 잘 섬기고 자녀를 돌보고 교육시키는 것은 물론 시댁의 대소사까지도 잘 챙겨야만 좋은 점수를 얻을 수 있다.
2. 그 동지는 손을 부들부들 떨며 종이봉지를 터뜨렸다. 그것은 당원증이었다. 당원증을 펼치니 그 속에는 성냥개비가 가지런히 끼어 있었다. 마른 성냥개비였다.
3. 이날 새벽에 누가 길가쪽 우리 집 창문을 두 손가락으로 두드리고 있었다. 그것은 가랑비가 파초에 떨어지는 것 같은 소리였다.
4. 그래서 대학생과 농민기업가와의 결혼이나 노인의 재혼, 협의이혼과 같은 일들이 점점 많아지고 있다. 이것은 중국인들의 보수적인 결혼관이 마침내 바뀌고 있음을 나타낸다.
5. 제1차 산업혁명이 동력혁명이라면 컴퓨터의 등장으로 인한 제2차 기술혁명은 정보혁명이라 할 수 있다.

7 '认为'의 관할 영역 판단

| p.86 | 번역 연습 |

1. 그들은 눈을 낮추어 결혼을 위한 결혼 때문에 사랑하지 않는 사람과 억지로 가정을 이루길 원치는 않는다.
2. 최근 몇 년간 외국에서 유학하기를 희망하는 학생이 점점 늘어나고 있다. 그러나 정부에서는 석사과정에 있는 학생들은 유학신청을 할 수 없으며, 졸업한 학생이라도 2년간 일을 해야만 자비유학 신청자격이 주어지도록 규정해 놓았다.

8 '직역'은 금물

| p.88 | 번역 연습 |

1. 직원들이 교양과 기술을 배울 여가시간을 더 많이 갖도록 해 주기 위해서는 정치학습에서 나타나는 형식주의 경향을 단호히 극복해야 한다.
2. 불교가 중국철학에 끼친 영향이 또 하나의 문제가 된다.

문맥에 따른 단어나 구의 활용

| p.99 | 번역 연습 |

1. 그는 업무상 과실로 국가에 큰 손실을 입혔다.
2. 이 회사 직원은 업무상 과실이 한 번만 있어도 해고된다.
3. 나는 이 일의 처리방식에 불만이다.
4. 너는 어디서 일하니? — 나는 회사에서 책임자로 일한다.
5. 이 글은 그가 번역을 잘 했다.
6. 그가 배운 지식은 이미 대학 수준이다.
7. 문제가 뭔지를 안 이상 해결할 가능성이 있다. 나와 荊夫는 그 문제가 하루빨리 해결되길 바란다.
8. 인간의 두뇌는 많은 일을 한꺼번에 생각하는 능력이 모자라지만 컴퓨터는 그런 경우에도 정확하게 그것을 처리해 낼 수 있다.
9. 옷 만드는 것 말고 다른 것도 배우니?
10. 광저우에서는 부업이 없는 사람은 게으르거나 능력이 없는 사람으로 취급받는다.
11. 오늘 오후에는 주변 청소를 한다.
12. 나는 갖은 노력을 다 기울였으나 결국 그를 설득하지 못했다.
13. 그는 온종일 생계를 위해 뛰어다녔다.
14. 이런 경영방식에 모두들 불만을 토로했다.
15. 그 외 적잖은 수의 룸펜프롤레타리아가 있는데 이들은 토지를 잃어버린 농민이거나 일할 기회를 잃어버린 수공업자이다.
16. 지금 4개 현대화를 추진하기 위해서는 적격한 인재를 선발해서 육성시키는 일이 시급하다.
17. 남들이 쑥덕거리는 소릴 들어보면 孔乙己는 본시 글공부를 좀 하였으나 결국은 과거시험에 응시하지 않았으며 생계를 꾸려나갈 재간도 없었다.
18. 그가 가서 어떻게 손을 써보면 틀림없이 가져올 수 있어.
19. 오늘 오후 노동조합에 모임이 있다.
20. 그들은 무장력을 결집시켜 군사적 토벌작전을 감행했을 뿐만 아니라 가혹한 경제적 봉쇄정책을 실행했다.

제 3 장 색깔 다른 번역장르

1 표제어

| p.122 | 번역 연습 |

1. 공업을 주도로 한 당의 총노선 관철
2. 중국경제, 20년 후 일본 추월
3. 장이머우 감독 인터넷으로 여주인공 캐스팅
4. 한국 여행업계 중국에서 판촉활동

2 광고문

| p.128 | 번역 연습 |

1. 당신과 함께 멋진 시간을 –(CCTV)
2. 산이 막혀도 길은 있고 길이 있는 곳에는 도요타가 있다 –(도요타)
3. 서른 두 개 치아의 벗, 나이스 건강 칫솔 –(나이스)
4. 하이어우시계는 중국 시계의 보배

   사람들의 생활을 아름답게 꾸며주는 것은 하이어우시계의 책임입니다.
   고객지상, 신용제일은 하이어우시계의 신조입니다.
   가장 우수한 제품 생산으로 정상을 향해 치닫는 것이 하이어우시계의 정신입니다.
   중국 시계의 보배, 하이어우시계 –(하이어우시계)

6 인터넷 채팅용어

| p.162 | 번역 연습 |

1. 오늘 형과 여동생들이 다 어디로 갔지? — 한 명도 안 왔잖아. 나도 (대화방에서) 나갈 수밖에 없겠군.
2. 마우스 좌측버튼을 클릭하면 이 홈페이지의 소스프로그램을 볼 수 있다.
3. 여자들은 보통 남자 이름을 빌려 온라인에 등장한다. 하지만 온라인에서 위장을 아무리 잘해도 여자임을 알아낼 수 있다. 여자들은 여성 특유의 '吗', '呢', '啦', '哇', '人家', '死相', '坏蛋'등과 같은 단어들을 사용하기 때문이다.
4. 좋은 물건은 혼자 간직해서는 안 된다. 꺼내서 여러 사람과 나누어 가져야 한다.
5. 하루종일 인터넷을 서핑하던 한 학생은 자신이 아직 숙제를 끝내지 못했다는 것이 문득 생각났다. 하지만 이미 늦었다. 몇 시간 안에 문제의 답을 생각해 내기란 쉽지 않은 것이다. 그래서 학생은 인터넷 게시판에 메시지를 올렸다. "누가 해결책을 가르쳐 주시겠습니까? 빠를수록 좋습니다." 다음날 학생은 선생님이 보낸 경고메시지를 받았다.

참고문헌

부록 4

- 태평무(1992), 『한조번역이론연구』, 흑룡강조선민족출판사
- 최기천(1997), 『중국어 번역법』, 서울학고방
- 장의원(1993), 『중국어번역기초』, 중국연변대학출판사
- 박종한(2000), 『중국어 번역 테크닉』, 중국어문화원
- 南永甲(1988), 『한조번역기초』, 연변대학통신학부 한어교연실(비매품)
- 韓東吾(1994), 『朝漢飜譯理論與技巧』, 延邊大學出版社
- 朱文振(1988), 『飜譯與語言環境』, 四川大學出版社
- 許余龍(1992), 『對比語言學槪論』, 上海外語敎學出版社
- 張敏(1992), 『朝漢飜譯敎程』, 北京大學出版社
- 崔奉春(1989), 『朝漢語語彙對比』, 延邊大學出版社
- Jan de Waard & Eugene A. Nida(1993, 譚載喜 編譯), 『跨語交際』, 灕江出版社
- 倪寶元(1992), 『漢語修辭新篇章』, 商務印書館
- 劉宓慶(1999), 『當代飜譯理論』, 中國對外飜譯出版公司
- 徐玉敏·宮日英(1988), 『廣告語言分析』, 中國物資出版社
- 易洪川(1992), 『應用漢語敎程』, 北京語言學院
- 曹雲章(1983), 『現代日語飜譯技巧』, 海洋出版社
- 今富正巳(1981, 寧德輝 譯), 『漢日對譯技巧』, 湖南科學技術出版社
- 텍스트연구회(1993), 『텍스트언어학(1)』, 서광학술자료사
- 박갑수(1994), 『국어문체론』, 대한교과서(주)
- 이종인(1998), 『전문 번역가로 가는 길』, 을파소
- 황선길(1999), 『문법파괴영상번역』, 범우사
- 마쓰모토 야스히로·마쓰모토 아이린(1990, 김정우 譯), 『영어 번역을 하려면 꼭 알아야 할 90가지 핵심 포인트』, 창문사
- 한국영상번역가협회(1999), 『영화보다 재미있는 영화번역 이야기』, 신론사
- 김정우(1996), 『영어를 우리말처럼 우리말을 영어처럼』, 창문사
- 국립국어연구원(1994), 『영어-한국어 번역의 언어학적 연구』, 국립국어연구원
- 김효중(1998), 『번역학』, 민음사
- 최정화(1993), 『통역과 번역을 제대로 하려면』, 신론사
- 최정화(1998), 『통역번역입문』, 신론사
- 중앙민족학원어문계(1978), 『조선족이 틀리기 쉬운 한어 문장에 대한 분석』, 연변인민출판사
- 문용(1999), 『한국어의 발상·영어의 발상』, 서울대학교출판부
- 김윤진(2000), 『불문학텍스트의 한국어번역 연구』, 서울대학교출판부
- 수잔 배스넷-맥과이어(1990, 엄재호 譯), 『번역학 개론』, 인간사랑
- 박병선·최남규(1999), 『人生-영화로 배우는 중국어②』, 상록수
- 蘭州大學出版社(2000), 『灰姑娘』, 蘭州大學出版社
- 계몽사(1985), 『신데렐라』, 계몽사
- 조대형(2000), 『동화상자 속의 중국어』, 정진출판사
- 茅盾(1992), 『子夜』, 人民文學出版社
- 모순(1987), 『밤중』(발췌), 연변대학통신학부

- 마오둔(1989, 김하림 譯),『새벽이 오는 깊은 밤』, 중앙일보사
- 李佩甫(1999),『羊的門』, 華夏出版社
- 강춘화(2001),『報刊 시사중국어』, 다락원
- 施光亨·王紹新(2000),『중국신문 쉽게 읽기』, 중국어문화원
- 趙新(2000),『Peking University Chinese Reading Master』, 중국어문화원
- 조경희·김성동(1991),『인문과학 중국어 연구』, 청년사
- 박춘범(1988),『현대한어실용문법』, 연변인민출판사
- 남기심·고영근(1993),『표준국어문법론』, 탑출판사
- 이익섭·임홍빈(1988),『국어문법론』, 학연사
- 이익섭·이상억·채완(1997),『한국의 언어』, 신구문화사
- 한효석(2000),『이렇게 해야 바로 쓴다』(증보판), 한겨레신문사
- 송준호(1996),『문장부터 바로 쓰자』, 태학사
- 이기문(1990),『한국어의 발전방향』, 민음사
- 이수열(1993),『우리말 우리글 바로 알고 바로 쓰기』, 지문사
- 이수열(2000),『우리글 갈고 닦기』, 한겨레신문사
- 『번역나라』, 번역아카데미
- 『번역의 세계』, 語울림
- 「한국번역신문」
- 이용해(1997),「문화적 차이와 번역」,『중국조선어문』, 통권92호
- 이억철(1984),「한어의 문맥의 의존성과 번역문의 단의화, 명료화 문제에 대하여」,『조선어학논문집』, 민족출판사
- 이성(1998),「'搞'자로부터 본 한어의 다의성 동사의 번역」,『중국조선어문』, 제5호
- 김영수(1997),「한어의 '得'자 보충어의 의미와 조선어에서의 대응관계」,『중국조선어문』, 제1호
- 박종한(1997),「중한 번역에서 사전의 이용에 관한 몇 가지 의견」,『중국문학』, 제28집
- 박종한(1998),「중국어 번역 기법의 모색」,『중국어문학』, 제32집
- 박종한(2001),「광고와 수사」,『중국언어연구』, 제12집
- 태평무(1991),「정보론적 측면에서 본 한어와 조선어 어순의 특성」,『조선언어문학논문집』, 민족출판사
- 이억철(1995),「한조번역에서의 축약법에 대하여」,『중국조선어문』, 제3호
- 김영조(1996),「중국어 번역의 오류들」,『번역의 세계』, 제7호, 제8호
- 김정우(1996),「번역의 이론과 실제」,『번역의 세계』, 제6호, 제8호
- 설지원(1999),「중국어 학습서에 나타난 번역 오류 사례 연구」, 계명대 석사학위 논문
- 이용해·일민(1999),「사유와 번역(1)」,『중국조선어문』, 제6호
- 이용해·일민(2000),「사유와 번역(2)」,『중국조선어문』, 제1호
- 손지봉(1995),「한중 통역의 실제」,『한국외국어대학교 통역대학원 논문집』, 제4집
- 양혜원(1996),「책 번역에서 영상 번역까지」,『번역의 세계』, 통권 4호
- 呂文華(1994),「"由"字句—兼及"被"字句」,『對外漢語敎學語法探索』, 語文出版社
- 廖秋忠(1992),「篇章中的管界問題」,『廖秋忠文集』, 北京語言學院出版社
- 陳平(1987),「漢語零形回指的話語分析」,『中國語文』, 第5期
- 許余龍(1989),「英漢遠近稱指示詞的對譯問題」,『外國語』, 第4期
- 李菊淳(1989),「也談否定副詞"不"和"沒(有)"」,『漢朝雙語對比研究』, 延邊大學出版社